"互联网+"时代下
农业经济发展研究

李　柱　著

吉林科学技术出版社

图书在版编目（CIP）数据

"互联网+"时代下农业经济发展研究 / 李柱著. --
长春：吉林科学技术出版社，2023.3
ISBN 978-7-5744-0311-6

Ⅰ. ①互… Ⅱ. ①李… Ⅲ. ①互联网络－作用－农业
经济发展－研究－中国 Ⅳ. ①F323-39

中国国家版本馆CIP数据核字(2023)第063495号

"互联网+"时代下农业经济发展研究

著	李 柱	
出 版 人	宛 霞	
责任编辑	高千卉	
封面设计	南昌德昭文化传媒有限公司	
制 版	南昌德昭文化传媒有限公司	
幅面尺寸	185mm×260mm	
开 本	16	
字 数	278千字	
印 张	13	
印 数	1-1500册	
版 次	2023年3月第1版	
印 次	2024年1月第1次印刷	

出　　版　吉林科学技术出版社
发　　行　吉林科学技术出版社
地　　址　长春市南关区福祉大路5788号出版大厦A座
邮　　编　130118
发行部电话/传真　0431—81629529　81629530　81629531
　　　　　　　　　　81629532　81629533　81629534
储运部电话　0431-86059116
编辑部电话　0431-81629510
印　　刷　廊坊市印艺阁数字科技有限公司

书　　号　ISBN 978-7-5744-0311-6
定　　价　78.00元

《"互联网+"时代下农业经济发展研究》 编审会

前　言

信息技术日新月异，"互联网+"时代发展步伐加快，在此背景之下，为各行业的发展创设了良好的契机。在全面推进乡村振兴战略的进程中，农业发展水平更应向更高的层次迈进。为此，需牢牢把握"互联网+"的时代契机，灵活应用"互联网+"的发展模式，实现对农业资源的全方位整合，提高农业经济效益。

我国当前经济发展形势良好，互联网技术应用也十分广泛，把两者进行融合显然能够更好地推动农业经济的发展。在"互联网+"时代下，农业经济通过互联网技术实现现代化发展是必然的，农业经济的科学化转变也是离不开互联网技术的，通过"互联网+"推动农业经济发展的战略本质就是为了更好地满足社会大众的需求，让我国的农业产业获得更稳定高速的发展。本书是农业经济方向的著作，主要研究"互联网+"时代下的农业经济发展。本书从"互联网+"农业介绍入手，针对"互联网+"农业生产、"互联网+"农业管理以及"互联网+"农业电商进行分析；从奶业、生猪、农资、饲料等领域对"互联网+"农业产业链整合进行了研究，并着重对"互联网+"农业智慧粮食的构建做了一定的介绍，最后提出对"互联网+"农业智能建设的一些建议，本书对"互联网+"时代下农业经济发展的创新有一定的借鉴意义。

在本书的策划和编写过程中，曾参阅了国内外有关的大量文献和资料，从其中得到启示；同时也得到了有关领导、同事、朋友及学生的大力支持与帮助。在此致以衷心的感谢。本书的选材和编写还有一些不尽如人意的地方，加上编者学识水平和时间所限，书中难免存在缺点，敬请同行专家及读者指正，方便进一步完善提高。

目　录

第一章 "互联网 +" 农业概述

第一节 "互联网 +"农业的概念、内涵及产业变革影响

一、互联网和"互联网 +"

（一）互联网及其在我国的发展

互联网（Internet）是基于 TCP/IP 协议的全球性的计算机网络互联系统，它通过 TCP/IP 协议将世界范围内的网络设备、计算机和智能终端设备等连接在一起，实现了数据传输的功能。

互联网起源于 20 世纪 60 年代末期美国国防部高级研究计划署实施的 AppAnet 项目，在二十世纪八十年代 NSFNET（美国国家科学基金网）取代 AppAnet 成为骨干网络，随着其他网络逐步和 NSFNET 实现互联互通，互联网（Internet）的骨干网络基本形成。在 20 世纪 90 年代，随着美国信息高速公路计划的实施，越来越多的商业机构接入互联网，商业化进程促使互联网迅速发展，逐渐演变成了目前我们正在使用的遍布世界的互联网。

我国自 20 世纪 90 年代开通 Internet 全功能服务以来，互联网规模和用户总数增长迅猛。第一次互联网革命是"桌面互联网"，第二次互联网革命是"移动互联网"，第三次互联网革命是"互联网＋"。

从产业发展的角度分析，"桌面互联网"革命直接引发的是我国信息产业的快速发展，带动信息装备制造、软件、信息技术服务等行业在十几年中从小变大，由弱到强，实现了跨越式的发展。个人计算机、宽带网络的应用和普及改变了社会的信息传递和交流方式，大幅提升了社会的数据处理效率。不同产业、行业的企业和机构以不同的形式快速实现信息管理、信息处理、生产控制及服务管理等诸多环节的电子化、网络化，生产效率和工作效率得以提升。

"移动互联网"革命带来的最直观变革就是互联网接入终端的小型化、智能化、便携化，以及无线网络的广泛应用。体量小、性能高的智能移动终端设备（例如智能手机、平板电脑等）和无线网络（包括 4G、5G 移动通信网络和 WIFI）的组合使得互联网用户可以摆脱笨重的计算机和网线的束缚，实现随时随地的接入和使用互联网；低廉的设备价格和网络服务价格使得互联网用户数量急剧膨胀，互联网使用需求迅速积累；另外，传感器技术、无线数据传输技术的进步使得电器、汽车、小型设备等可接入互联网并实时传输数据，物联网技术得以快速发展，人和物都能纳入到互联网中，互联网的边界得以大幅拓展。网上银行、移动电子商务、在线支付等的广泛应用颠覆了金融、零售等行业原有的经营理念和运营模式，改变了人们对这些行业的既有认识。互联网用户的使用习惯、兴趣偏好、个性需求在移动互联网应用中被关注、重视和发掘，移动互联网环境下的信息服务更加精准、可靠、周到、方便。

"互联网＋"革命不是简单地将互联网技术应用到行业或产业中去，而是要借助互联网在大数据分析与预测、数据感知与实时处理、数据分布式存储与处理等优势去改造现有产业的薄弱环节，重新梳理或改造业务流程，实现互联网与实体经济进行深度融合，促进实体经济的改造和升级，提升了社会整体生产力。

（二）"互联网＋"的概念

所谓"互联网＋"，是指以互联网为核心的信息技术（包括移动互联网、物联网、云计算、大数据等技术）在国民经济各领域、各行业、各部门的扩散、应用以及深度融合的行动和过程，是指依托互联网信息技术实现互联网与传统产业的联合，以"优化生产要素、更新业务体系、重构商业模式"等途径来完成传统产业的经济转型和升级。

国家发展和改革委员会对"互联网＋"的定义时，认为"互联网＋"是一种新经济形态，在该经济形态中互联网发挥在生产要素配置优化的作用，以互联网的创新成果为依托，将信息技术与经济社会各领域深度融合，其目的就是切实提高实体经济的生产力和创新力。

"互联网＋"体现了当前生产力的发展趋势，是在创新思维的驱动下产生的互联网发展的新形式、新业态，也是互联网思维和具体产业实践相融合的产物，它能够带动相关经济实体的创新活力与发展机会，为相关产业的升级改造提供高层次的发展机遇。

"互联网＋"的本质是依靠互联网等信息技术，改造传统产业，将其生产过程和生产数据能够在线共享、实施查询，是实体经济与信息技术的深度融合发展。"互联网＋"计划的目的在将互联网与传统产业深入融合，在融合过程中充分发挥互联网的优势，提高企业或组织的创新能力，不断创造出新产品、新产业、新模式、新生态，通常"互联网＋"与某一产业名称相结合，代表了用互联网思维和技术改造某一产业。

二、"互联网＋"农业的定义、内涵

（一）"互联网＋"农业的定义和内涵

　　国务院在《关于积极推进"互联网＋"行动的指导意见（国发〔2015〕40号）》中提出"互联网＋"现代农业的行动规划，要求"利用互联网提升农业生产、经营、管理和服务水平，培育一批网络化、智能化、精细化的现代'种养加'生态农业新模式，形成示范带动效应，加快完善新型农业生产经营体系，培育多样化农业互联网管理服务模式，逐步建立农副产品、农资质量安全追溯体系，促进农业现代化水平明显提升"。

　　"互联网＋"农业是指在农业2生产、经营的各阶段引入信息通信技术（ICT）和互联网平台，利用互联网整合农业生产经营的相关资源，创新农业数据的智能利用方式，改造传统的农业生产、经营模式，构建出新的农业发展生态，从而实现农业生产的现代化。

　　"互联网＋"农业涵盖农业生产的生产环节、流通环节、销售环节、经营决策环节和管理环节等五个主要环节，在不同的环节分别利用传感器技术、标识技术、追溯系统、大数据等技术，提高农业生产的效率及农产品的品质。

　　"互联网＋农业"中涉及的信息通信技术（ICT）有传感器技术和传感器网络、数据传输技术、产品标识和识别技术、视音频传输及特征提取、数据存储技术、控制技术等。

　　"互联网＋农业"中涉及的生产经营资源包括土地、水等自然资源，肥料、种子、种苗等生产资料，设备、厂房等固定资产，以及信息和技术等无形生产要素。

　　"互联网＋"农业是农业信息化发展的新阶段，是农业信息化在新的技术条件和产业政策背景下的新发展，其本质是利用互联网等信息技术突破传统农业生产经营模式的局限，在提高生产、经营效率的同时会降低农产品市场的信息不对称程度，提高农业生产的效益和效率。

　　"互联网＋"农业的特征：①"互联网＋"农业以新一代信息技术（云计算、大数据、物联网、移动互联网）等为载体，运用无线传感器、智能手机、平板电脑等装备，以提高农业生产的智能化水平、提升农产品品质、转型升级农业生产经营模式为目的。②"互联网＋"农业能够实现农产品生产"全产业链"的追溯，数据追溯从生产加工环节、流通环节拓展到生产要素供应环节，拓展了追溯数据的来源。以水稻种植为例，利用"互联网＋农业"不仅能够追溯农户、加工企业、产品质量、物流等生产、流通环节，而且能够实现种子、肥料、农田等多个生产要素环节的质量监控和追溯。③"互联网+"农业不仅能够实现生产数据的实时采集、智能处理，而且可以利用生产数据的时间和空间规律特征，实现农业生产的精准管理和预测。例如，设施农业物联网可以帮助农户自动收集农田墒情、光照、温度等数据，并根据这些数据调节灌溉、通风、遮阳系统等工作状态，相关数据也会由系统向农户及时推送。另外，综合多个区域的生产数据，农户可以及时了解作物的生长状况，及时调整管理策略，并预测未来的作物收成。④"互联网+"农业突破了单一农业服务信息平台的限制，在信息资源协同开发、利用方面能够实现多个平台间的协同服务和资源共享。

"互联网+"农业能够拓展农产品生产者、经销商以及消费者的信息反馈渠道，农产品电子商务缩短信息反馈的周期，帮助农业生产者有更多的机会直接面对市场和消费者的需求反馈，及时调整农产品生产计划与营销策略。

（二）"互联网+"农业中的信息技术

1. 物联网技术在农业中的应用

物联网（Internet of Things，IoT）是指根据通信协议，利用射频识别（Radio Frequency Identification，RFID）、红外传感器、全球定位系统（Global Positioning System，GPS）、激光信息采集设备等，将具备联网功能的物品与互联网连接起来，实现信息交换与通信，进而可以对物品进行智能化识别、追踪、监测、控制和管理。简而言之，物联网就是"物物相连的互联网"。

国内学者对农业物联网给予了如下定义，定义1：农业物联网是"物联网技术在农业生产、经营、管理和服务中的具体应用，它运用各种传感器、RFID、视觉采集终端等设备，广泛地采集大田种植、设施园艺、畜禽养殖、水产养殖、农产品物流等领域的现场信息，领域无线传感器网、电信网、互联网等多种现代信息传输通道，实现农业信息多尺度的可靠传输，最后将获取的海量农业信息进行融合、处理，并通过智能化操作终端实现农业的自动化生产、最优化控制、智能化管理、系统化物流、电子化交易，进而实现农业集约、高产、优质、高效、生态和安全的目标"。

定义2：农业物联网是指通过农业信息感知设备，按照约定协议，把农业系统中动植物生命体、环境要素、生产工具等物理部件和各种虚拟"物件"与互联网连接起来，进行信息交换和通信，以实现对农业对象和过程智能化识别、定位、跟踪、监控和管理的一种网络。农业物联网"人—机—物"一体化互联，可以帮助人类以更加精细和动态的方式认知、管理和控制农业中各要素、各过程和各系统，极大提升人类对农业动植物生命本质的认知能力、农业复杂系统的调控能力和农业突发事件的处理能力。

通过对上述两个定义分析，可以看出"信息感知设备"是农业物联网的核心部件，"信息感知设备"之间的通信、数据传输是农业物联网的基础功能，电信网、局域网、互联网为农业物联网提供网络运行环境，对于安装"信息感知设备"的物体状况的感知、监控和管理是农业物联网运行的根本目的。农业物联网延展了人对农业生产环境的感知能力和控制能力，有助于提高农业生产的智能化水平，在解放劳动力的同时提高劳动效率。

我国农业物联网技术主要用于大田种植、设施农业、畜禽养殖、水产养殖等领域，承担的功能有农业生产智能管理、农产品质量追溯、农产品物流智能管理等。

农业物联网在物理结构层面可以划分的数据感知层、网络传输层和应用层，感知技术是农业物联网的关键，传感器是感知技术的核心，因此农业生产环境数据、农作物生命体征数据农产品质量追溯数据等是农业物联网运行的基础，也是实现农业生产过程智能管理的依据。

农业生产环境数据包括空气／土壤温度、空气／土壤湿度、光照强度、降雨量、土壤 pH 值、CO_2 浓度、畜禽舍有害气体、水体溶解氧等，以上数据目前都可以利用无线传感器网络进行收集和监测，收集到的数据通过互联网、电信网络或无线局域网发送到生产管理者的监控终端，为生产管理提供数据参考。在智慧农业设施中，物联网可以对日光温室的异常温度进行预警并且采用远程智能控制方式实现对温室定时加温；能够对土壤湿度进行监测并实施精量灌溉，能够对作物、畜禽所处环境的 CO_2 浓度、温度、湿度进行监测和控制；在水产养殖方面能够对水温、水体溶解氧、水体 pH 值、水位波动等进行灵敏监测、预测，在监测数据超标时能够自动开启制氧机等设备对养殖环境进行干预；在大田种植中，利用物联网技术可以检测大田的关键环境因子(气象、墒情等）、在视频、图像等辅助监控手段的支持下，实现粮食作物生长的远程监控。

农作物生命体征数据是指与农作物在生长过程中反映农作物健康状况、成长阶段等相关的数据，包括叶片温度、冠层温度、叶面积指数、作物茎秆水分、病害信息等。利用红外线传感器可以检测农作物叶片温度和冠层温度；利用检测光谱反射率，传感器可以获取作物的叶层氮含量、叶层氮积累量、叶而积指数和叶干重等生长信息；利用茎秆生理电容传感器可以检测作物生长的水分情况；通过分析卫星传感器多光谱波段对病害的响应情况，并构建多光谱指数（PMSI）估测冬小麦白粉病严重度。

农产品质量追溯数据包括农产品在储存、运输过程中的关键环境监测值、运输路径（位置）信息、农产品流转基本信息，目前农产品质量追溯主要用于生鲜农产品、肉禽蛋奶等易腐农产品的加工和流通环节。农产品质量追溯数据的采集需要用到无线射频识别（RFID）、地理信息系统（GIS）、全球卫星定位系统（Global positioning system，GPS）、传感器、二维码标签、视频监控系统等技术和装备。RFID 标签主要实现农产品个体在养殖、加工过程中的识别和质量信息记录；GIS 和 GPS 主要实现农产品储存、物流位置的定位和跟踪；传感器用在检测农产品所处环境的温度、湿度、CO2 浓度、pH 值等，温度、湿度、CO2 浓度可以监测农产品在储存、运输过程中的保鲜环境，运输水体 pH 值可以监测生鲜水产品所在环境有未加入违禁药物。

2. 大数据技术及其在农业中的应用

狭义上来讲，大数据通常指超出一般软件工具处理能力的、用于精确管理的、需要在可以接受的时间内完成数据处理的数据集。广义上来讲，大数据是一系列利用新形式的整合方法从大量分散、复杂、规模庞大的数据集中发现巨大隐藏价值的方法和技术。

大数据技术在农业中的应用是将先进的数据挖掘和处理方法用于处理农业生产相关的非结构化、半结构化和结构化的农业数据，这些数据具有多维度、多模型、多粒度、多形态的特点，用于发掘跨地域、跨行业的涉及农业资源要素、生产、加工、销售、物流等全产业链的数据规律和价值，提高了数据分析的精度和准确度，协助提高农作物产量和质量，服务于农业生产的监管和决策。

大数据在农业中的应用领域包括农业育种、农业栽培、粮食产量预测、物流追溯及供应链建设等方面。

在作物育种方面，农业大数据可以帮助育种专家完成基因测序、快速筛选基因片段等，提高数据挖掘的速度和准确程度；在动物育种方面，大数据技术可以帮助生物学家构建基因组库、基因筛选和遗传标记等，选育优质的动物品种，提高养殖效益。

在农业栽培方面，随着种子价格的升高，尤其是名贵物种的栽培成本随之增加，为了提高栽培的质量，农业栽培已经从群体监控向单体监控转变传感器可以追踪单粒种子的成长环境，农户利用种子成长大数据能够做到科学栽培。

大数据技术能够减少农产品流通环节的信息孤岛现象，降低多方交易的信息不对称程度，促使农户更好地跟超市和企业对接，提高流通环节的组织效率；大数据技术帮助企业搭建智能物流系统，实现农产品仓储、物流环节资源的优化配置，降低企业运营成本，提高经营效率。另外，采取高存储、高负载处理性能云计算技术，可以提高追溯网站访问的响应速度性能。

3. 云计算技术及其在农业中的应用

云计算，也被称为按需计算，是一种基于互联网（Internet）的、根据用户需要分配资源和信息的计算方式，它是一种泛在的、可供用户按需接入、按需配置共享计算资源池的模型。云计算和云存储为用户和企业在第三方数据中心提供多样化空间支持他们的数据存储和处理需求。云计算有利于帮助用户降低信息技术相关的硬件投入成本，帮助用户更加专注于自身业务发展。

农业云计算服务可以依托农业物联网和农业大数据的信息资源，为农户提供数据挖掘、信息推送、复杂问题诊断等服务；能够为农产品质量追溯系统提供稳定、可靠的数据服务；也可以利用自身强大的计算能力为农业科学家提供高性能数据运算、模拟、方针等服务。

目前，我国农业信息资源存在分布分散、共享度低、数据标准不统一等特点，这与社会上日益增长的农业信息服务需求相矛盾。为更好地整合多方资源，在提高农业信息服务质量的同时节约建设成本，推广基于云计算的农业信息服务势在必行。云存储可以为不断增长的海量多媒体农业信息服务资源提供低成本的网络存储和共享服务；云计算的高性能并发处理能力能够为农业信息资源的采集、分析、管理和数据挖掘提供可靠、快速的技术支持；农业信息云服务能够在提高服务质量的同时，实现访问终端的多样化，用户访问农业信息云服务的形式不再局限于特定设备和特定环境，用户访问信息服务的难度和成本降低，有利于云服务的大范围应用和推广。

在基于云计算的农业信息资源处理方面，利用云存储实现了对多源信息资源的重构、分析、整合及匹配，该技术能够解决农业信息数据存储的冗余、异构等问题，提高信息共享效率；利用工作流引擎和消息转发模式在农业物联网应用层开展了云计算集成研究，实现了异构物联网、异地数据通信，利用云计算解决了农业物联网中的信息孤岛问题；构建出农情遥感监测云系统，利用云计算处理多尺度时间序列农情遥感监测结果。

在农业信息服务平台建设方面，云计算在智慧设施农业管理、农产品质量监控与追溯、农产品物流管理等方面有诸多应用。利用云计算、物联网等技术构建了淡水鱼封闭循环式养殖平台，拥有环境自动检测、精准喂养、疾病预测与诊断等功能。利用无线射频技术与云计算相结合，通过无线射频系统、中继服务器和云服务器端对奶牛信息及其所产原料乳的信息进行识别、读取、保存和共享，方便农场对奶牛的饲养和挤奶过程进行监控和管理。在 GIS、传感器和物联网等技术的协同支持下，云计算可以实现跨越地区，甚至是跨越国家的物流跟踪和农产品质量监控工作。

4. 移动互联网技术

我国移动通信已经进入 5G 时代，网络传输速度比之前明显提升，这为移动互联网的发展提高了较好带宽基础制造技术进步使得智能移动终端的体积变得越来越小，重量越来越轻，功能却越来越多。随着智能手机、平板电脑的普及应用，移动互联网与农业生产中的多个领域不断融合、创新。利用移动互联网和智能终端设备对智慧农业设施进行管理和控制、利用移动终端获取农业信息资源支持、利用移动互联网客户端软件（App）进行市场营销等已经变得十分方便且容易，农业生产、经营效率有了较大程度的提高。

另外，随着移动互联网与云计算、大数据的进一步融合，它将在农业生产、经营领域带来更多的变革与创新。

三、"互联网 +"农业带来的产业创新、变革与影响

（一）物联网、大数据技术助力推广农业生产标准化

第一，环境监控更加精准，生产过程控制严格。

传感器网络及其相关控制系统的应用能够使用户快速地了解农作物和禽畜生长的环境，并根据生产需要及时调整环境参数，精准控制湿度、氧气浓度、施肥量、喂食量等指标，严格控制农作物和禽畜生长的环境，在提高生产管理效率、农业生产管理智能化水平的同时，实现种养过程标准化。

云计算和大数据技术能够跨越空间和时间的限制，方便农业生产管理人员高效率地管理大范围的种养环境，跟踪农产品和禽畜的成长情况，确保农产品质量标准的统一。

第二，实现农资采购和农产品销售的统一管理，提高农产品生产者和经营者抗风

险能力。

在"以产供销一体化为核心的组织模式"和"以产业发展共生平台为核心的组织模式"中，模式主导方能够通过控制农资供应品牌和质量标准等方式，限制农户在平台内部农资产品的选购，确保农业生产所需农资的质量，进而保证农户的生产安全，最终保护农户的利益。

在"以产供销一体化为核心的组织模式"中实行农产品由产业龙头企业统购统销的方式，农户在加入组织模式时与龙头企业签订购销协议，规避了农产品市场价格和供应量剧烈波动给农产品生产者和经营者带来的损失，提高农产品生产者和经营者抗风险能力。

第三，农产品质量追溯的覆盖范围和服务能力提高。

大数据和物联网技术的应用不仅使得消费者能够通过农产品质量追溯系统查验农产品的生产源头、加工环节和经销环节信息，增加消费者对所购农产品的了解和信任，还能够帮助农产品经营者实施动态地掌握生产过程、物流过程中的农产品贮存环境参数，保证农产品在物流环节的品质损失在可控范围内。

由于农产品质量追溯系统可以将质量监督部门、农业主管部门、农产品生产者和农产品经营者都纳入信息共享的范围，农产品质量追溯信息能够为市场销售统计、农产品质量评价、农产品市场行情预测等提供准确的数据，提升农产品质量追溯系统的服务能力。

（二）组织模式创新带来产业链变革

第一，中介功能减弱，中介费用降低，农产品生产者与农产品经营者、消费者直接对接的机会增加。

农产品电商平台、产业共生发展平台的推广和应用，帮助农产品生产者能够接触到更多的市场价格信息和需求信息，农产品的生产者可以通过网络寻找到合适的农产品经营者（收购者）和消费者，避免在信息匮乏状态下通过中介（中间商）寻找农产品买家时遭遇的议价能力弱、中介费高的困境。

在减少中介挤占农产品生产者利益的同时，农产品供应链可以减少或去除中介环节，缩短信息的传递时长，减少农产品周转环节，提高农产品供应效率。另外，中介费的降低或消失使得农产品生产者的收入变相增加。

另外，农产品生产者通过与农产品经营者和消费者的交流，可以及时了解市场的需求和价格信息，及时调整生产策略和经营策略，降低生产计划的盲目性。

第二，产业链中的各环节之间关系更加紧密，合作关系更加规范。

首先，通过产业龙头企业、电商平台、产业共生发展平台等主导力量的整合，加入组织模式的农产品生产者和经营者有清晰的职责定位和功能边界，另外订单、合约、信用累积等载体约束和规范了生产、经营行为，使得产业链的各环节能够紧密衔接。

其次，传感器网络、物联网和大数据等技术的应用让生产和经营数据可以在特定模式下共享，加入产业链的各方能够实时获取相关数据，及时调整生产和经营计划，产业链环节间的联结关系更加紧密。

第三，产业链整体的经营效率和抗风险能力提高。

农产品生产者、经营者通过物联网和大数据服务能够更加全面地了解自己的生产经营情况以及外部市场的现状和趋势，以及未来的发生风险的概率。在特定算法和模型的帮助下，大数据能够提高决策精度，降低生产和经营计划的盲目性，有效利用相关资源，提高生产和经营效率。另外，大数据服务还可以预告风险和灾害，提示农产品生产者、经营者做出相应的防范措施，降低他们的损失。

（三）组织模式创新带来服务模式变革

第一，从农户找"服务"变为"服务"找农户。

传统的农业科技服务发起方多是农户，农户在生产、经营过程中遇到问题时才发起服务请求，由农业技术服务人员或机构通过电话、互联网或上门解决问题。在"互联网+"现代农业的组织模式中，由于物联网、传感器网络、大数据的应用，农技服务人员或机构能够实时获取签约农户的生产数据，在农户生产数据异常时，农业信息服务系统会及时通知农户和农业技术服务人员，农技服务人员会主动联系农户，查找异常原因，及时解决问题，避免农户遭受更大损失。

在"互联网+"现代农业的组织模式中，农业技术服务人员在物联网等信息技术的帮助下，对农户生产周期内的数据能够全面把握，能够快速通过前期数据分析找到农户遇到的问题原因，避免诊断出现偏差。农业技术服务人员用在单个服务上的时间减少，意味农业技术服务人员工作效率的提高，他们在单位时间内可以为更多的用户提供服务。与此同时，个体服务人员服务效率的提高相当于整个模式内部的服务容量和效率也得到相应的提升。

第二，农业产业发展共生平台的在资源整合方面的能力、影响力和作用日益增强。

农业产业发展共生平台将生产物资资源、农业技术服务资源、物流资源、销售渠道、农产品生产者等整合在一个平台中，围绕农业生产和经营活动提供服务，平台利用参与平台经营各方主体的交易记录、信用记录等建立信用评价体系，在信用评价体系的驱动下构建良性循环的闭环产业生态，实现参与主体的共赢。

农户在该平台中能够"一站式"解决农资订购、农产品销售、预约农业技术服务、生产贷款、资金管理等全方位服务，可避免假冒伪劣农资产品的侵扰，专心于农产品生产活动。在销售农产品时，农户拥有更多元化的农产品销售渠道选择，寻找买家的时间成本和信息成本大幅降低，农产品交易价格更加透明，农户利益得到更多保障。

生产物资供应商、物流资源和农产品经营者在产业发展共生平台中能够在获得更多的经营机会，品牌和信用逐渐积累，经营业绩得到保障。

因此，农业产业发展共生平台的影响力与吸引力逐渐增强，对农业生产过程和农产品质量的优化产生积极作用。

第三，销售环节翻转，预售与订单模式逐渐流行。

农产品的买难卖难一直是困扰农产品销售的问题，尤其是对于高品质农产品而言，销售渠道的不确定导致农户在生产决策方面踟蹰不前,缺乏经营的决心和信息。在"互联网+"的帮助下,消费者可以通过网络平台选择特定农产品品种或个体,以订单或预售的形式提前订购农产品,并通过网络监控选购产品的生产过程,在收获农产品后,物流系统会将订购的农产品配送给消费者。销售环节的翻转,使得消费者和生产者实现了共赢,消费者得到了需要的农产品、享受了高质量的服务,农户提前确定农产品的销售数量和销售对象,并能够快速回笼经营资金,提高经营效率和生产积极性。

第四,电商营销渠道下沉,开发"线上、线下"两端市场。

随着农产品电商平台经营农产品种类的扩张,单纯地依靠农产品生产者提供农产品信息或由物流企业运输少量农产品已经不能适应业务发展的需要。为了增加对农产品市场的感知能力、提高对农产品质量的鉴别准确度,农产品电商将其采购和销售网络进一步细化和完善,将采购和销售渠道深入到农村中去,增加电商平台工作人员直接面对农产品生产者和消费者的机会。

渠道下沉可以使农产品电商更清楚地了解区域市场的消费需求和特定。区域的差异、风俗的差异都有可能导致需求的差异,即使在同一个县级市场内,需求也可能存在差别。农产品电商"新渠道"的开辟意味着其对市场感知能力得到了加强,对农产品产量和质量的把握能力得到了加强,为消费者服务的能力得到加强。

因此,随着农产品电商业务量的不断增长,其服务农产品生产者和消费者的能力需要不断地加强,农产品电商的采购和营销渠道下沉将成为提升服务质量的主要方式,"线上、线下"两端市场资源的深化整合将为农产品电子商务发展提供动力。

(四)产业资本的金融服务多元化

第一,交易和支付更加便捷,农产品交易成本降低。

在"以产业发展共生平台为核心的组织模式"、"电商平台主导的模式"中,平台为农产品的销售、农资采购、服务费用收取等环节引入独立的第三方支付平台,该支付平台由产业资本加入或控股,专门为平台内部各类用户主体提供唯一的资金交易途径,平台用户将支付平台账号与自己的银行卡账号进行关联之后即可使用。

支付平台对交易过程中的资金进行监管,交易完成后支付平台划转资金到收款用户的账户,避免了交易过程中的资金划转纠纷和假币风险。由于平台内部的交易资金流转完全实现电子化,在实现快捷支付、实时到账服务的同时,交易双方不需支付手续费,农产品交易成本大幅降低。

第二,贷款流程简化,农户融资成本下降。

在"以产业发展共生平台为核心的组织模式"中,农户参与交易的每一次记录都将成为信用累积的数据源,用户在平台内的活跃时间、交易规模和资产规模等都是信用评级的重要考量因素。由于农业生产过程中农户的可抵押物较少,申请商业银行贷款难度较大且审核贷款周期较长,农户在生产和经营过程中如果遇到短期资金压力,可以利用其信用等级向平台中的金融服务机构借款,缓解短期资金压力,用户贷款的利息低于从其他商业机构借款的利息,进而使得农户借贷融资的周期缩短、成本下降。

第三，在线理财操作便捷，涉农资金收益稳定。

在"以产业发展共生平台为核心的组织模式"、"电商平台主导的组织模式"中，独立的第三方支付平台为了更好地吸引用户资金，它们在金融监管部门的审批和许可条件下开通在线理财服务，用高于银行活期存款利率的利息吸引用户将暂时不用的闲散资金委托给在线理财服务，用户申购或赎回理财产品都可在线操作，实时到账，充分保障用户的资金安全。

农户或农产品经营者可以将短期沉淀下来的资金购买理财产品，在获得相对稳定和较高收益的同时，暂时出让资金的使用权，把资金由第三方支付平台统一借贷给平台内部需要贷款的用户。

第四，农业"众筹"项目受到追捧。

在研究院所或科研机构中，存在一批技术含量高、转化成本高、产品品质高的农产品生产技术或项目，这类技术或项目符合一定的市场需求，但由于缺乏资金和产业化条件，难以从实验室、研究所走向市场。

产业资本已经关注到这些技术先进且具备转化条件的项目的市场价值，愿意发起"众筹"项目，引导消费者以产品预订的形式加入"众筹"项目，一旦"众筹"项目实施条件成熟，项目立即启动，消费者可以优先获取到项目带来的优质农产品，产业资本可以通过售卖更多的农产品获得相应的回报。当前，农业"众筹"项目已经成为"众筹"领域新的热点。

四、当前我国"互联网＋"农业面临的问题

受气候、自然资源、经济条件、信息化基础等因素的影响和制约，我国各地农业产业的发展水平、农产品的种类和质量、农业信息化水平都存在较大差异，各地利用"互联网＋"改造农业的内在动力、技术基础、改造方法和模式也不尽相同，利用"互联网＋"促进农业产业发展需要解决产业组织模式、人才培养、技术推广、市场信息等多方面的问题。

（一）"互联网＋"农业组织模式有待明确和进一步探索

1. 小农户和大市场的对接模式有待深入研究

一方面，我国农产品的生产和经营多以家庭为单位，产品种类单一，规模小且分散，存在农产品销售不畅、销售价格偏低的问题；另一方面，我国农产品市场规模巨大，存在需求多样却不能得到满足的问题，即所谓的"买难卖难"问题。探索解决"买难卖难"问题的重点在于提高农户生产与市场需求的匹配程度，关键在于利用互联网手段建立有效的市场供需信息交流平台，探索有效的农户和市场对接模式，引导农户合理安排农业生产。

2. 智慧农业设施的推广和应用有待加强

虽然智慧农业设施的应用能够在一定程度上提高了农产品生产的效率、品质和安

全性，提升农户的经济收益，但购置智慧农业设施需要一定的前期投入、后期维护费用，智慧农业设施的推广程度取决于它们能否为农户在降低生产经营风险的同时带来符合预期的持续收益增长。另外，智慧农业设施的熟练运用需要农户花费一些的学习和实践，应用难度不应该太高。

目前，智慧农业设施的应用多局限于农场或个别企业，缺少以产业链、价值链为主导的跨区域、跨行业的资源整合、协同，之后应加强以产业链、价值链为主导的智慧农业设施应用模式研究，利用云计算、大数据的优势改造传统的农产品生产、经营、流通模式。

3. 各地 "互联网 + 农业" 的组织思路和模式需因地制宜

我国幅员辽阔，各地区气候、产业基础、经济基础、人文环境不尽相同，很难用统一的 "互联网 + 农业" 组织思路和模式解决所有地区，因此，在制定 "互联网 + 农业" 发展规划、选择 "互联网 + 农业" 发展模式时应因地制宜，在科学论证的基础上明确 "互联网 + 农业" 实施路径，避免盲目投资且建设。

（二）农产品质量标准不完善

目前我国衡量农产品价格高低的标准多来自农产品自身的尺寸规格、外观等，对农产品内在的营养成分、农药残留、成长环境等方面没有统一的质量标准和评价规范，在农产品生产、运输、销售环节也缺乏统一的衡量标准。

此类标准的缺失，降低了消费者对农产品品质的了解程度，不利于农产品的定价和销售，希望农业部门能够根据现实需要完善农产品质量标准体系，为了衡量农产品质量提供统一的标准。

（三）"互联网 +" 农业发展的产业环境尚需完善

宏观层面，国务院出台了一系列支持 "互联网 +" 农业发展的政策，这些政策以及各地出台的具体实施意见的落实和执行情况将影响 "互联网 +" 农业的实际发展效果。"互联网 +" 农业的发展需要完善的产业发展环境，需要电信、交通、物流、互联网等相关产业的配合和支持，需要各级政府出台具体的产业扶持政策和措施，营造跨产业、跨行业的 "互联网 + 农业" 协同与创新环境。

微观层面，我国目前没有建立统一的农产品信息采集机制，大多数农户还处在凭经验或 "随大流" 安排生产和经营的状态，农产品市场的信息不对称现象依然突出，农产品价格剧烈波动现象仍然存在，为更好地服务农户、维护 "互联网 + 农业" 的产业发展成果，有必要尽快建立健全的农产品信息采集和共享平台。

第二节 "互联网+"农业的组织模式分析

一、"互联网+"农业的参与主体

"互联网+"农业是我国农业信息化发展的新阶段,发展"互联网+"农业不仅是促进各地农业产业升级、区域经济发展的需要,更加是提高农民收入、化解农产品供需矛盾、提高农产品质量和安全的有效途径。

"互联网+"农业的发展不仅需要信息基础设施条件、产业政策、财政政策、税收政策的支持,更需要参与"互联网+"农业发展的各相关主体明确目标和任务,发挥自身优势,积极主动利用现有条件和合作模式,共同构建符合各方主体利益的"互联网+"农业发展环境。

国内学者对我国农业信息化参与主体的分析主要从主体功能和角色属性角度进行分析,把农业信息化主体分为公共服务组织、合作组织、企业和个人等四类,公共服务组织中主要包括中央政府、地方政府、政府设立的农业信息机构和组织,并对各参与主体的功能进行了分析。农业信息化组织主体构成包括政府、科教单位、协会组织、企业(信息企业、涉农企业)和个人、农户等五类,科教单位中包含政府设立的有关农业科技和信息服务的机构和组织,各个主体之间以"传播媒介"为纽带,联系成为农业信息化组织体系。

在我国"互联网+"农业的发展进程中,除了农产品生产主体、农产品经营主体等以自身利益为主要诉求的主体之外,还包括了各级政府、涉农科研机构、涉农公共信息平台、农业信息技术服务企业、网络运营商等。

根据主体功能和利益诉求的不同,我们将主体的盈利性质作为X轴,将主体在产业中的核心地位作为Y轴。X轴右侧代表以盈利(利益最大化)为目的的主体属性,X轴左侧代表不以营利(利益最大化)为目的的公益属性。Y轴上方代表主体在农业产业中的核心地位,Y轴下方表示主体在农业产业中处于非核心地位,承担为核心主体服务的任务。

把所有"互联网+"农业参与主体分布到四个象限之中,第一象限包含以盈利为目的的核心产业主体,包括农业生产主体和农业经营主体;第二象限包含以公益为目的的核心产业主体,主要涉农公共信息平台;第三象限包含以公益为目的的服务类主体,包括政府和涉农科研机构;第四象限包含以盈利为目的的服务类主体,包括网络运营商、农业信息技术服务企业。

（一）农产品生产主体

农产品生产主体是农产品生产的基本组织单位，是能够将生产资源通过生产活动转化为农产品的能力的个人或组织。我国互联网农业的农产品生产主体主要包括：普通农户、专业大户、家庭农场、农业生产合作社和农业产业化龙头企业。

根据各生产主体的产业规模和标准化程度不同，主体可分为四类，产业规模大、标准化程度高的主体是农业产业化龙头企业，产业规模小、标准化程度低的主体是普通农户，产业规模较大、标准化程度低的主体是专业大户，产业规模相对较小但标准化程度高的主体是家庭农场和农业生产合作社。

普通农户和专业大户应用"互联网+"技术的动机主要是"了解市场信息"和"提高生产和管理效率"；农业生产合作社比前两者在应用"互联网+"技术的动机方面多了"提高生产标准化程度"；农业产业化龙头企业应用"互联网+"技术的动机覆盖了全部五个可选项。

在"互联网+"应用的环节方面，普通农户主要将其应用在生产准备环节与部分生产环节，专业大户和农业合作社主要将其应用在生产准备环节和生产环节，农业产业化龙头企业主要将其应用在生产准备、生产过程、产品加工环节。在技术投入成本方面，农业产业化龙头企业投入成本最高，普通农户投入成本最低。

农产品生产主体利用"互联网+"技术的优势在于熟悉农产品生产过程，能够根据实际需要选择合适的技术支持生产活动；劣势在于农产品生产主体对新技术的学习能力和应用能力相对薄弱，对于市场信息的归纳总结能力、市场发展趋势的预测能力较差。

（二）农产品经营主体

农产品经营主体是指经销农产品或者营销与农产品相关服务的个人或组织，包括农产品电商企业、普通农户、农产品销售合作组织、第三方农产品物流企业等。

农产品电商企业分为专业农产品电商企业、通用农产品电商平台两大类，其中专业农产品电商企业是指经营某些特定种类农产品（例如蔬菜、水果等）的电商企业，该类企业面向消费者或组织机构开展 B2C 或者 B2B 的经营活动；通用农产品电商平台是指为农产品交易双方提供交易空间和交易结算，自身并不参与农产品交易的电商企业，该平台的用户可以是个人或组织。

普通农户既是农产品生产主体，也是农产品经营主体，农户将自己生产的农产品在农产品交易平台上销售就成为农产品经营主体。

农产品销售合作组织是指由农户自发组织的、基于地域或特定农产品经营的合作组织，此类组织的农产品往往由多个农户按照组织内部标准进行生产，并以某特定品牌或名称对外销售。

第三方农产品物流企业是服务于农产品电子交易，并将电子交易中的农产品由卖方运送给买方的企业。由于有些农产品易腐烂或变质，例如蔬菜、水果、水产品、乳制品等，此类农产品对物流的专业性要求较高，因此第三方农产品物流企业往往拥有独立的冷链物流系统。

作为农产品经营主体的代表，农产品电商企业在"互联网 +"农业中作用主要有三个，第一个作用是传递供需信息，降低交易成本；第二个作用是创新结算方式，降低交易风险；第三个作用是建立现代物流，促进农产品流通。

在传递供需信息，降低交易成本方面，农产品电商企业在经营过程中承担信息收集、信息审核、信息共享、信息追踪等任务，通过交易平台将农产品生产者和市场联系起来，降低了交易双方寻找交易对象的难度和成本，缩短两者之间的信息传递路径，降低了信息传递失真，有利于缓解农产品供需矛盾。

在创新结算方式，降低交易风险方面，农产品电商企业通过创新结算方式、建立支付系统等方法降低了交易双方的资金支付的成本和风险、提高了交易的可信度和安全性；另外，利用大数据分析，农产品电商企业可对交易双方的信用等级进行评定，以便更好地为交易双方提供金融服务。

在建立现代物流，促进农产品流通方面，农产品电商企业在自有物流系统或第三方农产品物流企业的支持下，可以将农产品突破原产地的地域限制，拓展农产品的销售范围，将农产品运送到物流触及的任何地方，促进农产品的流通。

（三）涉农公共信息平台

涉农公共信息平台是由政府部门或事业单位出资支持的、为农民提供农业信息、农业科技、农业气象等服务的信息平台或网站。

该类平台带有较强的公益属性，用户免费访问，农民用户可以直接可以通过网页或移动 App 跟农业技术专家交流，农业技术专家也可通过信息平台了解农户的生产现状和产业发展情况。另外，随着通信技术和智能信息处理技术的发展，该类平台能够对上传的作物图像、视频等涉农多媒体信息自动识别和聚类，为农业领域的远程诊断和技术服务提供了支持。

信息平台发布的内容多与农业生产直接相关，能够指导农民安排生产，或是帮助农民解决生产中遇到的疑难问题。另外，涉农公共信息平台还担负新技术、新成果推广的任务，以此促进农业生产效率的提高。

（四）政府和涉农科研机构

政府和涉农科研机构并不直接参与农产品生产并获得利益，但他们通过自己的行为活动影响农产品的生产和经营过程，从而对整个农业产业产生影响。

政府在"互联网 +"农业发展过程中担任管理者的角色，承担着监管市场行为和主导产业发展方向的任务，政府通过行政文件、发展规划、产业政策、财税政策和就业政策等，引导社会资源配置，营造"互联网 +"农业良性发展环境。

政府支持"互联网 +"农业发展的目的是通过发展"互联网 +"农业提高农业生产的效率以及农产品的质量，缓解农产品供需矛盾，进而提高社会整体福利水平。

涉农科研机构多数情况下扮演非营利组织和智库的角色，它围绕政府的发展战略和相关政策在政策和技术两个层面开展研究工作，一方面它承担着评价政策实施效果、总结行业规律等任务，另一方面它还在"互联网+"农业发展过程中承担研究、推广与农业相关的新技术的任务，为"互联网+"农业发展提供理论指导、智力和技术支持。

（五）网络运营商和农业信息技术服务企业

网络运营商为"互联网+"农业参与主体提供网络基础设施服务，涵盖有线网络、无线网络的接入运营商，各个参与主体根据需要租用网络运营商的带宽、托管服务器等，网络运营商则保证提供网络服务的安全和稳定运行。

农业信息技术服务企业是指为"互联网+"农业提供软硬件产品开发、云存储、技术解决方案、营销策略咨询、大数据分析等服务的经营主体，农业信息技术服务企业为"互联网+"农业参与主体提供个性化的服务或定制服务，目的是解决用户在实际生产、经营过程中遇到的技术难题和创新需求。

网络运营商和农业信息技术服务企业在"互联网+"农业发展过程中分别从宏观和微观层面担任技术支持的角色，他们提供的服务是"互联网+"农业发展的基础和保障，也是"互联网+"农业创新发展的助推器，这些服务不仅提高了农业生产和管理的效率，也为"互联网+"农业的技术创新与组织模式创新提供了新的机遇。

二、"互联网+"农业的组织模式定义及分析框架

（一）"互联网+"农业的组织模式定义

"互联网+"农业的组织模式是指在利用互联网、物联网等先进信息技术支持农产品生产、经营活动的过程中，由农产品生产者、农业信息技术服务企业、政府部门和农产品经营主体所共同构成的体系，它包括和生产经营活动相关的各参与主体的分工和互动方式、生产者利用生产信息技术支持农业生产的方式及效果等。

（二）以农业产业组织为核心的"互联网+"农业组织模式分析框架

合作社、农业企业、生产基地是目前我国主要的农产生产产业组织类型，由于农业产业组织在农业产业链中具有承上启下的作用，是我国大多数农业产业链的核心，因此在这里也将农业产业组织（合作社、农业企业、生产基地）列为"互联网+"农业的组织核心，重点研究农业产业组织在农业生产信息技术获取、使用等方面的互动过程及效果。

农业生产产业组织的农业信息技术获取途径大致有三个，分别为政府推广、农业信息技术服务企业推广和生产者自主选择。在利用信息技术支持农业生产过程中，产业组织一般会采用与农户合作或独自生产，在和农户合作过程中，产业组织会将相关农业生产信息技术扩散给农户。在农产品销售环节，产业组织和农户会选择传统农产品销售渠道或电子商务销售渠道将农产品直接或间接销售给消费者。

三、当前"互联网＋"农业的主要组织模式分析

在"互联网＋"农业的组织模式中，各参与主体所扮演的角色和承担责任不尽相同，根据组织模式中主导主体的不同，依据农业信息技术获取途径的差异，这里把"互联网＋"农业的组织模式分为：政府主导的"互联网＋"农业组织模式、农业信息技术服务企业主导的"互联网＋"农业组织模式、农业生产经营组织主导的"互联网＋"组织模式、电商企业主导的"互联网＋"农业组织模式。

（一）政府主导的"互联网＋"农业组织模式

政府利用其掌握的行政资源、科技资源、教育资源、信息资源等，通过产业政策、财政政策、发展规划、食品安全监管等途径对农业生产经营相关的主体施加影响，利用"低息金融服务"、"先进技术推广"、"农机采购补贴"、"建立农业标准化示范园（区）"、"建立农产品质量安全追溯体系和监管体系"等方式，引导和促进农业组织模式的变革，提高农业生产经营的效率以及农产品质量。

政府为主导的"互联网＋"农业组织模式主要包括：以农业信息服务为核心的组织模式、以种养"标准化、智能化"为核心的组织模式、以食品质量安全监管为核心的组织模式等。

1. 以农业信息服务为核心的组织模式

在该模式中，政府根据社会需要制定农业产业政策、财政政策，利用农产品收购价格补贴、农机具补贴、农资综合补贴、良种补贴手段等引导农产品生产者的生产活动和农产品经营者的经营活动。

政府对涉农公共信息平台提供财政支持，并且指导其开展日常工作。涉农信息平台承担对农产品生产者提供生产技术指导和农情资讯的工作，涉农信息平台的技术顾问或专家可以利用语音、视频、短信等联系方式向农产品生产者提供作物病害诊断、墒情提示、施肥指导等，另外，涉农信息平台利用其专业优势收集和研究市场农产品供需信息、市场发展趋势、农业技术发展动态等，把研究成果定期向农产品生产者发布，指导农户安排生产计划。

农业信息技术服务企业能够为生产者提供用于提高生产效率的信息技术装备和服务，由于农产品生产者购买装备和服务需要支付一定的费用，他们的支付意愿取决于购买信息技术装备和服务后获得利润回报与支付成本之间的差值。另外，政府为了支持农产品生产者采用先进的信息技术装备和服务，会通过集中采购、补贴或减税的方式降低农业信息技术服务企业的经营成本，从而降低农产品生产者购买信息技术装备和服务的价格。

农产品生产者将农产品出售给农产品经营者，并通过农产品经营者获取农产品需求和价格等信息；另外，农产品生产者也会主动利用信息技术获取更多农产品市场供需信息和价格信息。

本模式组织结构简单，信息技术主要帮助农产品生产者了解市场供需信息、提高

生产效率,信息技术应用的效果取决于农产品生产者的应用技术的熟练程度和应用规模。

在本模式中,农产品生产者对政府补贴依赖较大,如果政府补贴政策调整,农产品生产者的生产积极性会受到较大影响。农产品生产者获取市场供需信息和价格信息的渠道较少,缺乏及时应对市场变化的能力,获取了的信息在传递过程中延迟较大,可能存在失真现象。

2.以推广种养标准化、智能化生产信息技术为核心的组织模式

在该模中,政府通过制定产业政策、财政政策、科技政策、产业发展规划以及执行国家食品安全监管法规等行为,出台相关行业标准和产业发展方向,尤其是将农业生产的标准化、智能化作为未来农业发展的趋势之一。政府选取符合产业发展需要的先进技术、系统及其应用案例作为示范工程,在特定行政区域内推广,以此方式逐步推动先进农业生产方式的普及、农产品生产效率的提高以及农产品质量的提高。政府是该模式的主导和推动力量。

在行业标准和产业发展方向的指导下农业信息技术服务企业、涉农科研机构、网络运营商等利用多种资源,整合云计算、农业大数据、物联网、定位导航技术、传感器网络等先进技术及系统集群,研究和开发标准化、智能化的信息服务系统及设备,用于满足现代种植业、现代林业、现代畜牧业、现代渔业、休闲农业、农产品电子商务、农产品质量追溯等领域的需要。

以上系统和设备的研制和开发对先进技术及系统集群的技术集成是围绕现代农业发展需要开展的,重点在于开发满足符合我国国情和实际需要、能够被市场接纳的产品。这些系统和设备在推广过程中或是由政府直接指定为示范工程并由政府采购,或是由政府利用惠农政策给购买这些产品的组织或者个人以补贴优惠,或是由政府给予研发这些系统或设备的厂商以税收、贷款方面的优惠。政府力图通过选取和推广示范工程、先进生产技术带动我国整体农业生产技术水平的提高,并以此为契机改良农业产品结构、提高农产品品质,最终实现我国农业整体效益的提高。

涉农科研机构作为农业科技战线的中坚力量,他们熟悉和了解农业生产的需求、掌握先进技术发展现状,通过农业政策研究、新技术研发、参与标准制定、技术集成等工作,推动农业产业政策的制定以及农业生产标准和技术的推广,是沟通政府、农户、农业信息技术服务企业的重要纽带,也是农业科技成果转化的主要推动者和受益者。

农业信息技术服务企业是信息服务系统及设备的销售主体与主要研究研发单位,具有较强的技术集成能力、产品研发能力和市场开发能力,他们熟悉我国农业的生产现状,能够洞察农业生产需要和产业发展趋势,开发符合市场需要的信息服务系统及设备,解决农业生产遇到的现实问题,为提高农业生产效率服务。农业信息技术服务企业利用多种渠道宣传和销售自己的产品,在服务社会的同时实现自己的价值,一方面他们积极争取政府的优惠政策,另外一方面他们积极争取成为政府推动农业产业政策落地的助手,生产符合农业产业政策需要的产品并利用官方渠道推广自己的产品。

网络运营商为整个模式的运行提供网络服务,并与农业信息技术服务企业合作开

发和推广信息服务系统及设备。

农户或农业生产组织作为上述信息服务系统和设备的使用者，其采购并应用系统或设备的利益在于通过标准化、智能化的信息服务系统或设备实现农业生产的标准化及生产效率的提高，提高农产品经营效益。他们可能在了解、学习、接受这些先进系统和设备的过程中遇到困难或障碍，需要政府、科研机构或者农业信息技术服务企业对他们进行技术指导，逐步学习成长为先进技术的使用者和受益者。

3. 以食品质量安全监管为核心的组织模式

在该组织模式中以农产品质量安全监管及质量追溯系统为核心，涉及政府机构、农业信息技术服务企业、涉农科研机构、网络运营商、农产品生产者、农产品经营者以及消费者。

政府的食品安全监管部门负责对农产品质量安全监管及质量追溯系统的监管，审核系统的运营资质及信用记录，确保系统内部信息的准确、完整。

农产品经营主体和生产主体承担农产品质量安全监管及质量追溯系统的具体运营工作，他们负责维护系统中的农产品信息和物流信息，确保信息的准确及实时更新。

农业信息技术服务企业、涉农科研机构与网络运营商负责系统的开发及维护工作，他们集成大数据、云计算、物联网、传感器网络、定位和导航技术等开发符合农产品经营主体和生产主体需要的系统，支持农产品从生产、加工、物流、销售等环节的跟踪与追溯，全面记录农产品的生产者、生产时间、加工信息、流通路线、销售地点、运输环境、保质期等信息，方便农产品生产者、经营者以及消费者监测、追踪农产品。

消费者通过系统查询购买农产品的状态、生产和加工信息、物流信息等，并通过系统反馈消费意见或建议。

（二）农业信息技术服务企业主导的"互联网 +"农业组织模式

该模式以技术创新和应用创新为驱动力，通过技术研发和系统集成开发满足不同生产需求的信息系统和解决方案。该模式中包括农业信息技术服务企业、政府、农产品生产主体和农产品经营主体。

农业信息技术服务企业根据现代农业的生产和发展需要，研究与开发适用于温室环境采集及智能控制、大田信息采集、节水灌溉智能控制、水产养殖环境监测与控制、作物远程病虫害诊断、畜禽舍环境监测、放牧定位及追踪、农产品质量安全追溯等需求的信息系统，其工作成果一方面要体现农业信息技术服务企业卓越的技术研发、技术集成能力，一方面要通过系列化的农业生产和经营解决方案引领现代农业发展的趋势，引导农业科技产业的发展。农业信息技术服务企业不仅销售软硬件系统，还为购买系统的用户提供长期技术支持与服务，在和用户密切互动中获取用户反馈，促进自己产品的研发和改进。

农业信息技术服务企业利用大数据和云计算技术能够扩大对用户的服务范围，提高对农产品生产数据、经营数据的感知能力，提升服务的精细化、智能化水平，进而构建包括众多用户参与的农业生产数据和生产知识的共享生态环境。

农产品生产主体、农产品经营主体是系统的采购者和使用者，他们具体的身份可以是普通农户、种养大户、家庭农场或是农业企业。他们需要支付给农业信息技术服务企业一定的费用，用于购买系统和相关服务，并且在农业信息技术服务企业的支持下掌握系统和服务的使用方法。应用系统和服务后得到的预期经济回报与购买费用之间的差额是影响农产品生产主体、经营主体购买系统和服务的决定性因素，也是衡量系统和服务市场价值的重要指标。

政府通过产业政策引导和支持农产品生产主体、经营主体采购农业信息技术服务企业的系统和服务，并通过税收、补贴等途径支持农业信息技术服务企业的发展。

该模式与政府主导的"以推广种养标准化、智能化为核心的组织模式"的区别在于：第一，服务内容和范围不同。前者以高技术含量的系统和装备促进农业生产过程以及管理的精细化，对用户的需求分析和服务更加个性化，由农业信息技术服务企业决定技术标准和产品性能；后者以促进农业生产条件改善、提高农业生产的整体效益和产业层次为目的，涵盖生产资料供应、生产过程管理、农产品加工等多个环节，强调行业内部或区域范围内的农业生产、管理的标准化技术的推广和应用，由政府或相关农业管理部门决定技术标准和产品性能。第二，农业信息技术服务企业利益实现方式不同。前者中农业信息技术服务企业以销售系统和装备为主，以销售服务为辅，在市场中直接与农产品生产主体和经营主体接洽业务；后者中农业信息技术服务企业是模式中的服务主体，不主导系统、设备及服务的参数标准制定，他们将系统、设备和配套的服务打包后整体卖出，由政府与农产品生产主体和经营主体联合支付费用，农产品生产主体和经营主体不能自由选择农业信息技术服务企业。

三、农业生产经营组织主导的"互联网+"农业组织模式

生产者自组织模式是以农业生产合作社、农业企业、生产基地等农业生产经营组织为核心，由农业生产经营组织主动选择和购买信息技术和装备、利用信息技术支持生产和经营活动的组织模式。该组织模式的参与主体包括政府、农业信息技术服务企业、农户、农产品电商平台。

政府通过产业政策、税收政策和财政政策支持农业生产合作组织的建立和运营。参与该模式的合作社、农业企业、生产基地成立专门的经营机构，通过注册自有品牌和商贸企业等形式将分散的生产活动和经营活动纳入统一的管理体系之下，统一组织内部农产品的质量标准，统一采购生产物资和技术服务，并实现生产过程的电子化管理，对所生产的农产品统一品牌、统一包装、统一营销，用农产品生产的规模和质量标准化优势参与市场竞争。

合作组织的经营机构通过传统农产品销售渠道、农产品电商平台或自有的农产品销售平台宣传和销售产品，并联合专业物流企业实现农产品的配送。利用电商平台和自有的农产品销售平台，合作组织能够建立起售后信息的收集和处理体系，能够应对市场变化和消费者需求，保证合作组织的自我发展能力。另外，由于合作组织的规模

化生产能力,它能够与农产品电商平台合作,接受农产品电商平台的订单。

以互联网为代表的信息技术在该模式中帮助农户合作组织收集市场信息与消费者需求、接受涉农公共信息平台的资讯和技术指导、开展互联网营销等工作,物联网和传感器等技术的应用提高农户对生产环境的感知能力和生产过程管理能力,生产技能和生产效率大幅提高。

该模式的局限在于受产业规模、技术和资金实力的影响,农户合作组织只能生产和经营其擅长的特定农产品,产业链向下游延伸能力较弱。

第二章 "互联网+"农业生产

第一节 "互联网+"与农业生产方式的理论

一、马克思主义关于生产方式的论述

在《论辩证唯物主义和历史唯物主义》一文中，将生产方式定义为生产力和生产关系的统一，这个观点广泛地运用在教科书上，已经被人们普遍接受。这样看来似乎"生产方式"这一词，并没有自己特殊的含义，仅仅是被当作生产力或者生产关系。但事实上，这个定义与马克思在文中所说的生产方式的本来含义有相当大的出入的。原因在于在我们学习政治经济学的过程中，大多数都是从政治经济学教科书开始，极少数才从《资本论》开始学习，所以我们头脑中先入为主对生产方式有了主观的定义，很容易用教科书的定义去解释马克思的定义。所以，要理解马克思关于"生产方式"的正确含义，要到《资本论》中去寻找答案。近些年来，越来越多的学者把"生产方式"作为一个独立的范畴，而不再被当作一个只有形式而无实际内容的范畴来思考研究。长期以来，学术界对生产方式含义的界定上大体上形成了三种不同的观点：

第一，生产方式单一论的观点。即认为马克思对"生产方式"的解释只有一种。其中又有三种不同的论述形式。一是从生产内容的角度来看生产方式，提出了"生产方式就是生产者对自然的关系"这个观点，亦或者是将生产方式理解为一种与人和自

然关系相关生产过程。这一观点只是从人和自然之间的关系出发而对生产方式形成了一定的了解，它将生产方式简单地理解为，生产过程的本身运动，忽视了人与人之间的关系是生产活动得以进行的前提条件。二是从生产形式角度来看生产方式，他将生产方式理解为生产要素的一种特殊组合方式和方法，从而实现了技术和社会组合方式有效统一。从这个角度来看，研究生产要素的特定组合方式无疑对进一步探索生产方式的具体结合方式大有益处。但这一观点与生产活动的具体内容不相符，单纯地对抽象的生产形式进行研究，反而将实际生产活动与生产内容之间的统一关系忽略了。三是从生产的内容与形式统一的角度来看生产方式，认为"马克思主义中生产方式的完整含义是指生产力的利用方式，是生产资料利用方式和劳动力利用方式的有机统一"。这种观点从生产的内容与形式统一的角度，将生产方式定义为生产资料的利用方式和劳动力。但这一观点是从生产力的层面来理解生产方式的，忽视了生产方式所蕴含的人与人之间的关系，存在一定的片面性。

第二，生产方式二重论的观点。即认为在马克思所定义的生产方式有两种不同的理解方式。其中又有三种不同的论述形式。一是认为生产方式一种是指劳动的方式，一种是生产的社会形式。二是学者提出了生产方式应涵盖一般和特殊这两层含义的观点，其中，一般含义是指基于非生产资料所有制形式，劳动者之间存在的一种分工和协作的劳动交换关系；而特殊含义则是者基于一定生产资料所有制形式，劳动者之间存在的一种分工和协作的劳动交换关系。三是学者提出生产方式应涵盖生产方式本身以及生产社会性质这两层含义的观点。就前者而言，其实质是相关的生产技术及组织；后者则是实现劳动者与生产资料之间有机结合的一种特殊方式。上述几种论述都是从生产力与生产关系对立与统一的角度来理解生产方式的含义，但是它们均未将生产方式的相关规定性考虑在内。

第三，生产方式多重论的观点。这个观点主要从马克思定义生产方式的含义方面着手，认为它所包含的含义应该在两种以上。其中最具代表性的有两种不同的论述，其一是关于生产方式的五种不同定义：①将生产方式定义为生产力与生产关系之间的有效统一；②将生产方式定义为某种类型的经济，亦或是一个特定的生产部门；③将生产关系视为一种劳动方式；④将生产方式视为一种生产关系；⑤将生产关系理解为生产技术亦或是生产力。其二将马克思对生产方式的理解归纳为以下四个方面：①生产方式是一种生产制度，亦或是劳动者与生产资料之间的一种结合方式；②生产方式是生产关系与生产力之间的有效统一；③生产方式是一种谋生方式，亦或是生产生活资料的方法；④生产方式是一种经济的社会或社会形态，亦或是社会的经济形态。基于以上多重论的观点，主要还是指生产方式其实是生产关系和生产力之间的有效统一，还是一重论的解释，只不过是机械地去理解马克思在不同场合之下对生产方式含义的论述，具有较大的片面性，而且并未考虑到各种含义之间的内在联系。

二、马克思主义关于生产方式与生产力、生产关系之间关系的论述

生产力、生产关系、生产方式这三者之间关系的研究是生产方式理论的一个重要方面。长期以来，学术界对生产力、生产关系、生产方式之间的关系，主要存在三种不同的观点，分别是：统一说、对立统一说、中介说。

统一说主要将生产方式理解为生产关系和生产力之间的有效统一。明确把生产方式视为生产关系和生产力之间的统一体，认为前者是人与人之间物质关系的客观反映，从中可以看出人们所处的生产资料所有制以及基于此种制度生产与分配之间的关系；后者则是人与自然之间关系的客观反映，可以看出人类对自然的控制程度，看出劳动者生产过程中所使用的生产工具。而二者之间存在的关系，则反映出了具体的生产方式和样式，因此可将其视为社会的生产方式。对立统一说则是从对立统一的关系出发，通过把握对立面的方法来对生产关系、生产力及二者之间的关系进行说明。要从形式和内容之间的对立统一关系着手，把握生产关系、生产方式及生产力。已然将生产关系及生产方式视为一种生产的形式，而生产力则成了生产的内容。其中，属于第一层级生产形式的是生产方式，第二层则为生产关系，二者包揽了整个生产力。不仅如此，他还认为生产关系和生产方式就是同一生产方式的"两面"。这两种观点都从不同程度对生产力、生产关系、生产方式这三者间的关系有着新的认识。虽说学术界在生产力、生产关系及生产方式之间的关系方面已有许多有益的探索，但是一直以来都在词句间的抽象含义方面纠缠不清，从而脱离了现实生活。

这里主要采用中介说观点，认为生产方式是生产力和生产关系的中间环节，即采用"生产力—生产方式—生产关系"这一关系原理。马克思在著作中多次提到"生产力—生产方式—生产关系"原理，如在19是40年代中期致安年科夫的信中第一次提出了这个原理"随着新的生产力的获得，人们便改变自己的生产方式，而随着生产方式的改变，他们便改变所有不过是这一特定生产方式的必然关系的经济关系"。在著作《哲学的贫困》中，马克思再次对这一原理进行了阐述，认为人们在获得新生产力之后，必将改变自己的生产方式，而生产方式的改变，则意味着生活方式的改变，此时一切社会关系也就随之改变了。在法文版的《资本论》中，马克思又再一次对《政治经济学批判》序言中的相关内容进行了修改，其中，"同他们的物质生产力的一定发展阶段相适合的生产关系"被修改为"一定的生产方式以及从这种生产方式中产生的社会关系。"由此可见，"生产力—生产方式—生产关系"这一原理并且不只是偶然在马克思个别著作中所提到，而是贯穿马克思主义思想产生的整个过程中。

同时，在我们说所熟知的"生产力—生产关系"这一分析框架中，生产力对生产关系起决定作用，生产关系要适应生产力的发展。但我们应该注意到，首先生产力表现的是人与自然的关系，是人们利用和改造自然从而获取物质生产资料的能力。而生产关系属于经济范畴，表现出的是人与人之间的社会关系。可以看到，从人与自然的

关系转变为人与人之间的社会关系,中间明显需要一座桥梁来连接这两者,而这座桥梁便是"生产方式"。其次,我们应注意的是,除了生产力对生产关系产生决定性作用需要这座桥梁之外,生产关系对生产力的反作用,也要通过"生产方式"这座桥梁来实现。因此,生产力和生产关系的变化都会对生产方式产生影响。

三、马克思主义关于农业生产方式的论述

马克思主义创始人在开始研究直至创立马克思主义理论的整个过程中,始终对农业问题保持高度的关注和重视。关于农业生产方式理论是马克思通过对 17 至 19 世纪西欧国家特别是英国的农业发展道路得出的结论,主要包括三个方面:传统的小农生产方式、资本主义农业生产方式和结合社会主义思想所描述出的未来社会主义农业生产方式的大体轮廓。

(一)小农生产方式

1. 小农生产方式的特征

小农生产方式的条件非常落后,使用的都是非常传统的生产工具及技术,如铁农具与农耕技术等等。这就造成生产力水平低,专业化、商品化和社会程度不高。并且,小农生产方式规模较小,以个体家庭为单位进行生产和消费,在生产过程中缺乏组织形式,缺少分工与协作,基本上是属于自给自足的状态。马克思曾经指出:"每一个农户差不多都是自给自足的,都是直接生产自己的大部分消费品,因而他们取得生活资料多半是靠与自然交换,而不是靠与社会交往。"

2. 小农生产方式的落后性

这种落后的生产方式,一方面对生产力的提高造成了阻碍。由于小农生产方式的生产资料的落后,无法有效地提高农业生产力。在农业生产过程中,应对灌溉、蒸汽犁、排水和化学产品等所有现代方法进行广泛应用。但就我们所具备的科学知识水平和技术手段而言,只有在形成规模的情况下才能加大其运用力度。须知,这不仅是社会化大生产的一个必然趋势,同时也是农业自身发展的必经之路,通过小农的生产方式来加以实现难度极大,不利于农业生产力的提高。另一方面,它又导致农业劳动者的收入处于较低水平。小农生产方式由于劳动组织形式上缺少分工与协作,只是在自己的一小块土地上进行耕种,这就注定了彼此之间的社会联系不可能是广泛的,而只能孤立地进行生产、生活,这种传统的农业生产方式会让农业劳动者的生活水平处于较低状态。

(二)资本主义农业生产方式

1. 资本主义农业生产方式的特征

相较于小农生产方式,不管是资本主义农业生产方式的劳动资料,还是其农业生产技术,都更具先进性,而且其农业技术条件也更具科学化特征。马克思指出:"资

本主义生产方式的重要结果之一是，它一方面使农业由社会最不发达部分的单纯经验和机械地沿袭下来的经营方法，在私有制条件之下一般能做到的范围内，转化为农艺学的自觉的科学的应用，尤其是化学、生物学、栽培学等的应用。"不仅如此，机器化耕作也在农业中得到了应用。马克思曾提出，小农业在 17 世纪还是一种极为常见的生产方式，那时候的大地产较为少见，而在今天，大规模使用机器耕种土地已成为一种普遍现象，甚至呈现出成为唯一可行农业生产方式的趋势。并且，资本主义农业生产方式也是一种企业化的生产组织形式，马克思认为工厂制度才是一种发达的制度，一种能够与基于资本主义生产的机器生产相适应的劳动制度，即便是在现代的大农业之中，它也占据着统治地位。基于此背景，农业无疑被赋予了一定的工厂化特征，与此同时，一些先进的管理制度也相应产生，如业主制、合伙制和股份制等等。

2. 资本主义农业生产方式的弊端

一方面，农民受资本主义农业生产方式的剥削严重。相比于小农生产方式，资本主义农业生产方式不仅要受到大地主的压迫，并且还有受到农业资本家的剥削。在资本主义社会中，土地的经营权与所有权是相分离的，土地所有权是归大地主所有，而土地的经营权则是由农业资本家所有。这种情况下，受到双重剥削的农民生活状况会更差。另一方面，资本主义农业方式机器化的大规模耕种使土地的肥力下降，这无疑在某种程度上破坏了人与自然的关系。马克思指出："资本主义农业的任何进步，都不仅是掠夺劳动者的技巧的进步，而且是掠夺土地的技巧的进步，在一定时期内提高土地肥力的任何进步，同时也是破坏土地肥力持久源泉的进步"，与此同时，马克思还认为在各大中心城市形成人口汇聚，其优势将更加突出，除了能够将社会的历史动力汇聚在一起之外，还在某种程度上破坏了人与土地之间的物质变换关系。换一句话说，那些被人们以衣食形式消费掉的部分，将没法重新回到土地，土地所具备的永恒自然条件随之遭到破坏。

（三）社会主义农业生产方式

1. 社会主义农业生产方式的特征

这一生产方式是基于小农生产方式和资本主义农业生产方式，并且充分结合社会主义思想，所提出来的一种未来农业生产方式。由于社会的进步与科技的发展，劳动资料的进步具有不确定性。因而无法在马克思的论述中找到答案。目前来看，互联网技术的应用或许是未来的发展趋势。而社会主义农业生产组织形式无疑是一种自由人联合体，它将按照总的计划来组织全国的农业生产。主要是以合作社及其联合体的形式展开的，并按统一的计划进行的。马克思认为，应切实通过一种合理的方式来逐渐地组织所有的生产部门。作为自由平等的生产者的联合体，应切实通过这种生产资料的全国性集中来构建社会的基础，并严格按照那些合理的计划来进行社会劳动。至于那些联合起来的合作社，应切实根据总的计划来组织全国性的生产活动，以便对全国生产进行有效控制，来有效避免基于资本主义生产方式周期的痉挛现象及经常的无政府状态。

2. 实现社会主义农业生产方式基本途径

在社会主义农业生产方式的实现形式方面，马克思还提出了以下三种设想：第一种是土地的社会所有制形式与全社会农业劳动者的联合劳动。无产阶级通过剥夺大地产从而实现土地的国有化，进而促进社会所有制的实现。第二种是建立农业合作社。将现有的土地转交给这些农业合作社，由农业工人来进行耕作；与此同时，将这些合作社联合在一起，形成一个全国性的大生产合作社，并赋予其同等的权力及义务。第三种是全面、有计划地去调节农业生产。

综上所述，可知马克思主义关于农业生产方式的论述，已经将其细分成了以下三个阶段：第一阶段为传统小农生产方式；第二阶段为资本主义农业生产方式；第三阶段为社会主义农业生产方式。从目前来看，我国农业生产方面仍具有小农生产方式的落后性，主要体现在以下方面：

首先，从农业劳动工具方面来看，虽然当前农业机械化信息化虽然有一定的发展，但传统耕作方式仍然广泛存在，特别是一些贫困农村地区依然还在使用落后的农业劳动工具和技术。其次，从农业劳动者方面来看，自从加入 WTO 以后，我国的城市化进程开始加速。大量的农村青壮年都进城务工，尤其经济发展滞后的农村地区，农村空心化程度持续加剧。留在村里的大部分都是一些上年纪的老人，而他们都只能靠家里种地自给自足养活自己，农村的劳动力严重不足。最后，从农业生产组织形式来看，当前我国农业实行家庭联产承包责任制，这种分散的经营形式是以农民家庭为单位的生产组织形式来进行农业生产，规模狭小，不利于规模化与农业机械化推进，也限制了科学技术的进入。

而这些正是导致农民收入增长缓慢、农业生产落后和农村凋敝等"三农问题"的根本原因。如今"互联网 +"的出现为解决"三农"问题提供了一个新思路。因此，要高度重视以马克思主义关于农业生产方式理论为依据，研究"互联网 +"对农业生产方式产生的影响，对当前我国农业发展具有重要的理论价值与实践启示。

第二节　"互联网 +"对农业生产方式的影响

一、"互联网 +"对农业生产方式影响的主体分析框架

根据"生产力—生产方式—生产关系"这一理论框架，可以得出，要想推动农业生产方式的变革，我们急需寻找到一个新的助力点，可以从生产力与生产关系两个不同的方面来影响农业生产方式。而"互联网 +"的出现，正是推动农业生产方式变革的新契机，它不仅代表着先进生产力发展的方向，且也会对生产关系产生一定的调整。

"互联网+"指的是人们通过使用互联网这一新技术新工具，加深人与人之间的联系并优化原有的生产组织形式，从而对传统行业进行升级改造。"生产方式"指的是劳动者与生产资料具体结合方式以及生产组织形式。从中可以看出，"互联网+"与农业生产方式之间可以通过劳动工具、劳动者、生产组织形式这三方面联系起来。其中生产组织形式又涉及生产过程中人与人之间的关系及分配方式。

因此，将从劳动工具、劳动者、人与人之间的关系、分配方式这四个维度分析"互联网+"对农业生产方式的影响。其中劳动工具、劳动者属于生产力范畴，人与人之间的关系、分配方式则属于生产关系的范畴。

（一）劳动工具

劳动工具，其实就是生产工具，它在生产过程中起到了传导劳动的作用，这一作用主要产生于劳动者和劳动对象之间。而对劳动工具的制作和使用，恰恰是人与其他动物之间存在的显著区别。劳动工具是生产力水平的测量器，印证了每一时代社会生产力的发展，对生产力的发展起着首要作用。劳动工具的先进与否，直接影响着劳动者采取何种农业生产方式。

（二）劳动者

劳动者是生产力中最活跃的要素，从某种意义上来讲，生产力的进步便意味着劳动者的发展。马克思、恩格斯曾明确将人类历史存在的首要前提，归结为有生命的个人的存在。他们认为所有的历史记载都应以这些自然基础及其因人类的活动引发的变化为出发点。作为劳动者的人类，不仅是历史进程的主体，同时也是社会实践的主体，在社会实践进程中所发挥的主导和决定性作用不容置疑。所以劳动者自身技能、自身素质的提高必将对农业生产方式产生影响。

（二）人与人之间的关系

人与人之间紧密联系是进行分工与协作的前提条件。马克思《1861–1863年经济学手稿》中写道："分工是一种特殊的、有专业划分的、进一步发展的协作形式，是提高劳动生产力，在较短的劳动时间内完成同样的工作，从而缩短再生产劳动能力所必需的劳动时间和延长剩余劳动时间的有力手段"。因此人与人之间的关系会影响人与人之间的分工合作的程度，从而对农业生产方式产生影响。

（四）分配方式

分配方式是生产关系中的一个重要环节。马克思以为，生产方式对分配方式起着决定性作用，但同时，分配方式也会对生产方式产生一定的影响。分配方式的公平是调动劳动者积极性的关键，从而有利于提高生产效率，激发农业劳动者的创新活力，为变革传统农业生产方式打下基础。

二、"互联网+"对农业生产方式影响的作用机理

(一)"互联网+"更新农业劳动工具

我国是传统的农耕国家,农业是我国经济的根基。农业的发展与进步是以生产力的提升为基础的,在我国农业生产力的提升则是以农业劳动工具的变革为基础的。随着时代的发展,社会的进步,农民的劳动工具也不断地在更新换代。从古代简单的石制农具发展到金属农具,再到现代机械化农具、高科技新型农具。如今我国已从单一的农业劳动工具,逐渐发展为系统化、体系化的农业装备。一些早年传统的农耕农具,如镰刀、石铲、石犁等已经逐渐被取代,慢慢消失在民众的视野当中,随之而来互联网带来的跨时空信息交流工具,通过网络与网络之间的标准化通用协议连接成了庞大的全球网络,大大突破信息传递的范围,使得大量的新型农业劳动工具应运而生。

"互联网+"让农业劳动工具更新换代。如今不仅是手机,还有依靠互联网打造的无人机、农业机器人等新设备的发展,让农业不再是简单地拿着锄头种地,扎根田间,"耕耘"转移到了这些新型农业劳动工具上,用手指头种地成为现实。应切实让手机成为广大农民的"新农具",并在农村三产的融合发展过程中充分发挥互联网的推动作用,进一步肯定了互联网在农业劳动工具创新变革过程中的积极作用。"新农具"一夜之间成为农业圈新名词。以手机为代表的新农具如今不仅是生活工具,更是劳动工具,是广大农民手中的"新农具"。在农业生产方面,现在只需通过手机就能进行实时监测与调节智能大棚的温度、湿度,还能自动施肥、灌溉,这种科学的管理方式,使得农业生产力水平得到极大的提高,使得农业生产方式变得更便捷、更"智慧"。在农产品的销售方面,可以充分运用手机直播的方式来对农产品进行推销,同时利用其拍摄功能让消费者深入了解农产品的生长环境及种植、收获的全过程,更加方便与消费者产销间建立信任,农产品价值得到了最大展现。

"互联网+"所带来的农业劳动工具的改进与升级,使得生产越来越高效化。在保持农产品总产量不变的情况下,不仅能够节约资源,还能减少劳动时间,让劳动者可以有更多时间与精力投入到其他农业生产实践中,提升农业可持续生产力。如今的农业劳动工具越来越呈现智能化、数字化趋势,能够对生产过程提供精确的指导,从而使得生产的成本更低、效率更高。这与马克思在《资本论》中的相关表述一致,他认为现在的资本已然不需要人工做工的方式,而是需要通过机器来实现。正因如此,若是能够在生产过程中有效地融入自然力和自然科学,必将实现劳动生产率的大幅度提升。如今互联网正把庞大的信息要素投入到了农业生产过程中,更新了农业劳动工具,改变了农业生产力的整体格局,并且大大地提高了劳动生产率,促进农业生产方式变革。

(二)"互联网+"催生新型农业劳动者

生产力视角的一个重要维度,便是对劳动者进行分析。一般认为,体力劳动是价值的源泉所在,殊不知,人类的劳动能力远不止体力劳动那么简单,其中脑力或智力

劳动的重要性将日益凸显。因脑力劳动而产生的知识性成果，已经逐渐成为财富和价值的重要来源。马克思也曾明确指出，在资本主义的不断发展过程中，科学与劳动之间的分离将成为一个必然趋势，而科学也将被广泛应用于物质生产过程。此处所指"分离"，其实是科学活动与体力亦或是一般劳动之间的分离，它也意味着科学将逐渐发展为一种更高阶段的劳动形式。而在科技水平日益提升的情况下，马克思认为科学从直接劳动中分离出来的那一刻，便肩负着一种新的使命，它与资本之间的有机结合，将成为财富创造的一种重要手段，一种特殊的职业也将随之应运而生。其中所指"特殊职业"便是涵盖了科学活动的各类创新活动，这些活动已然从直接劳动中成功分离，耗费了人类极大的体力和精神，因此可将其纳入特殊人类劳动的范畴，是劳动的最新发展趋势。基于"互联网+"的快速发展，劳动者已不再从事单纯的体力劳动，而是进行知识型的劳动。这种变化使得人类劳动从物质生产的束缚当中得以解脱，创新了现有的劳动形式，成为生产力中最活跃的部分。

就农业来说，随着互联网的普及与兴起，乡村振兴的推进，一大批对"三农"事业有热情、有理想的年轻人回到农村，从事农业生产活动，为传统农业转型注入了新的元素与能力，成为了引领新农民，发展新农村，托起新农业的一支生力军。这批新型农业劳动者和传统农民最大的区别，就是他们能够对"互联网+农业"中的新技术、新方法有较好的认知和判断能力，也具备较强的学习能力，乐于在农业生产经营过程中尝试互联网新技术。新型农业劳动者是天然"亲互联网"的群体，同时，互联网也成为新型农业劳动者越来越倚重的发展方式。他们让农业生产不再局限于"锄头+镰刀"闷头搞生产，借助互联网这一开放的平台，农业已经成为广泛覆盖特色种养、加工流通、休闲旅游、信息服务、电子商务、工艺制造等特色化、小众类、中高端、高附加值产业。并且，新型农业劳动者普遍具备相对较高的文化水平，这也是推动新型农业劳动者持续创新的重要保证，一定程度上弥补了原先农业劳动者相对素质偏低的问题。这一系列的变化，正是"互联网+"的出现所带来的，它成为了新型农业劳动者发展的根基，给新型农业劳动者提供了更大的创业成长空间。而随着新型农业劳动者—"新农人"大量出现，必将进一步促进农业一、二、三产业加速融合，提高生产力，带动农业生产方式转变，推进农业供给侧结构性改革，加速了农业现代化进程。

（三）"互联网+"加深农业生产中人与人之间关系

1. 实现生产与消费一体化

如今的人类社会不仅离不开生产，同时也离不开消费，而生产与消费之间又存在密切的关系。但是，对传统的农产品销售过程而言，因其存在信息封闭亦或是不对称的问题，以至于生产和消费成了两个彼此独立的环节，生产与消费其间隔着一系列的中间环节，如：批发、配送、分销和零售等，农产品要经过多个龙头企业、批发商、零售商才能到达消费者的手中。互联网的出现，彻底地改变了生产者和消费者之间的关系，并将生产和消费这两个环节贯通了，二者之间横亘的批发商渐渐被互联网平台替代了。农产品信息平台的应运而生，汇聚了海量的农业信息，从而使农产品的价格和供求关系等变得一目了然。通过互联网这一平台，生产者可对整个农业市场的需求、生产情况，甚至是消费者的个性化需求形成更加深入的了解，省去了重重中间环节。须知，社会生产的终极目的便是为了使消费者的需求得以充分满足，而消费者的需求恰恰是生产的原始动力所在。互联网积极构建消费平台，以供所有的消费者表达自身的个性化需求，打破了那种"附近卖什么，就买什么"的传统消费模式，让这些个性化的需求通过信息数据即时即地传递给生产者，并被生产者所了解，使生产与消费日益融合为一体，这不仅让生产者收益，也给消费者带来好处。

"互联网+"的出现让生产与消费能够有效对接，但它并未将原有农业生产组织的优势削弱，反而在一定程度上提升了它们的运行效率和服务能力。一般说来，农业生产组织的主要功能便在于为相关成员提供服务，因此，无论是面对外部市场的竞争，还是对于内部成员的实际需求而言，农业生产组织的服务能力都是至关重要的。基于传统商业环境的农产品流通，往往存在一系列的中间环节，很难实现产销之间的有效对接，以至于农业生产组织无论是市场拓展、获取信息，还是指导市场及营销推广等方面的服务能力，都大受制约。而在互联网快速发展的情况下，生产与消费之间的一体化进程不断加快，这无疑为农业生产组织流通体系的优化提供了极大的便利，大量中间环节的减少，有利于农资采购成本的降低，从而在一定程度上促进了以销定产和产销互动，数据化信息也将随之形成，需求信息的传递、大数据的分析和应用也将得以实现。与此同时，农业生产组织也可以对数字红利进行分享，进而为组织成员提供更加优质的服务。

2. 增强人与人之间信任程度

相比线下交易而言，相对安全的第三方网络交易可以增强人与人之间的信任程度。作为交易的核心环节所在，只有在支付完成的情况下，交易才能真正实现。生产与消费的完成离不开支付环节，安全的网络支付真正让生产与消费一体化得以实现。马克思将货币视为流通手段和价值尺度的统一体，认为货币作为一种价值符号，其自身材料问题无足轻重，各个历史时期的货币符号因其本身的技术发展水平的不同而存在较大差异。正如马克思所言，过去因金银具有高密度、高价值、易保存、便交易的特点而成为一般等价物，成为货币符号。后来，便被更便捷的纸币所取代。如今，互联网的出现所带的电子货币打破了时间和空间的限制，货币符号也因此更具便捷性和安全性特征，而且其成本也相对较低。尤其值得一提的是，第三方支付平台以具有较高声誉的担保机构为依托，通过和各大银行之间的签约，使其可以独立于买卖双方之外。买卖双方只需将货款托付于第三方，便可将保障安全交易之责转移到第三方身上，顺利解决买家与卖家对买卖双方信誉和安全的要求，使得人与人之间的交易，即便素不相识，也能形成信任，让人与人之间的交易也都更放心。

同时，线上交易的行为信息数据化，一定程度之上也增强人与人之间的信任程度。在传统的农业交易中，由于买卖双方的行为信息缺乏有效记录，要实现信息的集中化以及对信息的深入分析及应用，难度较大。而在当下的"互联网+"时代，每一笔线上交易都有记录，相关信息将被及时转化为相关数据，以便其应用。互联网的出现，无疑为农业生产经营行为信息的数据化提供了极大的便利，从而有效加快农产品质量可追溯体系的建设进程，进而实现生产和流通环节透明度的大幅度提升。此外，互联网使得交易行为信息数据化，可以形成并积累网络信用，从而解决农业生产组织难以在正规金融机构借贷的问题。建立在网络信用基础上的互联网金融，可对正规金融体系无法为农户及农业生产组织有效服务的缺陷进行弥补；而无论是农户，还是农业生产组织，均可以通过自身经营网店的资质或其他网络信用评估结果，从互联网平台处获得一定的贷款。

3. 提高人与人之间沟通能力

在传统农业生产组织中，不少组织成员都放弃了民主管理的权力，究其原因，主要还在于受到自身知识、信息及参与途径等各方面的影响，以至于其参与农业组织管理的过程大受制约。因自身受教育程度较低，无法掌握到更多的农业生产经营知识，加之有限的信息获取渠道，组织成员想要在农业生产组织经营过程中做出科学、合理、正确的决策，将会面临高额的信息获取成本，出于成本效益方面考虑，许多农业生产组织成员便放弃这一权力。时至今日，"互联网+"的出现为广大组织成员之间提供了信息沟通平台，农业生产组织的管理层可以此来强化与普通成员之间的沟通和交流，并促进普通成员之间的互动，从而使内部信息的收集成本大大降低，信息传递的速度和准确率也将随之提升。同时，还可以避免农业生产组织被少数核心成员控制，互联网让各组织成员都可以及时掌握农业相关信息以及组织的动态，为成员参与农业生产组织的管理提供信息支撑，增强成员的参与意识，促进农业生产组织的民主管理。

综上所述，"互联网"的出现让人与人之间的关系更密切，信任程度增强，沟通更高效，而这一切正是优化农业生产组织形式的基础。首先，"互联网+"让生产与消费有效对接，实现农产品由"种得好"向"卖得好"转变，并且依靠"卖得好"倒逼"种得更好"，从而实现农业可持续发展，有利于各农业生产组织基于互联网平台创新组织形式，扩大生产规模，提高经营收入。其次，信任是合作的基石。"互联网+"让交易通过第三方权威机构变得更加可信，并且交易的结果也是可追溯的，交易变得更安全。不论是生产者与消费者之间还是各生产组织成员之间信任的加强，正是深化合作的关键。特别是农业生产组织各成员之间，信任的提高会带动积极性的提高，进而促进合作发展的质量水平的提高，从而推动农业生产方式的创新。最后高效的沟通让合作更无间。

（四）"互联网+"优化农业分配方式

1. 促进收入分配公平

根据马克思主义理论，分配方式是属于生产关系的范畴，一定的分配方式只是历史规定的生产关系的表现。"互联网+"时代，生产资料的多样性以及交换方式的多元化导致了分配方式更加公平。

一方面，知识性的生产资料不可剥离。在"互联网+"时代下大数据（信息）作为当下重要的生产资料之一，是一种无形的资源，与看得见摸得着的自然资源之间存在很大的区别。而此类数据资源的获取，一般需要通过计算机网络交换平台来实现，这也一定程度上促进了分配的公平。随着"互联网+"的快速发展，农业的智能化生产进程也得以进一步加快。在未来，人类的许多体力劳动完全有可能由机器代劳，从而使人类的脑力得以解放，进而专注于知识财富的创造。众所周知，知识本就是人体之中无法被剥夺的一种生产资料，它不会像在资本主义社会那样，所有的劳动成果都由资本家所占有，知识赋予了个人对物质生产资料的占有权，而这也就意味着，个人对自身知识生产出来的财富同样也拥有占有权，它在某种程度之上促进了社会财富的公平分配。

另一方面，可以避免信息不对称造成的分配不公平。"互联网+"时代下，农民能通过电商平台直接面对消费者进行农产品销售，省去了大量的中间环节，过去中间商通过生产商和消费者之间的信息不对称来获取差额利润的渠道也将随之减少，从而使生产可以直接为消费服务，消费者的主体地位随之得以大幅提升，农民可以实现利润最大化，掌握农产品的交易权、定价权、收益权。信息的透明化让农民与消费者之间在交换上是平等的，从而使交换过程中因受市场供求关系、信息不对称等因素影响所致的财富倾向问题得以有效缓解，即一方获得了更多的利益，而另一方却蒙受了不必要的损失，二者之间并未真正实现等价交换。此时，"互联网+"的诞生，将通过各种交换平台来实现人与人、人与物之间的有效连接，促进各方面交换信息的扩散，从而使消费者剩余得以增加，而生产者剩余将随之减少，从而为社会财富的分流提供便利，最终实现社会财富的公平分配。

2. 抱团生产获得更多财富分配

随着"互联网+"的快速发展，信息传播变得迅速，就农业电子商务领域来说，现在电商市场进入门槛低，店铺同质化严重，消费者面对海量的卖家和眼花缭乱的农产品，绝大多数都会选择有品牌、大而全的网店进行消费。如果农户仅靠单打独斗，难以保证自己网店和商品会被消费者关注和购买，抵御市场风险能力弱，便会逐渐湮没在众多网店中。一个人的力量是有限的，想要提升销量，必须有组织来共同运作。如果选择抱团联合发展的话，可充分利用以下手段来实现资源共享，优势互补，并为特色农产品走向更广阔的市场提供便利，例如：延长产品线；品牌化发展；经营多样化；用户个性化定制等。

"互联网+"让财富分配更加公平的同时，也让抱团生产可以获得更多的分配。一方面，公平的财富分配，让担心合作会吃亏的农户，更放心地与其他农户联合发展。另一方面，"互联网+"时代让规模优势更明显，不仅没有导致农业生产组织原有的优势被削弱，反而获得了更多的分配，从而使自身的运行效率和服务能力得以大大提升。让生产组织可以合理利用各种生产要素,优化其组合,解决小生产与大市场的矛盾。

第三节 "互联网+"推动农业生产方式变革

一、提高农业科技水平，用好互联网新工具

（一）加快补齐农村基础设施短板，提高公共服务能力

完善农村基础设施与公共服务，是增加农民收入、改善农民生活的基本途径，是建设新农村、改善农村面貌的重要推手，是促进"互联网+"与农业深度融合的基础，是推动农业生产方式变革的必要条件。所以必须下大力气加快农村基础设施建设，提升农村公共服务水平。

首先，在生产性基础设施方面，以保护农地为主线，开展标准农田质量提升工程，通过种植绿肥、平衡施肥等措施，建成生产能力高标准农田。其次，要进一步加强农村生活性基础设施的建设，如大力实施农村饮水安全巩固提升工程，推进新一轮农村电网升级改造，加快建设农村道路与村级物流节点的覆盖等等。最后，当前以"互联网+"为引擎的新经济迅速发展，对信息基础设施的水平要求也越来越高。因此，要加快推动数字乡村建设有序进行，力争实现农村光纤宽带与5G网络全覆盖，加快提升农村移动通信网络服务能力，大幅度提高农村网络访问速率，有效降低农村网络资费，建立网上电信普遍服务补偿机制。特别是要支持农村以及偏远地区宽带建设和运行维护，使互联网真正下沉到农村。

提升农村公共服务水平需要在教育、医疗和社会保障这三方面重点发力。首先，要加强乡镇寄宿制学校和乡村小规模学校建设，这是提高农村教育水平的关键。只有教育水平提高了，农民的心才能稳定下来，才能不断提高农村经济实力。其次，也要加快完成一体化村卫生所标准化建设，让农民敢看病、看得起病。最后，在社会保障方面，需完善农村养老服务，扩大街道和中心乡镇居家社区养老服务照料中心的覆盖率，并且要加大民生兜底保障力度，真正地做到社会救助标准实现城乡一体化。

（二）加强农业科技管理，促进农业科技创新

当前"互联网+"与现代农业的结合还处于初级阶段，加强解决技术问题是当前的关键所在。相关部门应切实加大对农业物联网、数字农业及农业精准作业等相关技术的研究力度，以确保技术瓶颈得以有效突破，进而实现以农业物联网与智能控制、农业精准作业装备与机器人、农业大数据与云服务等为代表的技术体系的有效构建。特别是要注重科技资源、平台，特别是重大科研仪器设备的共享共用，引导高校、科研机构、企业等共同参与研发和推广应用，不断更新农业劳动工具技术水平。同时，

也要加强搭建科技创业孵化和技术交易等平台，加大"互联网 + 现代农业"领军人才和创新团队培育力度，提高科研效率和效果。并且，政府工作部门也应致力于相关政策措施的完善工作，切实加大对"互联网 + 现代农业"科技创新的金融支持的力度，同时加大对创新机制的社会资金投入力度。

二、加强农业现代化人才建设，完善以工促农长效机制

（一）培养专业人才，打造人才支撑体系

不可否认，当前"互联网 +"是催化农业生产方式变革升级的加速器，面对庞大而传统的农业体系，急需大量专业的人才。人才兴则农业兴，须知，现代农业发展的关键还在于加强农业科技推广人才队伍的建设。首先，应该做好基础农业技术人员队伍的建设工作，积极组织系统化的专业培训，以有效促进农技人员专业素质的提升，真正成为农业"百事通"。同时，要提高基层农技人员的待遇，让其工作有保障，让农技人员不仅身在农村，心也农村，可以更有效地帮助农民排忧解难，促进农业发展。其次，应切实对农业科技后续人才的培养予以高度的重视，加大对农业专业人才培养模式的完善力度，真正为农村培养出一批高层次的科技人才。最后，还应切实对农业技术的普及工作予以重视。不仅要将优秀科技示范户的带头作用充分发挥出来，还要深入到普通农民群众中去，真正将那些农机作业能手、种养殖能手、专业合作组织领办人及农村经纪人等实用型人才挖掘出来，从而使农业科技队伍得以充实。

同时，根据"互联网 +"对现代农业的技术需求，应大力培育所需的软硬件开发和数据分析人才。当前可采取重点引进的方式，直接在国外或者先进省市高薪聘请相关技术领域的高端人才，采取与重点大学联合培养、进修等方式，加快培养和积累专业人才的后备军。并且，鼓励大学生，农村优秀青年参与"互联网 +"现代化农业发展建设，并给予一定的就业指导及岗位培训，吸纳和培养大量相关专业的人才，丰富"互联网 +"现代农业发展所需人才资源，打造一支懂农业、爱农村、爱农民的"互联网 + 现代农业"人才队伍。此时，就有必要出台相关政策，积极引导和鼓励高校毕业生投身于农村建设中来，这无论是对城乡经济和社会发展的统筹，城市人力资本、智力资源对农村发展支持力度的加大，还是对现代农业生产方式的发展，乃至促进了城市与农村的协调发展和共同进步而言，都具备了非凡的意义。各级政府人事主管部门应切实加大对地方政府落实各项优惠政策的监管力度，来确保当地的服务保障体系得以建立，并不断完善，创造毕业生在农村宽松的工作环境，激发其工作和创业的热情。

（二）完善以工促农长效机制，形成新型工农互惠关系

众所周知，工业与农业是推动我国经济发展的两大重要部分，只有二者处于相对平衡的状态，经济社会才能平稳发展。但就当前来说，城市经济以现代化大工业为主，农村经济以小农经济为主，工业在国民经济中居于绝对的主导地位，农业则处于相对弱势的地位，这就会导致了城乡之间的差距越来越大。特别是十九大提出实施乡村振

兴战略，就是要加大城乡之间互补发展的力度，实现以工促农，以城带乡，工业反哺农业，城市支援农村，实施城乡一体化。致力于把过去"以工促农"逐渐转变为"工农互促"，打造工农互惠新关系。因此，要坚持"以工促农"的思路，将城市资金、技术，特别是人才优势与农村结合起来，积极推进农业产业结构的战略性调整，并加大特色农业、生态农业和绿色农业的发展力度，以有效促进农业的产业化经营，让城乡的产业链可以相互延伸，相互衔接，取长补短，相得益彰，让农业现代化与城市工业化通过产业互补发展协调起来，真正地做到功能互补、利益互惠，形成双轮驱动的产业发展新格局。

三、推进品牌农业建设，构建科技综合服务体系

（一）加强农业品牌建设，提高农产品质量

如今随着"互联网+"的发展，农业电子商务遍地开花，品牌农业建设是从中脱颖而出的关键。习近平总书记也强调，"品牌是信誉的凝结"，"粮食也要打出品牌，这样价格好、效益好"。就当下而言，我国农业农村经济已进入到高质量的发展阶段，无论是农业发展方式的转变，还是脱贫攻坚进程的加快，乃至农业竞争力的提升及乡村振兴战略的实现，都应切实将"质量兴农、品牌强农"作为最佳的战略选择。因此，要重视制定品牌农业建设规划，完善品牌发展扶持优惠政策，建立品牌管理机制，强化市场监管，加强品牌营销和宣传平台建设。要依托高端特色农产品，培育和孵化企业品牌，创建特色农产品品牌。同时，通过举办各种展示、展销活动，推介品牌、宣传品牌，形成政府重视、企业主动、消费者认知、多方合力推进品牌农业建设的浓厚氛围。在关注品牌农业建设的同时，不忘提高农产品的品质。"互联网+"使得人与人之间信息沟通变得更为便捷，高品质的农产品更容易受到消费者青睐，更容易在信息传播中成为"爆款"。所以，要以提升农业质量效益为方向，不盲目跟风，切实以当地的具体实际为出发点，致力于当地特色优势农业产业的发展。

（二）搭建统一农业信息平台，推动农业生产标准化建设

就农业大数据而言，它所涵盖的内容除了种养殖、农业科技、食品安全以外，还包括气象、土地、生态环境和病虫害等各个方面，可见其具备了信息量大、结构复杂、来源广泛及类型多样等特征，但不可否认的是，这些数据的应用价值是不可估量的。时至今日，基于"互联网+"这一时代背景，建立国家统一的农业数据库平台，对避免信息传播"乱象"具有重要作用。积极构建国家涉农大数据中心，以确保农业生产、农产品质量、农业科技和市场信息等各个方面的数据均涵盖其中，从而为数据的开放性和共享性提供可靠的保障。作为农业经营主体，也可以顺利获取农业方面的相关数据，进而促进数据采集自动化、数据共享便捷化、数据使用智能化的实现，最终为农业发展形势的判断及科学决策提供可靠的参考依据。与此同时，还可以为各省市乃至县级农业数据库建设成果的统筹协调提供极大的便利，促进了数据库信息资源共享的

实现，从而使同质化、重复化的问题得以有效解决。除此之外，强化农业数据库更新机制的建设工作，将有利于农业数据库整体规模及质量的提升，从而为我国农业现代化的发展提供强大的数据及决策支撑。农业主管部门应切实强化与行业协会亦或是农业产业之间的合作关系，共同致力于"互联网+"农业相关标准体系的建设事业，以确保技术服务和农产品质量标准能够真正具备一定的约束力，并能够为农户或企业的生产、经营活动提供科学的指导，如此才可以在制度的层面上为农产品的质量安全提供可靠的保障。

四、加大农业资金投入，创新生产组织形式

（一）优化利益设计与分配，完善农业资本投入机制

农村地区要充分利用互联网平台建立利益共同体，实现共商、共建、共享。对整个利益设计与分配，可以参考公司的利益设计，从公司的管理制度和利益分配的角度进行思考，从村庄的多个层面对资源进行整合梳理，并且创新机制，通过合作社的运营和产业的发展，以此来实现更好的利益共享。与此同时，农业主管部门应切实加快国家层面的农业生产环境及农产品质量追溯体系的构建进程，并充分运用相关信息技术（如：大数据、云计算等）来突破农产品质量、农业生产环境在监管和溯源方面存在的地域局限性，从而使农产品信息造假等现象得以有效避免，使真正用心发展农业的人们可以获得应有的收入分配。

资本资金的持续投入是"互联网+"现代农业科技创新的不竭动力。政府相关部门应建立健全财政稳定投入机制，以政府为投入主体，并通过税收、价格政策引导社会资本投入"互联网+"现代农业发展。积极完善农机购置补贴政策，以确保其引导作用得以充分发挥，并且要将物联网设备及农业用北斗终端等纳入补贴范围之内。同时，要进一步完善信贷支持政策，创新快农贷、农e贷、农产品仓单质押等特殊产品，针对"互联网+"现代农业发展过程中大规模高标准农田、先进设施的农业贷款，给予一定的财政贴息，解决农民融资难、融资贵等问题，保障农户资金需求，进一步推动"互联网+"在农业生产、经营、管理和服务等各个环节深度融合。

（二）发挥龙头企业带头作用，创新农业合作组织形式

所谓农业龙头企业，其实是指那些以农产品加工或者是流通为主，在规模和经营指标上均已达标，并经有关部门认定的企业，这些企业主要通过相关利益连接机制来建立与农户之间的联系的，它们积极带动农户进入市场，促进了农产品生产、加工和销售之间的有机结合和相互促进。为推动农业进一步发展，应充分发挥好农业龙头企业的带头作用，依托互联网手段，通过便捷的网络通信渠道将市场供求变化和先进的农业科技技术传输到农村，引导小农户向规模化、集约化方向发展。同时，农业龙头企业要自动承担起引领行业、率先推进、提升现代化农业的责任，以自身强大优势为依托，积极运用互联网工具来对农业和农村市场进行渗透，从而使农村经济的活力得

以有效激发。

创新组织形式不仅是顺应世界农业发展变化趋势的必然结果，同时也是加快推动农业生产方式变革的重要途径，其决定性因素为农业现代化的基本特征。政府应积极出台相关扶持政策，方便为农业合作经济组织形式的创新提供可靠的保障。具体措施可归纳如下：一是出台税收优惠政策，提供倾向性农业补贴；二是成立农民互助合作性质的村镇银行；三是积极构建规模经营资金的保障体系，完善农业保险体系，同时加大对农业保险的财政补助力度；四是为探索发展农地适度规模经营制定配套政策。

第四节 "互联网+"农业生产的发展

一、"互联网+"种植业

农业物联网技术在农业生产方面的具体应用十分广泛，对在什么时候施肥、要施多少肥料、选用哪种肥料等问题，以及播种、灌溉、施肥、除草、防治病虫害、收获等的确定，都可以依靠农业物联网技术实现，不劳累并且精确，从此改变农民靠经验来种田的习惯。

（一）智能设施农业

智能设施农业提高了种植产量和生产效率，越来越多的农民在当地龙头企业以及专业合作社的带动下，投身智能农业，增收致富。互联网农业是指将互联网技术与农业生产、加工销售等产业链环节结合，实现农业发展科技化、智能化、信息化的农业发展方式。"互联网+"带动传统农业升级。当前，物联网、大数据、电子商务等互联网技术越来越多地应用在农业生产领域，并在一定程度上加速了转变农业生产方式、发展现代农业的步伐。

互联网技术深刻运用的智能农业模式，以计算机为中心，是对当前信息技术的综合集成，集感知、传输、控制、作业为一体，将农业的标准化、规范化大大向前推进了一步，不仅节省了人力成本，也提高了品质控制能力，增强了对自然风险的抗击能力，正在得到日益广泛的推广。互联网营销综合运用电商模式，农业电子商务是一种电子化交易活动，它是以农业的生产为基础，其中包括农业生产的管理、农产品的网络营销、电子支付、物流管理等。它是以信息技术和全球化网络系统为支撑点，构架类似B2B、B2C的综合平台支持，提供网上交易、拍卖、电子支付、物流配送等功能，主要从事与农产品产、供、销等环节相关的电子化商务服务，并充分消化利用。

将互联网与农业产业的生产、加工、销售等环节充分融合。用互联网技术去改造生产环节提高生产水平，管控整个生产经营过程，确保产品品质，对产品营销进行了创新设计，将传统隔离的农业一、二、三产业环节打通，形成完备的产业链。其优势在于，第一，通过物联网实时监测，应用大数据进行分析和预测，实现精准农业，降低单位成本，提高单位产量；第二，互联网技术推动农场的信息化管理，实现工厂化的流程式运作，进一步提升经营效率，更有助于先进模式的推广复制；第三，"互联网 + 农业"不仅能够催生巨大数据搜集、信息平台建设等技术服务需求，同时也为生产打开了更大的农资产品销售空间。

互联网农业创新的实际意义在于提高效率，降低了风险，数据可视化，市场可视化，使生产产量可控；打破传统，重新构建了农产品流通模式，突破了传统农产品生产模式，建立新的信息来源模式；农产品链条化，纵向拉长产业结构；实现信息共享，了解更多最新最全信息。

（二）智能大田种植

我国现在的农业生产模式正处于家庭联产承包责任制向大田种植模式的过渡阶段，大田种植模式是我国现代农业的发展方向。大田种植信息化是运用通信技术、计算机技术和微电子技术等现代信息技术在产前农田资源管理、产中农情监测和精细农业作业中的应用和普及程度，主要包括了农田管理与测土配方系统、墒情气象监控系统、作物长势监测系统、病虫害预测预报与防控系统和精细作业系统。

我国农田信息管理系统开始在农场使用，内蒙古、新疆生产建设兵团、黑龙江农垦等使用农田信息管理系统对农田地块及土壤、作物、种植历史、生产等进行数字化管理，实现了信息的准确处理、系统分析和充分有效利用，并及时对电子地图进行不断地更新维护，确保农田一手数据的时效和准确性。把现代科技手段运用到大田种植生产过程之中，减少了人力资源，获得更大的产出，实现单位面积上大田种植的效益最大化是我国研究大田种植的根本目的，今后我国大田种植信息化发展是以"精细农业"为核心的数字化、智能化、精准化、管理信息化和服务网络化等发展模式，以信息化带动现代化，通过信息技术改造传统大农种植业，装备现代农业，以信息服务实现生产与市场的对接，遥感技术、地理信息系统、全球定位系统，作物生长模拟以及人工智能和各种数据库等结合与集成应用到大田作物生产当中，通过计算机系统进行科学的生产管理。

智能农业大田种植智能管理系统，是针对农业大田种植分布广、监测点多、布线和供电困难等特点，利用物联网技术，采用高精度土壤温湿度传感器和智能气象站，远程在线采集墒情、气象信息，实现墒情自动预报、灌溉用水量智能决策、远程 / 自动控制灌溉设备等功能。

智能农业大田种植智能管理系统中物联网信息采集可分为地面信息采集和地下或水下的信息采集两部分：

1. 地面信息采集

一是使用地面温度、湿度、光照、光合有效辐射传感器采集信息可及时掌握大田作物生长情况，当作物因这些因素生长受限，用户可快速反应，采取应急措施；二是使用雨量、风速、风向、气压传感器可收集大量气象信息，当这些信息超出正常值范围，用户可及时采取防范措施，减轻自然灾害带来的损失，如强降雨来临前，打开大田蓄水口。

2. 地下或水下信息采集

一是可实现地下或水下土壤温度、水分、水位、氮磷钾、溶氧、pH值的信息采集。二是检测土壤温度、水分、水位，是为了实现合理灌溉，杜绝水源浪费和大量灌溉导致的土壤养分流失。三是检测氮磷钾、溶氧、pH值信息，是为了全面检测土壤养分含量，准确指导水田合理施肥，提高产量，避免由于过量施肥导致的环境问题。

3. 视频监控

视频监控系统是指安装摄像机通过同轴视频电缆将图像传输到控制主机，实时得到植物生长信息，在监控中心或异地互联网上即可随时看到作物的生长情况。

4. 报警系统

用户可在主机系统上对每一个传感器设备设定合理范围，当地面、地下或水下信息超出设定范围时，报警系统可将田间信息通过手机短信和弹出到主机界面两种方式告知用户。用户可通过视频监控查看田间情况，之后采取合理方式应对田间具体发生状况。

5. 专家指导系统

它和系统中农作物最适生长模型、病害发生模型进行比较，一方面系统可以直接将这些关键数据通过手机或手持终端发送给农户、技术员、农业专家等，为指导农业生产提供详细实时的一手数据；另一方面系统通过对数据的运算和分析，可以对农作物生产和病害的发生等发出告警和专家指导，方便农户提前采取措施，降低农业生产风险和成本，提高农产品的品质和附加值。

在现代的大田种植中，通过应用物联网研发的大田种植智能控制系统，只需手指点一点，就可以实现田间种植情况远程化监控、实时化管理，非常方便，实现大田种植的智能化。大田种植监控系统除了能提高大田种植的智能化、信息化水平，提高农作物质量产量之外，还可以通过发布远程指令对农业大棚进行操控，减少人力劳动成本，变相增加农作物的产出效益。应用智慧大棚系统之后，只需要点点手机上的客户端，就可以远程自动实现开棚透气、关棚避雨、浇水施肥等功能，减少了种植过程中的人力投入，经济效益大大增加。

目前，各大农业地区都在积极试点，争取突破以往的生产模式，通过运行大田种植监控系统等新型农业物联网技术，为当地农业注入新鲜的科技力量，创造更大的农业价值，帮助农民创富增收。

二、"互联网+"养殖业

随着规模化、集约化养殖业的发展和人力资源的短缺，自动化养殖将成为发展趋势，准确高效地监测动物个体信息有利于分析动物的生理、健康和福利状况，是实现福利养殖和肉品溯源的基础。目前生产中主要依靠人工观测的方式监测动物个体信息，耗费大量的时间和精力，且主观性强。随着信息技术的发展，国外学者对畜禽养殖动物个体信息监测方法和技术进行了大量研究，利用采集的动物个体信息，分析动物的生理、健康、福利等状况，为畜禽养殖生产提供指导，然而国内在这一领域的研究仍处于起步阶段。

（一）智慧畜禽养殖

"互联网 +"给畜禽业带来巨大变革。越来越多的畜禽从业者开始体会到科技应用带来的巨变，并在实践中将这些先进技术运用到整条产业链中，使传统畜牧业更具"智慧"。从近年来国内外研究现状来看，畜禽养殖动物个体信息监测研究大多围绕自动化福利养殖展开，通过研究提高了动物个体信息监测的自动化程度和精度，大幅降低了信息监测消耗的人力，但还存在一些需要进一步探讨和研究的问题，主要包括以下几个方面：第一，动物行为监测智能装备研发。准确高效地采集动物个体信息是分析动物生理、健康和福利状况的基础。目前无线射频识别（RFID）技术在畜禽业中得到广泛应用，对于动物的体重、发情行为、饮食行为等信息监测已有大量研究成果，但对于动物母性行为、饮水、分娩、疾病等信息监测系统研究与实现鲜见报道。动物行为监测传感器大多需要放置于动物身上或体内，这对监测设备的体积、能耗、防水和无线传输等方面都有较高的要求，后续研究需要针对复杂环境下不同行为研发相应的行为监测智能化设备。第二，动物行为模型构建与健康分析。动物行为模型构建是指在动物叫声音频信息、活动视频信息、传感器采集的运动等信息与动物行为分类间建立映射关系，通过音视频和其他传感技术对动物行为进行分类。分析实时采集的动物个体信息，研究动物不同生长阶段的行为规律，和动物行为模型进行对比，超过一定阈值时进行预警。第三，动物福利养殖信息管理系统。动物个体信息与环境、饲养方式、品种以及动物个体与个体之间都有影响，从规模化养殖中采集到的大量动物个体信息数据，如何综合分析，从海量数据中挖掘出有用信息，并且建立动物福利养殖信息管理系统还需要进一步研究。

（二）智慧水产养殖

近年来，人们逐渐意识到了环保的重要性，也意识到传统水产养殖业的低级粗放。为了解决传统水产养殖业经济效益放缓和环境污染的问题，"物联网水产技术"作为一个新事物跃入了人们的视野。

我国是世界上第一大水产养殖国，在养殖规模和养殖产量上都位居世界前列。但随着养殖种类的扩大和水资源的开发利用逐渐饱和，传统养殖手段容易造成水体污染、水产品品质下降等不利后果。因此不得不抛弃以往粗放式的完全依靠经验进行水产养殖的方式，通过利用新兴技术及时准确地获得养殖环境的数据，做出高效及时的调节成为一种必然。在这种背景下，物联网技术的引入使高效、高产、环保、节约人力成本的水产养殖成为可能。物联网系统以其智能化、可靠性、适应环境能力强等优良特性日益受到人们青睐，以物联网为基础的智能家居，智慧农业等系统逐步走进人们的生活。

长期以来我国水产行业的发展周期长、劳动强度大、生产效率低、对环境破坏严重，这些都严重制约了我国水产养殖行业的健康发展；面对我国日益增长的水产品消费人群以及大众对绿色环保的水产品要求不断提高，传统的养殖方式越来越不能满足大众的需求，而物联网技术的发展为这一问题的解决提供了有力的支撑。根据调查结果显示，使用物联网技术实施水产养殖的水产品品质远远优于粗放式养殖的水产品，同时可以有效节约成本达20%以上，使渔民亩产增收一千元以上。在提高水产品品质和节约人力成本的同时对于环境的破坏也明显改善，同时可以为防治水体污染提供数据支持。因此物联网的应用使养殖自动化成为未来水产养殖的趋势。伴随着科技的发展，智能水产养殖逐渐成了可能。用智能传感技术、智能处理技术及智能控制技术等物联网技术的智能水产养殖系统为代表，一系列拥有信息实时采集、信号无线传输、智能处理控制、预测预警信息发布和辅助决策提供等功能于一体，通过对水质参数的准确检测、数据的可靠传输、信息的智能处理以及控制机构的智能化自动化的设备已经成功地帮助养殖户实现了新时代水产养殖的自动化科学管理。

发展智慧型渔业，其实质是用现代先进的数字技术、信息技术装备传统的渔业生产，以提高渔业生产的科技水平，使渔业生产不受气候、赤潮等影响，还可更好地控制成本。利用信息技术对农业生产的各个要素进行数字化设计、智能化控制、精准化运行及科学化管理，力求能减少农业消耗，降低生产成本，提高产业效益。作为物联网水产科技的代表，水产养殖环境智能监控系统是面向新时代水产养殖高效、生态、安全的发展需求，基于物联网技术的使用，它是集水质采集、智能组网、无线传输、智能处理、预警报告、决策支持、智能控制等功能于一身的物联网水产系统，概而言之，渔民们无须担心其他事情，只需智能手机在手，便可以养鱼无忧。

智慧水产养殖系统由智能化电脑控制系统和水循环系统两部分组成。智能化电脑控制系统包括系统软件、360°探头、水下感应器、养殖设备和互联网服务器等软硬件构成；水循环系统包括过滤设备和微生物降解设备。在智能控制中心，监视屏上方正显示鱼塘实时的监控画面，下方显示出每个鱼塘的溶氧量、水温、pH值等各项指标。即使你不亲自去现场，水塘的环境情况也会一目了然。如果某项数值超过或低于警戒值，系统就会自动启动相应设备处理问题。而这一切都是依靠互联网连接智慧渔业养殖系统来完成。系统跟养殖者的手机对接上，就随时可以监控养殖情况。真正地做到"坐着喝茶就能养鱼。"当然，养殖过程会产生排泄物，令水中的氨氮含量以及其他杂质增多，导致溶氧量降低。这个时候系统上就会显示警戒指标，并且启动水循环设备，确保鱼塘不仅全天候恒温，水质也保持在适宜鱼生长的环境。到了投饵的时间，与系统相连的智能打印机将根据当前水文环境打印出投饵方案，按照方案直接投饵就可以了。

三、"互联网＋"林业

"互联网＋林业"充分利用移动互联网、物联网、云计算和大数据等新一代信息技术，通过感知化、物联化、智能化的手段，形成林业立体感知、管理协同高效、生态价值凸显、服务内外一体的林业发展新模式，其核心就是利用现代信息技术，建立一种智慧化发展的长效机制。具体来讲，"互联网＋林业"应具备以下特性。一是信息资源数字化。实现林业信息实时采集、快速传输、海量存储、智能分析、共建共享。二是资源相互感知化。通过传感设备和智能终端，使林业系统中的森林、湿地、野生动植物等林业资源可以相互感知，能随时获取需要的数据和信息。三是信息传输互联化。建立横向贯通、纵向顺畅，遍布各个末梢的网络系统，实现信息传输快捷，交互共享便捷。四是系统管控智能化。利用物联网、云计算、大数据等方面的技术，实现快捷、精准的信息采集、计算、处理等。同时，利用各种传感设备、智能终端、自动化装备等实现管理服务的智能化。五是体系运转一体化。林业信息化与生态化、产业化、城镇化融为一体，使"互联网＋林业"成为一个更多功能的生态圈。六是管理服务协同化。在政府、企业、林农等各主体之间，在林业规划、管理、服务等各功能单位之间，在林权管理、林业灾害监管、林业产业振兴、移动办公和林业工程监督等林业政务工作的各环节实现业务协同。七是创新发强生态化。利用先进的理念和技术，丰富林业自然资源、开发完善林业生态系统、科学构建林业生态文明，并融入整个社会发展的生态文明体系之中，保持林业生态系统持续发展强大。八是综合效益最优化。形成生态优先、产业绿色、文明显著的智慧林业体系，做到了投入更低、效益更好，实现综合效益最优化。

（一）智慧林业的含义和特征

"智慧林业"这一概念提出的时间较短，且迄今尚没有公认的定义。据《中国智慧林业发展指导意见》中对智慧林业的解释，其基本内涵是指充分利用云计算、物联网、移动互联网、大数据等新一代信息技术，通过感知化、物联化、智能化的手段，形成林业立体感知、管理协同高效、生态价值凸显、服务内外一体的林业发展新模式。智慧林业是智慧地球的重要组成部分，是未来林业创新发展的必由之路，是统领未来林业工作、拓展林业技术应用、提升林业管理水平、提高林业发展质量、促进林业可持续发展的重要支撑和保障。智慧林业与智慧地球、美丽中国紧密相连；智慧林业的核心是利用现代信息技术，建立一种智慧化发展的长效机制，实现林业高效高质发展；智慧林业的关键是通过制定统一的技术标准及管理服务规范，形成互动化、一体化、主动化的运行模式；智慧林业的目的是促进林业资源管理、生态系统构建、绿色产业发展等协同化推进，实现生态、经济和社会综合效益最大化。

智慧林业的本质是以人为本的林业发展新模式，不断提高生态林业和民生林业发展水平，实现林业的智能、安全、生态、和谐。智慧林业主要是通过立体感知体系、管理协同体系、生态价值体系、服务便捷体系等来体现智慧林业的智慧。具体内容如下：一是林业资源感知体系更加深入。通过智慧林业立体感知体系的建设，实现空中、地上、地下感知系统全覆盖，可以随时随地感知各类林业资源。二是林业政务系统上下左右通畅。通过打造国家、省、市、县一体化的林业政务系统，实现林业政务系统一体化、协同化，即上下左右信息充分共享、业务全面协同，并与其他相关行业政务系统链接。三是林业建设管理低成本高效益。通过智慧林业的科学规划建设，实现真正的共建共享，使各项工作建设成本最低，管理投入最少，效益更高。四是林业民生服务智能更便捷。通过智慧林业管理服务体系的一体化、主动化建设，使林农、林企等可以便捷地获取各项服务，达到时间更短、质量更高。五是林业生态文明理念更深入。通过智慧林业生态价值体系的建立及生态成果的推广应用，使生态文明的理念深入社会各领域、各阶层，使生态文明成为社会发展的基本理念。

智慧林业包括基础性、应用性、本质性的特征体系，其中基础性特征包括数字化、感知化、互联化、智能化，应用性特征包括一体化、协同化，本质性特征包括生态化、最优化。即智慧林业是基于数字化、感知化、互联化、智能化，实现一体化、协同化、生态化和最优化。林业信息资源数字化实现林业信息实时采集、快速传输、海量存储、智能分析和共建共享。

林业资源相互感知化是利用传感设备和智能终端，使林业系统中的森林、湿地、沙地、野生动植物等林业资源可以相互感知，能随时获取需要的数据和信息，改变以往"人为主体、林业资源为客体"的局面，实现林业客体主体化。林业信息传输互联化是智慧林业的基本要求，建立横向贯通、纵向顺畅，遍布各个末梢的网络系统，实现信息传输快捷，交互共享便捷安全，为发挥智慧林业的功能提供高效网络通道。林业系统管控智能化是信息社会的基本特征，也是智慧林业运营基本要求，利用物联网、云计算、大数据等方面的技术，实现快捷、精准的信息采集、计算、处理等；应用系统管控方面，利用各种传感设备、智能终端、自动化装备等实现管理服务的智能化。林业体系运转一体化是智慧林业建设发展中最重要的体现，要实现信息系统的整合，将林业信息化与生态化、产业化、城镇化融为一体，使智慧林业成为一个更多的功能性生态圈。林业管理服务协同化，信息共享、业务协同是林业智慧化发展的重要特征，就是要使林业规划、管理、服务等各功能单位之间，在林权管理、林业灾害监管、林业产业振兴、移动办公和林业工程监督等林业政务工作的各环节实现业务协同，以及政府、企业、居民等各主体之间更加协同，在协同中实现现代林业的和谐发展。林业创新发展生态化是智慧林业的本质性特征，就是利用先进的理念和技术，进一步丰富林业自然资源、开发完善林业生态系统、科学构建林业生态文明，并融入整个社会发展的生态文明体系当中，保持林业生态系统持续发展强大。林业综合效益最优化是通过智慧林业建设，形成生态优先、产业绿色、文明显著的智慧林业体系，进一步做到投入更低、效益更好，展示出综合效益最优化的特征。

可见，智慧林业是基于数字林业，应用云计算、物联网、移动互联网、大数据等新一代信息技术发展起来的。在数字林业的基础上，智慧林业具有感知化、一体化、协同化、生态化、最优化的本质特征。智慧林业把林业看成一个有机联系的整体，运用感知技术、互联互通技术和智能化技术使得这个整体运转得更加快速、高效，从而进一步提高林业产品的市场竞争力、林业资源发展的持续性及林业能源利用的有效性。

（二）智慧林业的内容和作用

智慧林业的提出符合林业现代化的需求，智慧林业是林业发展的自身需求，是我国生态建设的必然要求，也是全球化视角下地球村互相融合、人类社会和谐发展的重要举措。就林业发展来看，智慧林业是其自身转型升级的内在需求。林业正在发生由以木材生产等为主向生态建设为主的历史性转变。国际社会对林业给予了前所未有的重视，联合国强调"没有任何问题比人类赖以生存的森林生态系统更重要了，在经济社会可持续发展中应赋予林业首要地位"。我国已确立了以生态建设为主的林业发展战略，把发展林业作为建设生态文明的首要任务，这意味着我国林业必须承担起生态建设的主要责任，打造生态林业、民生林业成为目前我国林业的主体目标与任务。利用智慧林业，可以摸清生态环境状况，对生态危机做出快速反应，共建绿色家园；更智能地监测预警事件，支撑生态行动，预防生态灾害。同时，发展智慧林业，建立相应的一体化、主动化管理服务体系和生态价值考量体系，可以使林业的民生服务能力得以加强，生态文明的理念得以深入社会各领域与各阶层，符合林业自身发展的客观需求。

"互联网+"是大势所趋，也是推动创业创新的有力支点。推动"互联网+林业"有这样几个关键环节必须密切关注。一要确立发展思路。依托现状，首先要突出森林的生态价值，从政府层面加大对森林资源的智能化管理与服务的投入，建立建成更为完备的互联互通网络；同时，利用森林的经济价值，从企业层面扩大电子商务的推广运用率，换取较大的经济利益，为林产品提质上档提供经济支撑。二要明确发展重点。"互联网+林业"，不是简单的叠加。仅仅只是做个网站，开通微信功能，把森林资源推到线上交易，这样的"互联网+林业"是没有前途的。通俗来讲，"互联网+林业"就是要把森林资源通过物联网达到人和物的交互，实现信息采集、计算、共享。要注重"物联"的开发与运用，重点是在林业管理、森林防护、智能办公等方面开展深层次合作，运用云计算、大数据、物联网、可视化等技术，建设包含林业"三防"一体化信息化平台、综合监测监控系统、业务信息实时共享平台、智能办公等信息化项目，实现智能办公、视频监控（含无人遥感飞机视频接入）、林业资源、扑火指挥、远程调度、空间分析、疫区管理、位置服务、整合信息等多项智能应用。这是基础，是重中之重，要以政府部门牵头为主。有此基础，才能充分运用物联数据，开发商业模式。三要选择商业模式，把建立商业模式与实现互联互通同步进行。举个例子，传统销售渠道中，产品通过一次批发、二次批发，将造成较大的流通成本，而这些成本最终都转嫁到消费者身上。开通电子商务，在林产品中植入带有产品信息的芯片，实现"O2O"线上交易，消费者可通过手机扫描获取单个产品的产地、出厂价等信息。这样，产品本身就成为一种宣传渠道和销售渠道，受益的将是厂商和消费者。建立这样的商业模式，需要广泛运用物联网、大数据和云计算。在此基础上，可以进一步拓展无线互联，将林区的林产品销售、交通路线、旅游景点、餐饮场所、银行等涉林产业整合起来，逐步建立网上林区，形成林业行业互联网。当然，互联网的商业模式也不仅仅只这一种，还需要根据实际情况灵活运用。

紧紧围绕打造智慧林业、建设美丽中国的发展思路，充分利用新一代信息技术对资源深度开发及管理服务模式转型的创新力，结合当前林业信息化发展的基础与急需解决的问题，根据我国智慧林业的重要使命、本质特征和发展目标，以打造生态林业和民生林业为重要切入点，通过"资源集约、系统集聚、管理集中、服务集成"的创新发展模式，积极推进智慧林业立体感知体系、智慧林业管理协同水平、智慧林业生态价值体系、智慧林业民生服务体系、智慧林业标准以及综合管理体系5项任务建设，全面实现智慧林业的战略目标。

1. 加快建设智慧林业立体感知体系

按照"把握机遇、超前发展、基础先行、创新引领"的原则，坚持技术创新、模式创新，加快林业宽带网络及感知网络建设，为智慧林业的发展创造良好的信息基础设施条件。以国家下一代互联网计划及宽带中国战略的实施为契机，积极推进林业下一代互联网建设，为林业系统提供安全、高速的下一代互联网，为林业物联网的接入做好准备。大力推进林区无线网络建设，引导区内电信企业加大投入力度，在林区办公场所、交通要道、重要监测点等区域实现无线宽带网络的无缝覆盖。全面加强各种传感设备在林业资源监管、林产品运输等方面的布局应用，为动态监测植物生长生态环境、有效管理林业资源提供支撑。有序推进以遥感卫星、无人遥感飞机等为核心的林业"天网"系统建设，打造高清晰、全覆盖的空中感知监测系统。积极推进林业应急感知系统建设，打造统一完善的林业视频监控系统及应急地理信息平台，为国家、省、市、县等四级林业管理部门提供了可视化、精准化的应急指挥服务。

（1）林业下一代互联网建设工程

按照高端、前瞻性的原则，加快国家林业信息专网的升级改造，建设下一代林业互联网，完成具有管控、网络服务等功能的网络运行管理与服务支撑系统。整个网络纵向采用树形结构设计，以国家林业和草原局为根节点；各省区市林业厅局分节点与国家林业和草原局形成星型连接，成为一级节点；各地市林业局与省区市级形成星形连接，成为二级节点；各县市林业局与地市形成星形连接，从而构建国家、省、市、县四级网络架构。不断扩充现有省级出口带宽及国家林业和草原局下联各省级带宽，打造统一的林业下一代互联网，来满足国家林业系统各类业务模块和快速传输大数据量的遥感影像、GIS数据、音视频数据等需要。

（2）林区无线网络提升工程

按照分级推进、多种方式结合的原则，大力加强与国家电信运营商的合作，选择一些基础条件好、发展较快的林区，积极推进我国重点林区的无线网络建设，提高林区的通信能力及监测管理水平。林区无线网络以公众网为主、以林区自建数字超短波网为辅，合理共享网络资源，同时实现多制式、多系统共存，形成了高速接入、安全稳定、立体式无缝化的覆盖网络，为林区管理服务部门及公众提供无线网络服务，为物联网和智能设施在林区的应用提供网络条件。

（3）林业物联网建设工程

国家已启动了智能林业物联网应用示范项目，主要是基于下一代互联网、智能传感、宽带无线、卫星导航等先进技术，构造一体化感知体系。为了快速提高林业智能监测、管理服务、决策支持水平，需进行统一规划布局，主要是从重点林木感知、林区环境感知、智能监测感知网络等方面展开林业物联网建设。

（4）林业"天网"系统提升工程

"天网"系统的规划布局，以林业遥感卫星、无人遥感飞机等监测感知手段为一体。重点建设国家卫星林业遥感数据应用平台，提供对林业资源综合监测所需的各类遥感信息及数据处理系统、数据产品发布系统以及综合监测遥感数据产品，通过多源卫星遥感数据的集中接入、管理、生产和分发，实现林业各监测专题的遥感信息及平台共享，并与现有的公共基础信息、林业基础信息、林业专题信息及政务办公信息等整合，提高林业监测效率。

（5）林业应急感知工程

为适应新形势下林业高效、精准的安全管理需要，打造完善的应急指挥监控感知系统，为各级林业部门提供高效、精准的应急指挥服务，我们必须加快林业视频监控系统一体化建设步伐，不断提高林业视频监控资源的共享和协同水平，按照共建共享、统一协同的原则，构建各省区市统一的林业视频监控系统，统一接入到国家林业和草原局，形成国家、省、市、县四级统一林业视频监控系统，实现各级林业管理部门应急指挥监控感知系统的应急联动。以林业地理空间信息库为基本，建立我国林业全覆盖的、多尺度无缝集成的应急地理信息平台，全面提高应急调度能力和效率，实现可视化、精确化应用与一对多管理，通过健全制度、规范运作、强化考核等手段，实现林业重大事件应急工作的统一指挥协调，提升管理效能和水平。

2. 大力提升智慧林业管理协同水平

按照"共建共享，互联互通"的原则，以高端、集约、安全为目标，依托现有的基础条件，大力推进林业基础数据库建设，重点建设林业资源数据库、林业地理空间信息库和林业产业数据库，加快推进林业信息资源交换共享机制。通过统一规划、集中部署，加快中国林业云示范推广及建设布局。推进政府办公智慧化，规范办公流程，提高办事效率。全面推进中国林业网站群建设，建立架构一致、风格统一、资源共享的网站群，全面提高公共服务水平。加大林政管理力度，建立起行为规范、运转协调、公正透明、廉洁高效的林政管理审批机制，加强林业决策系统建设，给各类林业工作者提供网络化、智能化科学决策服务。

（1）中国林业云创新工程

智慧林业作为林业协同发展的新模式，需要用物联网实现全面的感知，实时、准确地获取所需要的各类信息，并通过云计算平台实现信息共享、价值挖掘、安全运营等。云平台是实现智慧林业的关键，需要通过统一规划、集中部署，加快中国林业云示范推广及建设布局步伐，早日建成全面统一的林业云平台。林业云计算数据中心采用先进的云计算技术，借助弹性的云存储技术和统一云监控管理等软件，结合全国林业部门各业务系统接口特点，开发出一套适合林业系统两级架构的云数据资源中心，实现数据的高效交换、集中保存、及时更新、协同共享等功能，并为扩展容灾、备份、数据挖掘分析等功能做必要准备。加快中国林业云平台的创新应用，逐步将林业管理部门内部及面向社会提供公共服务的应用系统向林业云平台迁移集中，实现国家林业信息基础设施、数据资源、存储灾备、平台服务、应用服务、安全保障和运维服务等方面的资源共享。在中国林业云上全面部署综合监测、营造林管理、远程诊断、林权交易、智能防控、应急管理、移动办公、监管评估、决策支持等应用，实行集约化建设、管理以及运行。

（2）林业大数据开发工程

按照统一标准、共建共享、互联互通的原则，用高端、集约、安全为目标，积极推进全国林业系统三大基础数据库建设，加快林业信息基础设施的全面升级优化，实现全国林业资源透彻感知、互联互通、充分共享及深度计算，为智慧林业体系的建设打下坚实基础。以现有森林资源数据库、湿地资源数据库、荒漠化土地资源数据库、生物多样性数据库四项专题库为基础，按照统一的数据库编码标准，收集、比对、整合分散在各部门的基础数据，立足国家、省、市、县林业管理部门和公众对林业自然资源的共享需求，确定包括资源类别与基本信息等方面的数据元，形成林业系统自然资源数据库的基本字段，建立全国统一标准的林业资源数据库，建立全国统一的林业产业数据库，实现林业产业信息的共享，提高各级林业部门的工作水平和服务质量，提高社会各界对林业产业发展的研究水平，提高林业产业统计对林企、林农的服务能力，为林业宏观管理决策提供科学依据，为林业信息服务提供支持。充分利用3S、移动互联网、大数据等信息资源开发利用技术，基于当前的林业空间地理数据库和遥感影像数据库，构建全国统一的林业地理空间信息库，实现对全国林业地理空间数据库的有效整合、共享、管理及使用，为各级林业部门提供高质量的基于地理空间的应用服务，消除"信息孤岛"，避免重复投资。

（3）中国林业网站群建设工程

依据智慧林业建设目标，充分利用云计算、移动互联、人工智能等新一代信息技术，全面整合各领域、各渠道的服务资源，进一步扩充功能，进一步完善系统，构建智能化、一体化的智慧林业网站群。构建国家林业系统从上至下的门户网站群平台，把全国林业系统政府网站作为一个整体进行规划和管理，实现数据集中存储和智能化调用，系统地统一维护，实现林业系统间的资源整合、集成、共享、统一与协同，降低建设成本和运营成本，提高效率，以便用户使用，提高用户满意度。

（4）中国林业办公网升级工程

中国林业办公网升级改造包括智慧林业移动办公平台与智慧林业综合办公系统。一是智慧林业移动办公平台。充分利用新一代互联网、下一代移动互联网技术，在中国林业网设置智慧林业移动办公平台统一入口，平台包括移动公文处理模块、移动电子邮箱模块、实时展现模块、移动信息采集模块、移动App模块等。智慧林业移动办公平台的建立，可以通过笔记本电脑、手机、PDA、智能终端等移动终端设备，随时随地访问应用系统，满足行政管理业务需求，提高工作效率及协同性，进一步提高政务管理的智慧化水平。二是桌面云办公系统。利用云计算技术，构建一个安全可靠、稳定高效、结构完整、功能齐全、技术先进的桌面云办公系统，林业系统工作人员可以通过客户端设备，或者其他任何可以连接网络的设备，用专用程序或浏览器，利用自己唯一的权限登录访问驻留在服务器端的个人桌面以及各种应用，实现随时随地办公，提高办事效率。桌面云办公系统以目前综合办公系统为基础，其功能除构建领导专区、公文办理、会议办理、事务办理、综合管理以外，还增加学习培训功能，发布内外部学习培训的内容，以提高林业系统人员素质。

（5）智慧林政管理平台建设工程

林政管理是根据林业管理的实际需要，依据林业相关政策法规，对林业经营、采伐、流通和行政执法等进行的管理，其主要目的是建立起行为规范、运转协调、公正透明、廉洁高效的林政管理审批机制，促进林业的健康稳步发展。智慧林政管理平台依托云计算技术、大数据挖掘技术等，建设包含林业经营管理、林权管理、林木采伐流通管理和林业行政执法的多级行政管理平台，整合林权、经营、执法等数据，建立智慧林政管理平台，满足实际业务需求，实现随时随地对全国范围内林政信息的实时、科学、全面管理，为林农、企业提供高效、高质、全天候的服务。

（6）智慧林业决策平台建设工程

为了提高决策的科学性、预见性、针对性、智能化，依托林业基础数据库，以云计算、物联网、大数据技术、辅助决策技术等新一代信息技术为支撑，整合现有的各类决策系统，建立一体化的智慧林业决策平台，为决策者提供所需的数据、信息和背景资料，帮助明确决策目标和问题的识别，建立或修改决策模型，提供各种备选方案，对各种方案进行评价和优选。一是实时查询子平台。对森林、荒漠、湿地、生物多样性的生长、灾害、保护等状况的数据、照片、视频进行实时浏览、查询、统计，为决策提供基础数据服务，提高林业管理决策能力。二是数据挖掘子平台。对智慧林业海量的各类数据和相关业务数据依照相关的要求进行处理、加工、统计、分析，将大量庞杂的数据信息转化为可为领导决策提供支持服务的决策信息，揭示出相互影响的内在机制与规律。三是预测子平台。通过利用历史数据和现在采集的数据，运用不同林业预测的方法、模型、工具等，对不同类型的海量数据进行加工、汇总、分析、预测，得出所需的综合信息与预测信息，形成发展趋势模型。预测林业将来发展的必然性和可能性，提高林业发展的预警能力，为林业管理决策工作提供依据。四是林业环境智能模拟系统。利用现代建模技术、计算技术以及三维技术，基于中国林业云平台及林业地理信息系统，建立林业环境智能模拟系统，科学模拟气候、土壤、水质变化等对林业的影响，及林业发展对生态环境的作用。五是智能化处理子平台。自动化、智能化地分析林业的各种情况和趋势，并依据提前定义和选取的预警指标，设定预警指标临界值，使之具有自动报警功能，提高决策的及时性。六是成果共享子平台。对林业工作成果，重大事件的处理进行归纳、总结和展示，依据不同的类型设置不同的专题，进行分类管理，提高资源的利用率和针对性，为林业管理者、工作者提供学习平台，为以后的林业决策管理工作提供可复制、可推广、可执行的解决方案，形成了林业工作连贯一致的决策体系和发展战略。

3. 有效构建智慧林业生态价值体系

加强林业生态价值体系建设，不断推动林业生态体系发展，重点加强新一代信息技术在资源管理、野生动植物保护、营造林、林业重点工程和林业文化监管方面的应用。加大林业资源的监管力度，利用物联网等新一代信息技术，构建完善的林业资源监管体系。大力推进营造林管理步伐，实现营造林全过程现代化管理。积极推进林业重点工程监督管理平台建设，及时准确地掌握工程建设现状，实现工程动态管理，提高工程管理的科学规范水平。加强林业文化传播，不断推动林业文化体系的发展，重点加快林业数字图书馆、博物馆和文化体验馆等信息化建设。

（1）智慧林业资源监管系统建设工程

以中国林业基础数据库和现有的资源监管数据库成基础，通过国家和各地林业部门的交换中心，利用分布式数据库技术，提取业务数据，整合目前已建的林业资源综合监管服务体系，建立基于中国林业云的集森林资源监管、湿地资源监管、荒漠化和沙化土地监管于一体的智慧林业资源监管平台，形成一体化、立体化、精准化的林业资源监管系统，实现对45亿亩林地、26亿亩沙地和10亿亩湿地等林业资源的实时有效监管，形成"全国林业一张图"，为国家提供从宏观到微观多级林业资源分布和动态信息，准确掌握林业的历史、现状和趋势，实现国家对林业保护和利用的有效监管。

（2）智慧林业野生动植物保护工程

野生动植物是自然资源的重要组成部分，保护好野生动植物对于维护生态平衡，构建和谐社会有着积极作用。借助现代信息技术，对野生动植物进行感知，并对海量数据进行灵活高效处理，以提高野生动植物资源监测、管理、保护和利用水平为宗旨，基于生物多样性数据库，以历次野生动植物调查、监测数据为基础，整合各野生动植物保护区监测数据，及时掌握野生动植物现状及动态变化情况，通过对全国野生动植物保护区的智能管理，建设野生动植物资源监测体系和信息管理体系，使野生动植物资源得到保护和利用，野生动植物生态、经济和社会效益得到充分发挥，为野生动植物资源保护和自然保护区管理、开发利用以及濒危野生动植物拯救和保护工作提供依据。

（3）智慧林业营造林管理系统升级工程

加快造林绿化，增加森林资源，提高森林质量，是林业的前提和物质基础。通过建设智慧营造林管理系统，实现对重点营造林进行核查和监督，及时获取林地真实情况，减少重复造林现象的出现，为掌握生态状况、正确评估生态建设效益提供科学依据，为实施精细化管理、提高管理效率提供有效手段。通过建立一套完善的感知分析系统，实现覆盖国家、省、市、县级营造林的规划计划、作业设计、进度控制、实施效果及统计上报等环节的一体化管理的智慧营造林管理系统。智慧营造林管理系统可将地理信息系统、数据库、计算机、物联网、传感器等技术高度集成，实现营造林系统的高度智慧化。智慧营造林管理系统将实时观测各节点林木种植及生长情况，有效做好营造林绩效管理工作，实现营造林工程综合信息网上查询发布，给营造林工程质量核查、营造林成果分析及决策提供依据。

（4）智慧林业重点工程监管工程

智慧林业重点工程监督管理平台实现从项目立项、启动、计划、执行、控制至项目结束的全过程管理，对及时准确掌握工程建设现状，改善组织的反馈机能，提高工作绩效等具有重大意义。主要有天然林保护工程管理系统、退耕还林工程管理系统、长江等防护林体系建设工程管理系统、三北防护林体系建设工程管理系统、京津风沙源治理工程管理系统等。为顺应信息社会发展的趋势，满足决策者、项目管理者、项目执行者等的需求，需全面整合信息资源，建立统一的智能重点工程监督管理平台，全面提高工程管理水平，为科学决策提供依据。

（5）智慧林业文化建设工程

加强智慧林业文化馆建设，打造一批有特色、高质量的林业文化馆，包括智慧林业数字图书馆、智慧林业网络博物馆、智慧林业文化体验馆等，全面展示林业生态文化成果，提高人林互动水平，让人们充分体验到林业文化的乐趣，吸取生态文化的营养。

4. 全面完善智慧林业民生服务体系

围绕全面建设民生林业的要求，着力解决林企、林农最关心、最直接且最现实问题，深化信息技术在林业智慧产业、林地智能分析、生态旅游，以及林业智慧商务和智慧社区等公共服务领域的应用，构建面向企业、林农及新型林区建设的综合性公共服务平台，努力提升公共服务水平。加快建设智慧林业产业体系，培育发展林业新兴产业、提升林企两化融合水平，促进林业产业的转型升级D 全面建设包括土地成分、土壤肥力、酸碱度、区域环境及现有林业资源等内容的智慧林地信息公共服务平台，为政府、林企、林农等提供实时准确的综合"林业地图"信息服务。大力发展生态旅游，打造智能化、人性化的生态旅游公共服务平台，提高林业自身价值，丰富人们的生活。积极推进林业智慧商务系统建设，打造一体化的林产品电子商务平台，构建完善的智慧林业物流体系及林业物流园，为林业企业及民众提供智能化、整体化的林业商务服务。大力加强林业智慧社区建设，通过建立智慧社区服务系统，为林农、林企提供包括信息推送、在线证照办理、视频点播、远程诊断等服务，全面地提高对林区的服务水平。

（1）智慧林业产业培育工程

加快新兴科技与林业的有机融合，促进新技术、新产品和新业态的发展。围绕发展潜力大、带动性强的林业生物产业、新能源产业和新材料产业、碳汇产业等新兴领域，立足现有企业和产业基础，利用新一代信息技术，攻克一批关键技术，促进信息化在产业发展中的应用，延伸上下游产业链，着力地突破新兴产业发展的瓶颈制约，促进高新技术产业化。

（2）智慧林业两化融合工程

加快林业产业的信息化建设步伐，以企业为载体，加强信息技术在生产、制造、流通、销售等各环节的应用，提升林业企业两化融合水平，全面提高我国林业生产管理水平及产业竞争力。一是林业生产装备智能化。林业机械化、信息化、智能化、服务化是智慧林业生产的重要内容和显著标志，加快林业技术装备发展步伐是转变林业发展方式的重要途径。加快对先进技术的引进、消化、吸收和再创新，积极建立具有自主知识产权的核心关键技术体系，加强现代电子技术、传感器技术、计算机控制技术等高新技术在林业生产装备中的应用。二是林业企业生产管理精细化。以企业为主体，围绕林业采伐运输、生产制造、养殖栽培等领域，提高林业企业信息化水平，推进企业从单项业务应用向多业务一体化、集成化转变，从企业信息应用向业务流程优化再造转变，从单一企业应用向产业链上下游协同应用转变，深化信息技术在企业设计、生产、管理、营销等环节的应用。三是林产品质量监测实时化。加快建立完善的林产品质量监督检验检测体系，实现采伐、运输、生产、仓储、配送、销售等全过程的数据可追溯、质量可监控和信息可查询。

（3）智慧林地信息服务平台建设工程

加快建设全国统一的林地信息服务平台，基于林业地理空间信息库，建立智能、精准、便捷的林业资源分布图，创建"林业地图"板块，为林业政府部门提供准确的林业资源查询，及时了解林业资源在山间地头的分布情况，为相关用户提供从省到林场的综合性林业信息查询服务。加快全国林地测土配方系统的完善和对接，建立起一个准确了解林地土壤成分及环境状况，诠释土地、树种、土地与树种之间的关系，解决林农植树凭感觉走，靠天吃饭的现状。通过该平台的建设，为林业生产、管理与决策提供服务，为林业政府部门及广大林农以及涉林人员了解林业分布、科学营林提供技术咨询，促进我国林业的可持续发展。

（4）智慧生态旅游建设工程

建设智慧生态旅游公共服务平台，为广大消费者、林业生产者等提供便捷化、智能化、最优化的服务，还可以加大对森林公园、自然保护区旅游小区、湿地公园等森林旅游景区的保护，树立优秀生态旅游品牌，全面提升生态旅游的行业形象和综合效益，进而实现可持续发展，主要包括信息查询、景点大全、线路攻略、品牌推广、网上体验、知识管理及规划指导等功能。建立全国林业旅游基础数据库，制定数据采集规程和标准，建立公平、透明、开放的林业旅游行业监管体系，全面提高林业旅游业发展的预测、预警，重点对林产品进行监测分析，提高重点景区、市场动态监控分析能力，有效支撑节假日和重大活动期间的旅游市场分析运行，提升了电子化营销水平，提升人们对林业旅游的认可度和信任度，扩大生态旅游规模。

（5）林业智慧商务拓展工程

通过林业智慧商务拓展工程的建设，构建一种市场信息畅通、规范、高效的林产品流通新模式，为林企和林农提供智能、便捷的服务，提高林业整体效益，促进林业产业的快速健康发展。包括了林权交易平台、林业电子商务平台、林业智慧物流系统、林业智慧物流园等。

（6）林业智慧社区建设工程

在我国新型工业化、信息化、城镇化、农业现代化融合发展的推动下，需要找准新的切入点，加快林区信息化建设，提升整体发展水平。规范化、标准化、智能化的智慧社区建设成为促进城乡一体化、提升林区民生质量的重要途径。通过林业智慧社区信息基础设施建设和智慧社区综合管理服务平台建设等，构建一套线上、线下相结合的社区管理服务系统，包括智慧社区政务、社区管理、社区服务、社区生活及林区生产等方面，全面提高林区民生质量。

5. 大力构建智慧林业标准及综合管理体系

根据智慧林业发展目标，按照国家林业行业标准及相关管理制度的要求，优先建设一套智慧林业标准、制度、安全等为核心的综合保障体系，达到有章可循，有力保障智慧林业的建设运营。

（1）智慧林业标准体系建设工程

标准规范体系建设是智慧林业建设的基础性工作。在智慧林业建设和运行维护的全过程中，要遵循统一的标准、规范和相关技术规定，以保障信息资源有效开发利用，云平台、计算机网络和其他设施高效运行。包括智慧林业总体指导标准，智慧林业信息网络基础设施标准，智慧林业信息资源标准体系，智慧林业应用标准体系和智慧林业管理类标准等。

（2）智慧林业制度体系建设工程

林业信息化建设需要在遵循国家有关法律法规的基础上，建立健全日常事务、项目建设实施、信息共享服务、数据交换与更新、数据库运行、信息安全、项目组织等管理办法和制度，为林业信息化建设保驾护航。在智慧林业建设运营过程中，需要制定出台更具针对性的智慧林业制度体系。

（3）智慧林业运维体系建设工程

运维体系是智慧林业建设的根本保障，建立完善的智慧林业运营体系，将对林业系统提高绩效、构建智慧型林业起到至关重要的作用。按照"统一规划，分级维护"的原则，制定智慧林业系统的运维体系。运维体系主要是由运维服务体系、运维管理体系、运维服务培训体系和评估考核体系四部分构成。

（4）智慧林业安全体系建设工程

智慧林业安全的总需求包括物理安全、网络安全、系统安全、应用安全、数据安全、管理安全等，其目标是确保信息的机密性、完整性、可用性、可控性与抗抵赖性，以及信息系统主体（包括用户、团体、社会和国家）对信息资源的控制。

（三）"互联网＋"开启林业发展新模式

林业的现代化既是美丽中国建设的重要内容，也是生态文明建设的重要保障。而森林资源是林业现代化建设的基础，生态文明的建设也必须依靠林业的优化发展来实现。加强对森林资源的管理与开发是林业工作的核心。但是由于长期以来人们在认识上的不重视及过度的索取，致使生态环境遭受了很大程度的破坏，森林资源保护和经营管理的难度进一步加大。如何保护与发展现有的资源，同时恢复已遭到破坏的森林资源，是我们面临的一项非常艰巨的任务。面对这种现状，大力发展智慧林业，推进林业的现代化，不仅能借助先进的技术手段实现实时监控森林生态系统的动态变化，还能够延伸我们的触觉到达复杂的地形，并且相应开展有效的救援和保护行动，有利于我们对森林资源进行真正的科学管理与开发，有利于森林生态系统的良性循环。

1. 科学分析形势，准确把握林业信息化建设总体思路

（1）要用互联网思维

互联网时代已经到来，林业工作者要善于运用互联网思维，实现以创新思维谋思路，以融合思维促发展，以用户思维强服务，以协作思维聚力量，以快速思维提效率，以极致思维上水平，敢于打破阻碍，促进开放包容，对全球开放、对未来开放、对全社会开放，完善共建共享的参与机制和创新平台，拓展林业发展空间，拓宽林业投入渠道，让所有关心林业、爱护生态的人都参与到林业现代化建设中来。

（2）要用大数据决策

以大数据等新一代信息技术为支撑，建立一体化的智慧决策平台，实现林业各类数据信息实时采集、深度挖掘、主体化分析和可视化展现，为林业重大决策提供数据依据和决策模型，及时发现战略性、苗头性和潜在性问题，自动化、智能化分析预判林业各种情况和趋势，提高林业重大决策的科学性、预见性和针对性。

（3）要进行智能型生产

加速新一代信息技术与林业的深度融合，促进理念创新、技术进步、效率提升，推动林业生产转型升级、创新发展。引入O2O、PPP、电商等模式，加速物品、技术、设备、资本、人力等生产要素在产业领域流动，实现各种资源的合理配置和高效利用，让农民足不出户也可知晓市场行情，盘活林业资产，激发林区活力，提高生产效率，提升产品质量，让大众创业、万众创新在林业开花结果，全面提高林业核心竞争力。

（4）要协同化办公

按照共建共享、互联互通的原则，打造林业各领域、各环节及各层级智能协同的政务管理信息系统，建立起运转协调、公正透明、廉洁高效的林业管理体系，推进智慧化办公、移动化办公，实现林业全过程信息化管理，进一步提升林业治理能力和治理水平。

（5）运用云信息服务

充分利用云计算、移动互联网等新一代信息技术，打造中国林业云服务平台，实

现各类林业数据高效交换、集中保存、及时更新、协同共享，提供全时空、全媒体林业信息服务，林农、企业、管理部门和社会公众随时随地可在云端共享权威、全面、个性化的信息服务，确保优质高效、便捷普惠。

2. 抓住关键环节，大力推进"互联网+"林业建设

林业信息化要融入林业工作全局，"互联网+"要紧贴林业重点工作，"加"林业最需要的内容，"加"惠林富农益民的项目，"加"我们能做到的事情，先易后难，逐步推进。

（1）要依托"互联网+"拓展政务服务，实现林业治理阳光高效。

我国林业政务服务仍然难以满足不断增长的社会需求，迫切地需要加快"互联网+"与政府公共服务深度融合，提升林业部门的服务能力和管理水平。要持续优化中国林业网站群，进一步扩大站群规模，扩展站群类型，实现林业各级部门和各类核心业务全覆盖。要推进中国林业云创新工程建设，实现站群云服务平台统一建设和管理，核心功能统一开发，数据资源统一管理、开放共享。要打造智慧林业决策平台，通过大数据分析系统，对互联网涉林信息进行态势分析，提升了智能决策能力。

（2）要依托"互联网+"深化林业改革，实现资源增长林农增收

林业信息化要紧跟林业改革发展，为林业改革发展注入动力。要运用新一代信息技术，厘清资源资产权属等，加快建设国有林场林区统一的数据库和资源资产动态监管系统，为林场林区资源资产监管提供现代信息技术手段和动态数据，实现对森林抚育、资源资产、企业改制的全程监管和绩效考核，确保资源资产只增不减。要建设智慧林区，及时提供各种信息服务，方便林区群众生产生活，为林区职工民生改善提供精准信息服务：要建立全国统一的林权数据库与林权交易平台，引导林权规范有序流转，盘活林地资源，放活林地经营，搞活林业经济。

（3）要依托"互联网+"加强资源监管，实现生态保护无缝连接

长期以来，林业资源保护压力有增无减，生态破坏容易恢复难，有的资源甚至永远无法恢复，迫切需要利用信息技术，加快建设林业一张图，构建集森林、湿地、沙地和野生动植物资源监管于一体的智慧林业资源监管平台，加强对全国林业资源进行精准定位、精准保护和动态监管，严厉打击毁林占林、滥伐盗采等破坏森林资源的行为，实现国家对林业资源保护和利用的有效监管。要加强智慧野生动植物保护工程建设，建立野生动植物资源监测体系与信息管理平台，提高了野生动植物资源监管、保护和利用水平。要开展林业生态监测与评估物联网应用，为林业生态工程建设和管理提供科学依据。要推进林业大数据开发，建立林业大数据分析模型，提升预测预警及宏观决策能力。

（4）要依托"互联网+"开展生态修复，实现生态建设科学有序

目前一些地方造林质量不高，重栽植轻管护，造林绿化成果难以巩固，迫切需要利用"互联网+"，加快推进造林绿化精细化管理和重点工程核查监督，科学回答"哪里适合造林""林子造在哪里"等问题，全面提升生态修复质量。要加快智慧营造林

管理系统升级，推广林地测土配方示范应用，实现营造林管理现代化，提高营造林绩效管理水平。要加强智慧林业重点工程建设，实现立项、启动、执行、验收全过程信息化管理，及时准确掌握工程建设现状，提高了工作绩效和监管水平。

（5）要依托"互联网＋"强化应急管理，实现生态灾害安全可控

我国是森林火灾、病虫害和沙尘暴灾害多发的国家，生态灾害处置难度大，一旦发生，损失严重，迫切需要利用信息化手段，实现各类信息集中监测管理，加强预警预报和应急指挥，有效防止灾害的发生和蔓延。要打造林业应急感知平台，推广应用"森林眼"等建设成果，实现林业应急指挥监控感知，应急联动，提升应急管理效能和水平。要推进应急监测预警物联网应用，提高综合防控能力和指挥调度能力。要推进林业生态保护北斗示范应用项目，探索形成北斗导航应用新模式，实现国家、省、市、县的多级联动应用。

（6）依托"互联网＋"发展林业产业，实现发展方式转型升级

随着人们生活水平的快速提高，公众对优质绿色的生态产品的需求日益增加，对森林、湿地等自然美景的向往日趋强烈。要以"互联网＋"战略为契机，推动林业产业转型升级，拓宽林产品销售渠道，把优质特色林产品和优质森林旅游产品推向社会大众，既实现林业增收，又惠及社会大众。

要建设智慧林业产业培育工程，促进信息技术在林业产业中的应用，积极培育产业新业态。要开展林产品质量安全监管物联网应用，实现采伐、运输、生产、仓储、配送、销售等全过程数据可追溯、质量可监控、信息可查询。要推广应用林产品交易平台建设成果，为林企林农提供智能、便捷服务，推动服务业转型，培育服务新业态。要加快智慧林业两化融合，全面提高林业生产管理水平及产业竞争力。要建设国际林产品贸易投资平台，加强国家间的林业经济合作和技术交流，提升我国林业国际地位和影响力。

（7）依托"互联网＋"繁荣生态文化，实现生态事业全民参与

在快速发展的信息时代，弘扬生态文化，迫切需要应用现代信息手段，构建生态文化展示交流平台，加强生态文化传播能力建设，为建设生态文明营造良好的文化氛围。要打造林业全新媒体，在现有"三微一端"的基础上，构建行业微博群、微信群、微视群和移动客户端超市，实现主动推送服务，形成全行业集群化沟通服务新模式。要创新生态文化业态和生态文化传播方式，在在线培训、图书出版、远程教育等方面培育形式多样的新型文化业态，形成全民参与、全民共享的生态文明建设新风尚。要建设智慧林业数字图书馆、博物馆、文化馆等，使人们充分享受林业生态文明成果，汲取林业生态文化营养。

（8）要依托"互联网＋"夯实基础条件，实现林业要素融合

加快林业现代化，迫切需要加强林业宽带网络及信息采集、传输体系建设，进一步夯实和提升基础支撑能力。要充分利用国家电子政务网络，加快网络建设，实现林业全行业网络的互通互联。要继续推进机房等基础设施建设，建成林业大数据中心，

实现数据大集中。要尽快建设林业数据灾备中心，确保了林业信息安全。

"互联网+"带来的是肯定、是机会、是振奋，必将推进传统行业创新发展，政府、企业都将在全面拥抱"互联网+"战略中获益。然而，"互联网+林业"是一项长期性、系统性工作，需分步骤、分阶段扎实推进。一是整合资源。互联网最大的优势是互联互通，信息共享。推进"互联网+林业"，仅靠单个行业的投入，困难太大。要突破地域、级别、业务界限，充分整合各类信息资源，推进信息化业务协同，提升全行业管理服务水平和信息资源利用水平。比如，在广袤的林区建设无线网络，这个投入是巨大的，但是完全可以整合通信运营商的无线网络，在信号覆盖、资费调整方面做文章，实现无线网络的共享互通。二是融合创新。仅把资源进行整合，还是难以保障效益的最大化，还必须做到融合、创新。要集成关键核心技术和机制，实施应用先行、国际同步的标准战略，抢占标准制高点。在林业管理与服务方面，把林地资源、交通通信、气象动态等等部门、资源、信息有机融合，并且在此基础上创新发展"大林业"智能化管理服务系统。在林业产业开发方面，就好比开发"美团""大众点评"等电商平台一样，将森林旅游景点、特色林产品等，与交通、银行、餐饮、油站等公众设施融合起来，充分运用互联网"+通信""+交通""+金融"等模式，创新发展"智慧城市"电商平台，拓展"互联网+林业"的商业模式。三是循序渐进。要从组织管理、顶层设计、基础设施，以及应用示范工程等多维度切入，分基础建设、展开实施、深化应用三个阶段逐步实施。基础建设阶段，要强化顶层设计，要强化信息化成果，林业应急感知系统、林业环境物联网和林区无线网等要优先建设，打牢基础。展开实施阶段，完成营造林管理系统、智慧林业两化融合工程、林业"天网"系统、智慧商务建设工程、智慧林业资源监管工程、智慧林业野生动植物保护工程、智慧林业文化建设工程和中国林业网站群建设等工程建设。深化运用阶段，建设智慧林政管理平台、智慧林地信息服务平台、智慧林业决策平台、智慧林业产业建设工程、智慧生态旅游建设工程和智慧林业重点工程监管工程等，各部分走向相互衔接、相互融合，实现了质的飞跃。

第三章 "互联网+"农业管理

第一节 大数据支撑农业监测预警

一、农产品网络化监控与诊断

随着科学技术的日益创新，人们生活水平的不断提高，以及人们对网络的广泛应用，网络营销已经成为一种新型的销售方式。网络营销又称网络直复营销，是以计算机网络为媒介和手段而进行的市场推广活动，是21世纪最有代表性的低成本、高效率的全新商业模式之一。

农产品网络营销在瞬息万变的市场中是一项不可或缺的营销活动。通过网络，农产品销售者可以敏锐地捕捉到消费者的需求信息，以恰当的方式为消费者提供合适的农产品，在满足农产品消费者需求的同时，为农产品自身的提高和发展提供依据。通过高速发展的科技网络，农产品可在通过与其他地区或者国家的农产品进行比较，找到自身的优势与劣势，在市场中长期处于有利的竞争地位。

（一）产地环境监测

农产品产地环境是农业生产的基础条件，农产品产地安全是农产品质量安全的根本保证。农产品产地安全状况不仅直接影响到国民经济发展，且直接关系到农产品安全和人体健康。一旦农产品产地被污染，由于具有隐蔽性、滞后性、累积性和难恢复等特征，所带来的危害将是灾难性的，主要表现在加剧土地资源短缺，导致农作物减产和农产品污染，威胁食品安全，直接或间接危害人体健康。近年来，由农药、肥料、激素、添加剂等农业投入品引起的农产品质量安全问题，已引起党和政府的高度重视和人们普遍关注。同样，由于农产品产地环境污染导致的农产品质量安全问题已日益凸显，这一问题如不得到妥善解决，将严重影响农产品质量安全、危害人民群众身体健康、诱发群体性事件、危及社会稳定。所以，突出抓好农产品产地环境的监管和保护已刻不容缓。

1. 农产品产地的合理开发利用

农产品产地分为适宜生产区、警戒生产区以及禁止生产区。那对于这几个区怎么去合理利用呢？

适宜生产区即产地土壤中重金属均符合国家标准，适宜农作物生产区域，对适宜生产区而言，一是建立基本农田保护区，切实加强农业产地环境的保护，防止点源、面源污染向适宜区的扩散和蔓延。二是加大农产品适宜生产区的无公害农产品产地认定，对认定的产地实行GPS卫星定位监控管理。三是推广节水节肥节药技术、生态栽培技术，防控农业面源污染的产生。四是推广绿肥，实行水旱轮作，修复产地环境，提高土地生产能力。而对于农产品警戒生产区即产地土壤重金属中轻度污染区域而言，一是对于重金属中轻度污染的耕地，推广重金属原地钝化技术，施用石灰、碱性磷酸盐、碳酸盐和硫化物等化学钝化剂或有机肥、腐殖质等有机钝化剂及化学有机钝化剂，络合、沉淀和固定土壤重金属，降低土壤重金属的生物有效性。二是推广重金属低吸收的蔬菜、水稻、水果和茶叶品种，降低农产品中重金属的含量。三是加强土壤的水肥耦合调控，改善耕地氧化还原电位，创造作物低吸收重金属的田间环境。四是加强生产区农产品重金属含量快速检测，实时监控农产品重金属的含量，并实行基地准出。

对于农产品禁止生产区即产地土壤重金属重度污染区域而言，一是在食用农产品禁止生产区域，设立禁止生产标识/禁止生产蔬菜、水果、茶叶、粮油等食用农产品，对区域内生产的食用农产品就地销毁，禁止高污染的食用农产品上市销售。二是切断食用农产品供应链，改种棉花、麻类非食用经济作物或观赏林木、花卉等，并切实加强非食用棉麻作物秸秆和观赏林木花卉修枝落叶的无害化处理，防止对周围环境的污染。三是对重金属污染十分严重的耕地切实地加强区域综合治理和生态修复，防止污染向周围扩散和蔓延。

2. 适宜生产区的监控和保护

采取的主要监控手段是巡回检查。首先我们要建立乡村两级农业产地环境巡回检查制度，加强对工矿企业和城镇废水、废渣、废气集中排放点的在线实时监控。每月组织农产品质量安全监管员和监督员，以村为单位，重点对农产品生产基地、乡村交通要道、村组污水管网、农田沟渠、畜禽养殖场进行2~3次巡查，并且及时发现化肥农药、畜禽粪便、农作物秸秆、农村生活污水垃圾对农业产地环境污染问题，将巡查情况如实记录汇总、上报审核、及时公示。严肃查处工矿企业和城镇"三废"向农业生产基地排放行为，防控农业面源污染产生和蔓延。再者要强化产地环境保护措施。一是加大对污染企业的整治力度，严禁工矿企业和城镇向农产品产地排放或倾倒废气、废水、废渣和堆放、贮存、处理固体废弃物，对于污染严重的工矿企业，依法按照"关停一批、淘汰一批、治理一批"的原则进行整治，以杜绝或减轻工矿企业及城镇对农业产地环境的污染。二是提高工矿企业准入标准，停止污染企业特别是重金属污染企业的立项审批，防控新的工矿污染源产生。三是推广作物测土配方施肥和病虫害专业统防统治技术，加强畜禽粪便、作物秸秆的资源化利用和农村生活污水、垃圾的无害化处理，强化农业面源污染源头防控。

3. 农产品产地已污染区域的治理和修复

首先，加强农村生活污染治理。在加强工矿企业和城镇点源污染综合治理的基础上，大力推进农村清洁工程建设。一是以村为单位，加强户间路整修、组间路整修和生活污水管网连通，切实改善农村人居生活环境和防控农户污水随意排放。二是按照城市社区管理方式，加强农村生活污水净化池、废弃物发酵处理池、农业废弃物收集池和村级物业管理站建设，全面治理农村生活和农业生产污染。三是加强乡镇垃圾收集清运中转站、村级垃圾收集点、农户门前垃圾桶等环卫设施的建设、管理、运营与维护，共建乡村清洁美好家园。其次，加强农业废弃物污染治理利用。大力地推行作物秸秆和畜禽粪便无害化处理与资源化利用，达到农业废弃物资源循环利用的目的。一是禁止焚烧作物秸秆，全面实行作物秸秆就地还田或青贮过腹还田，推广利用作物秸秆制作堆肥和秸秆制气、发电及资源化综合利用，重点治理作物秸秆滥烧乱弃所造成的农业产地环境污染。二是推行垫料发酵床养猪技术和畜禽粪便无害化处理，大力推广"猪—沼—菜""猪—沼—鱼""猪—沼—稻""猪—沼—果"等生态农业模式，使畜禽粪便在农业生态系统中得到良性循环和高效利用，治理畜禽粪便对农业生态环境的污染。三是大力实行农业清洁生产，每个农产品生产基地根据规模大小兴建 1～2 个农业废弃物收集池，定期收集农业废弃物特别是农药的塑料包装袋和农药瓶，并定期分类和无害化处理，治理田间地头乱扔乱弃农业固体废弃物所造成的农业产地环境污染。最后，加强农业面源污染治理。大力加强对农业氮磷富营养化水体污染的阻控、拦截和净化，全面地提高农业面源污染治理水平。一是大力推广和普及农业节肥、节药、节水生产技术，防止农药化肥等农业投入品的滥施乱用和农业用水的滥灌乱排。二是在农业生产基地的田块周围建立生态种植和农业生产污水拦截回流渠，在生态埂上和拦截回流渠中配置高富集氮磷的水生植物，第一次对农业生产污水实行阻控。三是在拦截回流渠与农业湿地之间兴建前置库塘，在库塘中配置高富集氮磷的水生植物群落，第二次对农业生产污水实行拦截。四是在前置库塘和流域水体之间，兴建规模适度的农业湿地，充分发挥水生植物和微生物的水体净化功能，第三次是对农业生产污水实行净化。

4. 农产品产地环境监测质量管理工作的意义和影响因素

质量管理就是为确定质量方针、目标和职责，在质量体系中通过质量策划、质量控制、质量保证和质量改进，使其实施全部的管理职能活动。环境监测工作质量是指与监测结果有关的各项工作对监测结果质量的保证程度。提高了监测结果质量的前提是提高监测工作质量，衡量监测工作质量的指标包括质控数据的合格率、监测结果的产出率、仪器设备的利用率和完好率以及监测事故的出现率、应急监测能力等。同时，影响监测工作质量的还有一些隐性因素，如农产品产地环境监测人员的职业道德水平和爱岗敬业精神等。这就要求监测工作的领导者提高管理水平，不仅要搞好显性影响因素的管理工作，更要注重搞好隐性因素的管理工作，使所有参与农产品产地环境监测人员能共同努力，积极提高监测工作质量。

5. 农产品产地环境监测质量管理工作中存在的主要问题

（1）制度建设滞后

农业农村部对环境监测质量保证工作的管理程序、职责和主要内容做了规定，将质量管理工作引向制度化的发展方向，各级监测机构还先后出台了持证上岗考核实施细则等规章制度和样品采集、样品保管交接、仪器设备管理和使用、数据审核等管理制度，极大地推动了质量管理工作的制度化建设。但是，与快速发展的监测技术和不断扩展的监测领域相比，质量管理制度的建设还不够完备与及时。

（2）环境监测数据真实性不够

监测机构的职责就是对各类环境要素进行监测，并如实提供数据，至于监测数据的高低、环境质量的好坏对监测站来说并无利害关系，所以监测机构上报的数据绝对是真实、可靠的一手资料。但是由于监测站行政上隶属于各级环保局，所以在数据、质量报告的上报必须经由环保局甚至当地政府的审核，如此就可能出现有些领导为了政绩和考核名次篡改数据的情况。在当前环境保护实绩考核、创建模范城市考核、创建优美乡镇考核、小康指标考核、节能减排考核等形势的推动下，各地环保局、各级政府更加重视环保工作和环保政绩，常出现为了个人政绩、地区名次而随意篡改环境监测数据的情况。

（3）环境监测工作质量偏低

随着经济快速发展，新的污染源不断产生，环境污染问题日益突出，环境执法力度不断加大，临时性、突发性监测任务越来越繁重，监测人员、技术、设备跟不上，经常加班加点，疲于应付。在环境监测中，由于自然和人为因素的干扰限制，致使监测频率低、监测点位不全等现象时有发生，从而使获得的监测数据不具代表性，某些监测数据结果不能准确地反映环境的实际状况：监测工作处于闷头苦干，只求数量不求质量的局面，这就弱化了环境监测工作的"准"。大多数项目的生态环境影响评价只是走形式，弱化了环境监测在环境管理中的技术监督职能。这些许问题的存在使得监测数据准确性不高，不能及时、准确地反映质量状况和变化趋势，从而影响评价报告的质量。

（4）地方监测机构往往忽视室外的质量控制

一般环境监测机构实验室都采取人员考核的办法，对分析仪器设备进行检定校准，实验室采用平行双样、加标回收试验、绘制质控图等办法来解决室内的质量控制，但却忽视了监测信息的代表性，监测目标的设计，技术路线制定、布点、采样，样品保存与运输，样品交接等各环节的室外质量保证。实际上若是不具有代表性的监测，室内分析的数据再准确也没有价值。

（二）产地安全保障

农产品安全是健康的需要。健康重于泰山，生命高于一切，农产品是否安全直接关系到人们的身体健康。农产品安全是现代农业发展的基本目标。我国农业发展目标是"高产、优质、高效、生态、安全"。增加产地，必须以质量为前提。农产品安全是提升农产品竞争力的首要任务。农产品安全是消费转型的必然要求，目前人们的基本生活消费正向保健、健康型消费转变。农产品安全是社会和谐稳定的需要。

我国农产品产地安全目前主要有4个方面的问题：资源缩减与衰退、生态破坏与生态平衡失调、环境污染和相关全球环境问题。有关产地安全研究的热点问题主要有：耕地缩减、退化与污染；水资源匮乏、污染及富营养化；水土流失与江河湖库淤积；森林面积减小与生态平衡失调；生物多样性缩减与遗传资源丧失；外来生物入侵；草地退化；工业"三废"污染；酸雨；电子垃圾；核污染；城市生活污水和垃圾污染；农药、化肥、兽药、抗生素、调节剂；农产品（食品）污染超标；转基因食物安全；环境污染与人体健康；塑料薄膜污染；秸秆焚烧；全球气候变化和大气臭氧层保护；海洋环境保护；自然灾害等，其中土壤污染是研究的重中之重。

农产品产地主要污染区域有工矿企业周边农区，此类区域污染物种类少，但超标高。大中城市郊区，此类区域污染物种类多，但超标低。污水灌区，此类区域污染物种类、超标程度因水污染程度和污灌时间而异。集约化农区，此类区域污染程度上升较快，应引起高度关注。产地环境污染特点主要包括一是来源不可（难）控制，农产品产地是一个开放的系统，污染来源不可（难）控制。二是种类复杂性，污染物的种类比较多，具有复杂性。三是危害持久性，一些污染物很难自然降解，会造成长期危害。四是减消艰难性，重金属处理技术、经济成本较高，农业污染具有高度分散性、随机性、难以控制。五是伤害滞后性，有些污染所造成的危害在短时间内很难发现，因此不易引起人们的重视。六是识别隐蔽性，些许污染物没有相当的技术手段与检测手段是不容易辨别的。

（三）风险预警

我国农产品生产已经基本结束了供给不足的短缺局面，农产品已经由卖方市场转向买方市场。供求态势的变化，导致市场竞争日益激烈，市场风险不断出现。加入世界贸易组织后，农产品生产者则面临更大的农产品市场风险。农产品市场风险既包括损失的不确定性，也包括获利的不确定性，这一风险类的管理主要靠提高管理水平来化解。为此，需要引入新的管理理念、管理手段和管理方法，以实现农产品市场风险管理的创新，研究农产品市场风险预警管理是搞好农产品市场风险管理、缩短农产品供求宏观调控时滞以及稳定和提高农民收入的需要。

尽管我国农产品质量安全的风险防控建设已启动，然而农产品生产过程涉及的风险警源复杂，既受生态环境、生产资料的安全性影响，也与农户的自身禀赋相关，加之我国地域辽阔，不同地区、不同产品的风险预警体系建设的同时，加大农产品质量安全的风险预警体系建设，不仅是农产品质量安全的保障需要，也是食品源头污染控制的需要。农产品质量安全的风险主要产生于生产（养殖、种植）环节，过程控制需要抓住关键控制点，采取危害分析和关键控点（HACCP）的管理理念，切实摸清农产品风险点，是预警防控的根本。狠抓源头治理和强化末端约束，能够为农产品质量安全风险管控实现"双保险"。源头治理主要是杜绝不合格农资和假冒伪劣农资进入生产环节。严厉打击销售假冒伪劣农药、兽药的行为，加大买卖双方的违法行为惩处力度，对高毒剧毒农药实行以乡镇为基础的定点销售制度，经营者必须具有相关销售许可证，并对购药者进行详细登记，建立销售档案，实现高毒剧毒农药的市场可追溯。末端约束主要是强化农产品的残留检测及市场准入关。在农产品主产区建立风险监测调查点，及时通报预警信息，实行农产品残留必检制度，对于质量不合格、农药残留超标的农产品，杜绝进入市场，开展"技术部门 + 农户（专业合作社）+ 超市"模式，与农产品生产者和城镇超市共同协作，实施了"无污染农产品"产销一体化。

二、农资质量安全追溯系统

随着经济社会的快速发展，农资市场呈现供需两旺、品种丰富、地域广阔的特点，而农资进销渠道混乱、产品质量良莠不齐的问题仍然不同程度地存在，对工商部门的监管工作提出了新的要求和挑战。

有统计数据显示，以种子、化肥、农药、农机具四大品类为代表的农资行业市场空间约为 2 万亿元。然而，如此庞大的农资市场却一直因为缺少市场准则以及行业标准而被诟病。在传统农资销售过程中，中间代理环节多、渠道利益链条长，一方面农民抱怨农资产品贵，一方面农资企业还认为，销售利润较低，双方长期处于信息不对称的状态。

农资溯源管理系统是基于识别技术有针对性的开发的系统，以确保企业快速、准确、实时采集到质量信息，从而可以实现对食品的全生命周期的追踪管理。确保农药"身份证"覆盖在每一瓶农药、每一包化肥、每一斤种子中，并可以安全无害、"行迹"可查。比如说，农民买了一瓶农药，这瓶药的所有信息都会在系统中产生记录，包括生产厂家、经销商、零售商和购买者，如果出了问题，责任主体一目了然，谁都跑不了。

（一）什么是农资溯源管理系统

农资是农业生产不可缺少的生产资料，直接关系着农产品的质量安全，直接影响农民的切身利益。因此,强化农资市场监管,保障农资商品质量安全,对实现粮食增产、农民增收,维护农村和谐稳定,至关重要。

农资溯源管理系统将所有产品的小销售单元赋的监管码,以一二维条码和数码混合的方式体现,在生产过程进行赋码,农资溯源管理系统通过监管码记录每件产品的生产日期、批号及原料来源、质监报告等生产相关信息,使用数据库进行储存。产品在出入库时将监管码激活,并上传到监管平台,在流通过程中通过扫描、电话、录入监管码方式查询生产日期、保质期、商品真伪、销售去向等信息,当出现质量问题时,可以根据监管码带有的生产信息追查原因,还可以根据监管码对应的发货信息检查市场是否有窜货现象等功能。明确适当的质量控制点进行实时快速采集质量信息,并快速反馈,保证整个生产、流通过程符合产品质量标准。

(二)农资溯源管理系统的优势

通过农资溯源管理系统,农资执法监管部门可对农资生产经营主体和产品进行网上适时审核和监管;农资生产经营公司可及时地了解农资产品的合法性,并能迅速查询公司内部农资产品的进、销、存情况;普通用户可根据产品分类、关键词等搜索农资生产经营公司和农资产品的相关信息。该系统使农资产品真正实现可追溯、可召回,从源头保障了农产品质量安全,维护了消费者权益。

农资溯源管理系统的优势具体体现在:第一,农资溯源管理系统能保证农产品的可追溯性;第二,农资溯源管理系统能提高生产企业管理效率,减轻农产品管理工作强度;第三,农资溯源管理系统运用信息化技术实时监控农产品库存信息;第四,农资溯源管理系统进一步规范农产品防窜货管理流程;第五,农资溯源管理系统提升农产品市场销售,与消费者互动。

(三)农资溯源管理系统的价值

农资产品监管的信息化程度与食品安全监管相比,有较大差距。例如目前预包装食品大都有条形码,通过查询条形码,就可及时了解食品相关信息,但农资产品绝大多数没有条形码(或识别码),仍然需要监管人员通过查询进销货单据,以现场人工比对的方式,实现溯源监管,耗时力。要实现农资商品"每一品种、每一批次、每一环节"精确追溯监管的目标,应把监管系统的建设重点,放在建立农资商品目录库和农资商品识别码这两个方面。第一,建立完备的农资商品目录库。为解决目前农资产品品种繁多、含量不一、规格不同的情况,需要建立一个至少覆盖全省的农资商品目录库,这个数据库由两部分构成:一部分是农资商品基本信息。主要包含农资商品的名称、类别、规格、保质期、商标、生产企业和产品外包装图片等基本信息。另一部分是农资商品对应的票证信息。主要包括生产企业营业执照、生产许可证和相关批次农资商品的质量检验报告等图片文件。票证信息主要由一级批发商(指从厂家直接购买或者从外省经销商处购买农资的批发企业),对应农资商品目录库中的农资商品进行上传,并由工商所工作人员进行审核,审核通过票证,系统会导入目录库中,并在全省范围内实现共享。下级经销商在购进相应批次农资商品前，可登录系统查询、下载上级供货商的经营资格证明（从农资监管系统的农资经营主体数据库中查询）和农资商品的票证信息。如果系统无法查询到对应批次农资商品的票证信息，下级经销商应要求上级供货商及时上传相关票证，并且在核实相关票证审核通过后，方能进货。工商执法人员在日常监管中，可将现场检查情况与经销商进出货单据以及系统信息进行比对，对未依法履行索证索票制度的经销商进行督促或查处，以此形成倒逼机制，促使各级经销商，特别是一级批发商及时上传票证，从而在全省范围内实现票证共享。

第二，建立齐全的农资商品流通识别码。针对农资商品大都没有条形码或二维码等识别码（以下简称农资商品流通识别码）的现状，可根据"对应农资商品目录库，按照产品批次赋予农资商品流通识别码"的监管思路，对于每一批次的农资商品形成可识别的特性，实现农资商品的精确追溯。农资商品流通识别码，由农资主体识别码、商品信息代码及商品批次信息三部分组成，初步设定17位（根据识别码的发展趋势，以后可以升级为存储信息更为丰富的二维码）。其中，农资主体识别码4位，由字母和数字组成，通过农资监管系统对应农资经营主体数据库自动生成，一户一码，具有唯一性；商品信息代码由7位数字组成，第一位数字代表农资监管分类，例如，1代表肥料、2代表农药、3代表种子、4代表农机具、5代表农膜，剩余6位为该类农资中具体产品的流水号，由农资监管系统对应农资商品录库的商品品种自动生成，一品一号，确保在全省范围内的唯一性（依据目前农资市场规模，初步设定了6位农资产品流水号，可涵盖99万种不同品种、规格、含量的农资商品）；商品批次信息由6位数字组成，对应该批次商品的生产日期（年、月、日各占两位），由一级农资批发商根据产品批次信息录入。17位数据的生成，可有效实现对农资商品相关信息的精确锁定。在日常监管工作中，监管人员只需运用移动巡查终端设备（如POS机）对条形码（或识别码）进行现场读取，即可对相关品种及批次农资商品的监管信息一目了然，做到精确查询，对于进一步提高监管效能大有裨益。

农资溯源管理系统的价值在于：第一，生产过程信息化管理，实现生产实时可视化；第二，农资溯源管理系统能提高物流作业效率，追踪每件产品的流向；第三，农资溯源管理系统能透明化管理产品流通过程，遇件产品的流向；第三，农资溯源管理系统能透明化管理产品流通过程，遇理防伪与信息防伪相结合，防伪与打假轻松实现；第五，仓库智能终端的应用，实现了仓库精细化管理及全程追溯。

三、农产品质量安全追溯体系

随着农产品贸易全球化的迅速发展，农产品质量安全已不仅涉及人类健康、生命安全，也关系到国家经济发展、社会稳定，随着消费者风险意识和自我保护意识的提高，农产品质量安全问题对社会经济发展所产生的负面影响的扩大以及世界贸易组织协议的作用，使得各国政府对农产品质量安全管理体系的构建和完善空前重视。研究我国农产品质量安全管理体系的建设，对于保障消费者身体健康，促进我国现代农业的发展，增加农民收入，提高农产品在国内外市场的竞争力等方面均具有十分重要的意义。

农产品质量安全追溯体系是针对食品安全而来的，简单地说就是产品从原辅料采购环节、产品生产环节、仓储环节、销售环节和服务环节的周期管理，也就是说市民购买一个产品后，通过扫描产品上的追溯条码，就能查到农产品的产地、上级批发商和下端零售商，一旦出现食品安全问题就可以快速逐级排查，为了消费者的菜篮子加上一道"安全锁"。

（一）我国的农产品质量安全管理体系

质量安全管理体系是指在质量方面指挥和控制组织的管理体系，通常包括制定质量安全方针、目标以及质量安全策划、质量安全控制、质量安全保证和质量安全改进等活动。实现质量安全管理的方针目标，有效地开展各项质量安全管理活动，必须建立相应的管理体系，这个体系就叫质量安全管理体系。农产品质量安全管理体系是一个涉及多部门、诸多控制环节的综合管理体系。当前，随着新形势的发展，我国的农产品质量安全管理体系已初步形成，包括农产品质量安全监测体系、安全法律法规体系、安全标准体系、安全认证体系和保障体系等。

我国农产品质量安全管理体系的研究起步较晚，这是由我国农业生产所处的阶段性决定的。20 世纪 90 年代前，我国农业生产的重点是提高农产品产量。进入 20 世纪 90 年代，我国农业生产进入新的发展阶段，实现了农产品供给由长期短缺到总量平衡、丰年有余的历史转变，农产品质量安全管理体系的研究才逐渐被重视。近年来农产品质量安全事故频发，使得对农产品质量安全管理体系的研究不断得到重视。

从发展脉络看，农产品质量安全管理体系的研究大致分为 4 个发展阶段，即农产品质量管理起步阶段、农业标准化阶段、农产品质量安全管理阶段和农产品质量安全体系初步构建阶段。在农产品质量管理起步阶段，主要研究提高农产品质量内涵和实质、提高农产品质量的意义、影响农产品质量的因素和提高农产品质量的方法等，这一时期的研究更多地从生产和技术角度出发，探讨提高农产品质量的途径，没有涉及农产品质量安全问题。在农业标准化阶段，研究主要围绕农业标准化的意义和作用、农业标准化与农业现代化、农业标准化与农业产业化以及农业标准的制定进行，也很少涉及农产品质量安全问题。在农产品质量安全管理阶段，研究者开始从影响农产品质量安全的各个环节入手，从全面质量管理和信息不对称理论入手，研究农产品市场上的质量信号的传导和提高农产品质量安全的基本原则和途径。

（二）完善农产品质量体系的对策建议

1. 健全国家的监管组织体系

无论是相对分散管理还是相对统一管理模式，都非常注重多部门之间在监管领域以及环节上的分工明确和协调一致。在我国，涉及农产品安全监管的机构也很多，目前对农产品安全的监督管理职责主要是按照监管环节划分，即一个监管环节由一个部门监管，以分段监管为主，品种监管为辅这种由处于同一权力水平的不同部门分段管理的管理模式，由于缺乏相互沟通与衔接，加之各部门执行各自的部门法规，难以满足人们对农产品质量监管的要求。尤其食品药品部门的监管权威性不够，其他部门的管理职能交叉、管理缺位、职责不清和政出多门的问题长期没有得到有效解决。因此，必须进一步理顺农产品安全监管职能，明确责任，将现行的"分段监管为主、品种监管为辅"的模式逐渐向"品种监管为主、分段监管为辅"的模式转变，形成以农业部门和食品药品监管部门为主，其他部门履行相关职责并且加强相互配合的"分工明确、协调一致"监管组织体系。

2. 完善质量标准体系

完善的农产品安全质量标准体系，是保证农产品质量，提高农产品安全，参与国际竞争的基础性条件。目前，我国农产品安全质量的相关标准由国家、行业、地方和企业等四个等级的标准构成，而且都为强制性标准。在标准化监管方面，这些年有较大的改进，企业农产品安全水平明显提高。政府有关部门应借鉴国外发达国家在这方面的经验，分析国际农产品安全质量标准体系，加紧研究和制定适合我国的农产品安全质量标准体系，包括农产品本身的标准，加工操作规程等各项标准，以及标准体系的协调和统一。建立科学、统一、易于实际操作的农产品安全质量标准体系是解决当前农产品市场秩序、改善本产品安全质量的前提，同时也便于与世界接轨。

3. 规范检测检验体系

建立合理的农产品检测体系是有效控制农产品质量安全的关键。规范合理的检测体系需要制定农业加工业检测标准，完善农产品供应链各环节的检测，建立并且完善农产品各级检测体系的管理，开展检验检测技术科学研究。此外要提高认识，科学定位监测体系，合理规划，发挥监测体系作用，创新机制，拓展监测服务领域，增加投入，提高监测能力水平以及加强培训，提高监测队伍素质。

4. 严格质量认证体系

遵守国际通用规则，因地制宜地制定适合本国的农产品质量安全管理与技术政策；严格源头治理、过程控制、全程服务农产品生产者是农产品质量安全管理的重点；满足消费需求，降低生产成本，提高生产效益是农产品质量安全管理的目的。在认证制度上，要不断完善农产品认证法律法规建设，强化制度保障；借鉴多元化农产品认证制度，实施强制性农产品认证；坚持政府推动为主，加大了财政投入力度；积极签订多边互认协议。

5. 完善法律法规体系

我国虽然制定了一系列有关农产品安全的法律，如《中华人民共和国食品卫生法》《中华人民共和国产品质量法》《中华人民共和国消费者权益保护法》《中华人民共和国农产品质量安全法》等，但缺乏一个统一、完整的法律体系，已不能适应当前农产品安全形势的要求，这直接影响到监管措施的实施，也和国际农产品质量安全方面的法律法规体系差距甚远。所以要加强与国际农产品法典委员会（CAC）的合作与交流，明确各政府部门、农产品生产企业在农产品安全方面承担的义务和责任，明确农产品生产者、加工者是农产品安全的第一责任人，政府各部门通过对农产品生产者、加工者的监管，监督企业按照农产品安全法规进行农产品生产，并且在必要时采取制裁措施，最大限度地减少农产品安全风险，把农产品卫生提升到农产品安全的高度。

第二节　电子政务提升农业管理能力

一、农村土地流转公共服务平台

（一）农村土地流转的概述

农村土地流转是指农村家庭承包的土地通过合法的形式，保留承包权，将经营权转让给其他农户或其他经济组织的行为。农村土地流转是农村经济发展到一定阶段的产物，通过土地流转，可以开展规模化、集约化、现代化的农业经营模式。农村土地流转其实指的是土地使用权流转，土地使用权流转的含义，是指拥有土地承包经营权的农户将土地经营权（使用权）转让给其他农户或经济组织，即保留承包权，转让使用权。我国现实的农地制度是农地所有权归村集体所有，经营权与承包权归农户。基本公共服务是指建立在一定社会共识基础上，由政府根据经济社会发展阶段和总体水平来提供，旨在保障个人生存权和发展权所需要的最基本社会条件的公共服务。主要包括四大部分：底线生存服务，如就业、社会保障等；基本发展服务，如教育、医疗等；基本环境服务，如交通、通信等；基本安全服务，如国防安全、消费安全等。农民工基本公共服务均等化就是维护农民工的基本权益，这包括了平等的政治权利、平等地参与经济与发展成果分享权。

（二）农村土地流转存在的问题

目前，我国农村土地流转总体是平稳健康的。但必须看到，随着土地承包经营权流转规模扩大、速度加快、流转对象和利益关系日趋多元，也出现了违背农民意愿强行流转、侵害农民土地承包权益、改变土地用途出现"非农化"和"非粮化"以及流转不规范引发纠纷等问题。

1. 土地流转规模比较小，流转效益不高

影响土地流转规模与效益的主要问题在于需求的规模化和交易的零散性之间的矛盾。一些农业龙头加工企业和种植大户需要大块土地搞规模经营，而挂牌交易的基本上是零散土地，大块土地少之又少。土地在小户之间流动得多，向大户流动形成规模经营得少。由于土地流转规模较小，流转期较短，集中程度不高，耕地进行规模经营、实施机械化作业的效果难以凸显。流转期短也会助长租种农户的掠夺性生产经营，造成土地肥力难以为继。

农地市场价值并未体现，流转收益偏低。农村土地流转中，流转租金的定价，地区差异性很大，取决于双方协商。短期流转的土地主要以实物支付为主，长期流转以现金支付为主。

土地租金不断攀升。在农村税费改革前农民负担较重，粮价偏低，农户之间的土地流转往往是土地免费送给对方耕种，对方代交各种税费；随着农村改革的不断深入和中央支农政策力度的加大，土地收益也呈明显上升趋势。受到市场价格影响，为租金或转包费发生争议时有发生。

2. 农民对土地承包经营权流转认识模糊，积极性不够高

土地是农民最基本的生产资料，也是农民最基本的生活保障，尤其是在经济落后地区，农民对土地具有根深蒂固的依赖情结。有些农民担心土地流转对自身利益不利，担心土地流转后会丧失土地的承包权，失去生活的基本依靠，因而不敢大胆参与流转，宁肯免费将土地转给别人种，甚至抛荒也不愿流转给别人耕种，导致播荒、遗弃土地的现象不断增加。因为农村社会保障制度还没有完全建立起来，不能解决农民的后顾之忧，农民长期以来形成的对土地的依附性仍将长期存在，成为土地流转中流转不出去的一大现实问题。

3. 土地流转服务不够到位，流转信息渠道不畅

目前，大部分地区尚未形成统一规范的土地承包经营权流转市场，流转中介组织较少，缺乏土地承包经营权流转价格评估机构。一些地方尽管建立了流转中介组织，但服务滞后，市场运作机制尚未形成，限制着土地承包经营权流转。近年来，许多乡镇建立了土地流转服务中心，但是大都有名无实，只在农经部门挂挂牌子，作数字统计，真正充当流转服务媒介、履行服务职能，发挥中介效能的还不多。

二、农业电子政务平台

目前，农业和农村信息化建设是我国发展现代农业、乡村振兴工作中的一个热点，我国农业和农村信息化网络服务平台建设更是一个方兴未艾的新兴领域。虽然全国农业和农村信息化已走过十几年的路程，并且取得了一些可喜的成绩，但仍然处于初级阶段，离我国经济快速发展的要求和广大农民的需要还相差很大的距离。尤其是涉农信息资源开发利用，一直是我国农业和农村信息化的薄弱环节，区域涉农信息资源不能共享、信息资源配置不合理的问题十分突出。

在发展现代农业、乡村振兴的历史进程中，针对我国农业和农村信息化网络信息服务的现实需求，采用何种农村信息网络服务平台建设方案来整合和共享涉农信息资源，为涉农政府部门提供共享的电子政务平台、为涉农经济组织搭建安全可靠的电子商务平台和为农民群众创建综合信息共享服务平台，是当前农村信息化理论研究和实践的重点。

（一）农村电子政务的概述

电子政务是政府机构为了适应经济全球化与信息网络化的要求，自觉应用现代信息技术，将政务处理与政府服务的各项职能通过网络实现有机集成，并通过政府组织结构和工作流程的不断优化和创新，实现提高政府管理效率、精简政府管理机构、降低政府管理成本、改进政府服务水平等目标。我国是一个农业大国，农业是国民经济的基础，通过电子政务建设不仅可以促进农业经济的发展，还可为农业经济构建良好的发展平台。电子政务运用现代信息技术，将管理与服务通过信息化集成，在网络上实现政府组织结构和工作流程的优化重组，超越时间、空间与部门分割的限制，可以全方位地向社会提供优质、高效、规范、透明的服务，为行政决策提供充分的信息和数据支持。

在围绕服务三农，构建电子政务平台工作中做了一系列的探索和尝试。

首先，借助数字农业网络，建设政务公开平台。随着改革开放的深入，政府的职能也在改变，由过去的"管制型政府"向"服务型政府"转变。政府的职能主要是服务、管理和保障。近年来，政府围绕透明型机关建设，着手建设电子政务平台，力求把政府工作运作过程公布于众，可随时接受群众的监督。

其次，要加强廉政建设，构筑监督平台。网络能够使信息传递不受时空阻碍，因此政府门户网站正在成为公众参政议政、参与监督的主要窗口，在当前社会，加强政府部门的廉政建设，积极借助政府门户网站的作用，进行民主监督，是扩大公众民主参与的一种有效方式。近年来，我们结合农业工作实际，利用政府门户网站构筑监督平台，探索在新形势下公众监督的新途径。将农资信用、农经管理、农村财务、农村土地管理档案搬上农业网，建立透明、公正、查询快捷的监督平台，使政府机关和农村基层组织的各项工作置于群众严格的监督之中，有效地提高工作的透明度和工作效率，充分发挥网络在推行和实施公平、公正、廉洁政府中应有且不可替代作用。

再次，提高机关效能，推行办公自动化。政府部门办公自动化系统应以公文处理和机关事务管理（尤其以领导办公）为核心，同时提供信息通信与服务等重要功能。

最后，确保网络安全，强化内部管理。网络安全可靠是电子政务工程正常运转的关键。要认真贯彻落实国家、省、市关于电子政务网络安全的要求，按照积极防御、综合防范的方针，制定网络安全管理办法，建立了电子政务网络与信息安全保障及数据灾难备份体系。从硬件、软件两方面保证电子政务网络安全，管理上明确权限划分，重要内容和资料非管理员不能访问，保证网络安全运行。

（二）农业电子政务的特点

与传统政府的公共服务相比，电子政务除了具有广泛性、公开性、非排他性等公共物品属性外，还具有直接性、便捷性、低成本性及平等性等特征。

我国农业生产和农业管理的特点决定了我国非常有必要大力推进农业电子政务建设。我国与发达国家相比，在以市场为导向进行农业生产、农产品的竞争地位等方面还有相当大的差距。通过大力发展农业电子政务，农业生产经营者可以从农业信息网及时获得生产预测和农产品市场行情信息，从而可实现以市场需求为导向进行生产，增强了生产的目的性，提高了农产品的竞争地位。大力发展农业电子政务还可以从根本上弥补当前我国农业管理体制的不足，实现各涉农部门信息资源高度共享，共同为农业生产与农村经济发展服务。

（三）农业电子政务的应用

我国是农业大国，农村人口多，在地理分布上十分分散，人均耕地少，生产效率低，抗风险能力差，农产品在国际竞争中处于劣势地位。目前，我国农业正处于由传统农业向现代农业转变的时期，对信息的要求高，迫切要求农业生产服务部门能提供及时的指导信息和高效的服务。与传统农业相比，现代农业必须要立足于国情，以产业理论为指导，以持续发展为目标，以市场为导向，依靠信息体系的支撑，广泛应用计算机、网络技术，推动农业科学研究和技术创新，在大力发展农业电子商务的同时，还应发展农业电子政务，以推动农产品营销方式的变革。

三、理论基础

随着信息技术的高速发展，电子政务现已成为现代信息技术中最重要、最普遍的应用之一，成为信息化时代政务工作的新方式，展示了农业特性化管理的新途径，破解农村管理难题的新手段。

（一）电子政务是信息化时代政务工作的新方式

电子政务的出现促使政务流程发生改变，权利再分配，对于传统的政务产生了巨大的影响。

电子政务使政府办公效率明显提高，管理成本显著下降。电子政务的出现提高了办公效率，节约了政府办公费用的开支。政府通过办公网络直接与公众沟通，及时收集意见，有效提高了政府的反馈速度，降低了政府的管理成本。

电子政务使政府运作公开透明，工作流程优化，服务功能增强。电子政务的出现在一定程度上遏制腐败行为的发生，改变人治大于法治的现象，提升了公众对政府的有效监督；电子政务优化了政府工作流程，促使政府机构精简合理，有利于解决职能交叉、审批繁琐等问题；电子政务推动传统政府由管理型向服务型转变，政府职能由管理控制转向宏观指导。

电子政务使政府信息资源利用充分合理。电子政务的出现使得政府各类信息资源能够共享互联、统筹管理和综合利用，避免资源闲置、重复与浪费。电子政务共享的信息资源更易存储、检索和传播，共享的范围和数量更大，有效支持政府的决策。

电子政务使政府监管能力提升，管理范围增广。电子政务的出现实现快速、跨地域、大规模的远程数据采集和分析，实现跨地域信息的集中管理和及时响应，增强了政府的监管能力。

（二）电子政务是展示农业特性化管理的新途径

我国农业生产和农业管理类型多，差别大，在以市场为导向进行农业生产、农产品的竞争地位等方面还存在不足。通过发展农业电子政务平台，使农业生产者、经营者可及时获取相关信息，使得生产经营更有有效性，更有竞争力。

推进农业电子政务，是引导农业产业结构调整的重要措施。电子政务引导农业和农村经济结构战略性调整，加强农产品市场价格、供求等各类信息的采集、处理、发布，打通信息传播渠道，有助于增强广大农户和企业获取信息和应用信息的能力，优化生产结构，避免生产经营的盲目性和趋同性，提高经济效益，促进了农民增收。

推进农业电子政务，是发展现代农业的必由之路。我国幅员辽阔，地区间差异较大。发展现代农业应从资源与市场两个基点出发，发挥农产品区域和产业布局优势，强化市场在农业资源配置中的作用。广泛使用农业电子政务，依靠信息体系的支撑，利用计算机和网络技术，立足于国情，以产业理论为指导，用持续发展为目标，以市场为导向，推动农业科学研究和技术创新，助推农产品营销方式的变革。

（三）电子政务是破解农村管理难题的新手段

当前，农村信息基础设施不完善，信息资源不透明，定位服务缺乏导向，且由于农民居住分散容易造成管理真空，电子政务为解决这些难题提供了新手段。

电子政务有助于促进农村公平管理。电子政务增强政府公共信息的透明度和公开性，农民可以很方便地了解基层政府的工作，可以提供自己的意见；基层政府也可以及时真实听取农民群众的意见和建议，不断修正和完善农村发展规划，既保证决策的科学性和正确性，又调动广大农民群众参与社会主义新农村建设的热情。

电子政务有助于推动农村文明建设。电子政务让农民可以及时、准确地了解政府各项政策法规，同时可以学习先进文化及相关科学技术，既丰富了农民的文化生活及农业知识，又培养了农民积极向上的心态，使农民更自信，使农村风气正、干劲足、人心齐。

电子政务有助于提高基层行政效率。电子政务促使政府削减不必要的机构，理清人员职责，提高政府行政效率。政务使用电子政务进行无纸化办公，加快了业务办理速度，降低了机构和人员成本，减少了传统办公设备人员的费用，成为了连接基层政府之间的桥梁，有助于实现资源共享和农村资源整合。

四、工作实践

我国大力推进政务信息化，实施"金农工程"引领信息化深入农业管理，应用农业应急管理系统提高抗灾减灾效能，建设农业电子政务平台提升管理水平，采用多种管理"系统"助推政府管理高效准确，推动了电子政务的发展。

（一）"金农工程"实施改进了农业管理方式

"金农工程"是20世纪90年代中期在"国家经济信息化联席会议"第三次会议

上提出的，目的是加速和推进农业和农村信息化，建立"农业综合管理和服务信息系统"。

"金农工程"按照建设社会主义新农村的要求，加强农业电子政务建设，建立并完善农业农村经济监测管理服务信息系统，增强农业部门的经济调节和市场监管能力，建立适用于我国农村的大型公共信息服务系统，巩固扩大各级政府农业农村信息化的工作成果，加强农业部门内部信息整合，推进跨部门农业信息共享和业务协同，提高农业信息资源开发利用水平，消除"信息孤岛"现象，进一步提高农村网络覆盖率，建设一支素质较高的信息研发、管理、服务队伍，推进了普遍服务，以便于逐步缩小城乡"数字鸿沟"。

"金农工程"以服务为目的，以应用系统建设为核心，以信息资源开发、整合为基础，以国家电子政务网络为支撑，发挥国家农业综合门户系统的对外窗口和对内桥梁作用，建设具有农业农村特色的网络延伸系统。

"金农工程"建设的主要内容是构建三类应用系统，开发两类信息资源，强化一个服务网络。即建设农业监测预警系统、农产品与生产资料市场监管信息系统、农村市场与科技信息服务系统开发整合国内、国际农业信息资源建设延伸到县乡的全国农村信息服务网络。具体建设主要包括：建设国家农业数据中心、农业科技数据分中心以及国家粮食流通数据中心，并且在省级农业部门和粮食部门建立数据中心，通过两级数据中心的建设，形成立体的、成规模的信息资源存储、备份、处理及交互的场所。

（二）应用农业应急管理系统提高了抗灾减灾效能

当前，我国已进入信息化推动农业现代化的新时期。充分利用信息技术完善应急管理手段，提升应急管理能力水平，提高抗灾减灾效能，成为改进和加强农业应急管理的当务之急、保障和推动现代农业发展的现实需要。

政府落实国家应急管理总体部署。自"非典"疫情应急处置以来，党中央、国务院高度重视应急管理，出台了一系列法律法规和规范性文件，初步形成了应急管理的制度框架和政策体系，从应急管理的组织机构、预案体系、运行机制、队伍建设、平台体系建设及信息共享等方面，对我国应急管理信息化建设提出了明确要求。近几年，我国也十分重视农业应急管理。农业农村部发布了《关于进一步加强农业应急管理工作的意见》；《农业应急管理信息化建设总体规划》等相关文件，全面部署进一步加强农业应急管理工作，着力推进农业应急管理信息化建设。但农业应急管理信息化建设总体水平与国家法律、法规及政策要求相比，与公安、安监、气象等行业部门应急管理信息化建设水平相比，无论在应急管理理念和管理方式上，还是在基础设施建设、人员力量配备等方面，都存在着差距，需要进一步加强农业应急管理信息化建设。

农业应急管理推进农业现代化建设。为推进我国农业现代化，就需用现代物质条件装备农业，用现代科学技术改造农业，用现代经营方式管理农业，不断提高农业信息化水平。农业应急管理信息化建设是农业信息化的重要组成内容，是推进现代农业发展的重要手段，加快农业应急管理信息化建设，全面提升农业应急管理能力，最大限度地减少自然灾害和重大突发事件给农业造成的损失，为农业现代化发展保驾护航。

各级农业部门高度重视农业应急管理，围绕农业重大突发事件做了大量工作，取得了较好成绩。21世纪初期，农业农村部挂牌成立"应急管理办公室"，统筹负责农业应急管理工作。各级农业部门也结合本地实际，不断加强应急管理工作。农业农村部先后出台了《国家突发重大动物疫情应急预案》、《农业重大自然灾害突发事件应急预案》、《全国草原火灾应急预案》、《渔业船舶水上安全突发事件应急预案》等16项预案，并加强了与国务院办公厅、水利部、卫计委、民政部、国家林业和草原局、国家气象局及国家地震局等相关部门相关应急预案的衔接，为及时、有效应对农业突发公共事件提供了科学依据。各级农业部门不断加强农业应急管理的值守、监测、预测、预警、预报、会商、处置、灾后恢复等相关机制建设，在农业重大自然灾害、重大动物疫病、草原火灾、农机作业安全、渔业船舶水上安全等方面，实行了24小时值班、应急信息快速报送、应急处置省省协同等制度。在应急信息采集网络方面也逐步拓展，全国已建立500多个农情基点县，2800多个县（区）实现动物疫情报告联网，建立了热带气旋和海浪海啸风暴潮信息共享和实时通报制度。

（三）建设农业电子政务平台提升了管理水平

电子政务平台为政府部门按需提供资源，是一系列电子政务服务和信息的集合，能够让政府统一调动，提升了管理水平。

电子政务体系可以分为电子政务核心服务层、电子政务服务管理层、通信网网络层。电子政务核心服务层主要包括电子政务基础设施服务、电子政务平台服务和电子政务软件服务三层。电子政务服务管理层主要包括政务质量管理和安全管理等，保障电子政务核心服务的可靠性、安全性等。通信网网络层主要为用户提供网络接入服务，实现访问，用户通过通信网网络层连接政府的云平台获取了所需要的服务，保障通信的畅通和信息的对称。

在电子政务中引用云计算，将电子政务信息进行统一整合。电子政务将分布在不同地理位置的信息资源集中统一在"云"中，建立统一远程的访问接口界面或者访问端口，有效地将各项信息资源整合在一起，有利于信息共享。各种分散的信息资源通过云计算集成为电子政务数据库，最终整合成为统一的数据中心，有效地减少电子政务建设费用和维护费用，节约政府财务负担。各个政府部门可以通过"云"资源获取自己需要的信息资源和服务，用户也可以按需访问和索取，节约成本，有效地避免资源浪费等现象。

电子政务平台促使电子政务形成统一服务器集群。电子政务平台将各级政府部门的服务器统一在数据仓库中，形成统一服务器集群，政务部门可以使用统一的平台，实现统一安全管理。电子政务平台也可以共享所有设备的安全防护能力和检测能力，主动对一些风险和隐患进行监测，并且主动地修复某些系统存在的漏洞，实现电子政务的主动安全防护，有效地提高电子政务的安全能力。

实现数据共享，信息畅通，交流无障碍。电子政务平台构建统一的内部数据库与内部信息交换平台，可使各个数据库中的数据充分共享，最大程度地提高政府内部的信息共享能力与信息交互能力，充分整合电子政务的内部资源，有效地解决电子政务中存在的"信息孤岛"与信息共享不畅等问题。

（四）多种管理"系统"应用助推了政府管理精准高效

电子政务所包含的内容极为广泛，几乎囊括传统政务的各方面。根据国际电子政务和我国电子政务近年来的发展实践，电子政务的模式可大致归纳为政府间电子政务模式、政府—商业机构间电子政务模式和政府—公民间电子政务模式三种模式。

1. 政府间电子政务模式

政府间的电子政务是上下级政府、不同地方政府、不同政府部门之间的电子政务。该模式包含了电子法律法规政策系统、电子公文系统、电子财政管理系统、电子培训系统、网络业绩评价系统、政府内部网络办公系统等。

电子法律法规政策系统。该系统对所有政府机构以及其工作人员提供现行有效的各项法律、法规、规章、行政命令和政策规范，实现资源共享，使政府工作人员能够快速方便地查找到开展工作所需的法律法规，提高工作效率，降低运行成本。

电子公文系统。该系统在保证信息安全的前提下在政府上下级、部门之间传送有关的政府公文，如报告、请示、批复、公告、通知、通报等等，使政务信息快捷地在政府间和政府内流转，提高政府公文处理速度。

电子财政管理系统。该系统向各级国家权力机构、审计部门和相关机构提供分级、分部门历年的政府财政预算及其执行情况，便于有关领导和部门及时掌握和监控财政状况。

电子培训系统。该系统对政府工作人员提供各种综合性和专业性的网络教育课程，以适应信息时代的需求，职员可以通过网络随时随地注册参加培训课程、接受培训、参加考试等。

网络业绩评价系统。该系统按照设定的任务目标、工作标准和完成情况，对政府各部门业绩进行科学的测量和评估。

政府内部网络办公系统。这个系统通过互联网络完成政府工作人员的许多事务性的工作，节约时间和费用，提高工作效率，如工作人员通过网络申请出差、请假、文件复制、使用办公设施和设备、下载政府机构经常使用的各类表格，报销出差费用等。

2. 政府—商业机构间电子政务模式

企业是国民经济发展的源动力，促进企业发展，提高企业的市场适应能力和国际竞争力是各级政府机构共同的责任。政府通过电子网络系统进行电子采购与招标，精简管理业务流程，提高办事效率，方便快捷地为企业提供各种信息、服务，减轻企业负担，促进企业发展。该模式包含了政府电子化采购与招标系统、电子化工商行政管理系统、电子税务系统、中小企业电子化服务、综合信息服务系统等。

电子化采购与招标系统。该系统通过网络公布政府采购与招标信息，为企业特别是中小企业参与政府采购提供必要的帮助，为了其提供政府采购的有关政策和程序，降低企业的交易成本，节约政府采购支出。

电子化工商行政管理系统。企业可通过该系统申请办理各种证件和执照，缩短办证周期，减轻企业负担，如企业营业执照的申请、受理、审核、发放、年检、登记项目变更、核销，统计证、土地和房产证、建筑许可证、环境评估报告等证件、执照和审批事项的办理。

电子税务系统。企业通过政府税务网络系统，在企业办公室就能完成税务登记、税务申报、税款划拨、查询税收公报、了解税收政策等业务，既方便了企业，也减少了政府的开支。

综合信息服务系统。政府将拥有的各种数据库信息对企业开放，方便企业利用。如法律法规规章政策数据库，政府经济白皮书，国际贸易统计资料等信息。

3. 政府—公民间电子政务模式

政府—公民间的电子政务模式是政府通过电子网络系统为公众提供各种服务，包含了电子信息服务、电子就业服务、电子教育与培训服务等。

电子信息服务。公众通过互联网可以快速方便地了解政府的工作动态及与自身利益有关的信息，政府通过在线评论和意见反馈可及时了解公众对政府工作的意见，改进政府工作。

电子就业服务。通过互联网向公众提供工作机会和就业培训，促进就业，提供与就业有关的工作职位缺口数据库和求职数据库信息，为农业求职者提供网上就业培训，就业形势分析，指导就业方向。

电子教育与培训服务。建立全国性的教育平台，并且资助学校和图书馆接入互联网和政府教育平台、政府出资购买教育资源然后对学校和学生提供，重点加强对信息技术能力的教育和培训，以适应信息时代的挑战。

农业农村部网站开通"全国农业办事查询服务"窗口，进一步贯彻落实国务院办公厅有关推动政务服务事项办理由实体政务大厅向网上办事大厅延伸，提升公开信息的集中度，方便公众获取的工作要求，农业农村部整合汇聚部本级"在线办事"和全国所有省级农业行政部门共1900多项行政审批服务事项，率先建设了全国统一的"一站式"网上农业办事查询服务窗口。该窗口充分聚合利用现有农业政务服务公开信息资源，用户通过选择、查询等简单操作即可进入各地网上大厅办事，变"群众跑腿"为"信息跑路"，为社会公众拓展了政府信息服务资源的获取方式，将进一步打破信息孤岛，有力促进农业行政部门在线服务效率与政务服务效能的提升。

五、应用成效

（一）电子政务推进了行政组织扁平化

电子政务精简了办公运作环节和程序，使得政府办公的层级降低，实现扁平化，提高政府的办公效率。

实行电子政务后，政府的行政组织结构产生较大的变化，表现为处于中间位置的管理层缩减，较大程度简化了行政运作的环节和程序。在传统方式下，群众的意见和建议，一般需要先经过信访部门处理，再经有关批示才能转到具体职能部门，最后将办理结果反馈，在这一过程中需要经过许多环节与程序。通过信息网络、电子政务平台，公众可以采用交互式的方式，直接将意见、建议反映到有关职能部门，并且可以与职能部门一起共同落实解决。以往人们到政府部门办事，须到各部门的所在地去，如果涉及各个不同部门，要盖不同的章，十分麻烦。实行电子政务后，虽然有些手续仍然需要有实物证明，但可以建立一个文件资料电子化中心，把各种证明或文件电子化。如果是涉及不同部门的文件，可以在此中心备案以后，其他各部门都以此为参照传送办理，这样可以节省人们大量的时间和精力，提高办事效率。

从政府内部的管理层面来看，在传统政务方式下，行政信息在上下各级政府的传递要经过繁琐的行政流程。而电子政务则突破了这种界限，上级的政令能够畅通抵达基层，基层的反馈也能迅速地向上传递，使得传统垂直组织中的中间层级信息传递功能被网络所替代，消除了信息源与决策层之间的人为阻隔，使信息传递迅速、及时，有利于避免在信息传递过程中引起的信息失真。在同级政府之间，地理边界和人为的本位观念的限制也会减少，政府内部能实现统一高效的指挥和管理。显然，信息技术在政务中的应用，将优化行政管理的组织结构，提高了信息传递的速度和效率，大大减少行政运作成本。

（二）电子政务推动了管理公开透明

电子政务公开了政府的机构、职能、办事程序等，提高了工作的透明度。

在传统的行政体制下，由于信息传递工具的局限和信息传递渠道中的障碍，政府与公众之间、政府组织的上层与下层之间在信息的拥有上具有不对称性。电子政务通过网络和其他信息技术手段，使得公众和社会组织能够更好地了解政府的运作过程，政府和社会组织的交流和沟通更为快速便捷。

实行电子政务后，可以让公众行使对政府工作的监督权利，有利于廉政与勤政建设，建立高效、透明、公开与法治化的政府。电子政务的实行将使更多的政府信息向社会公众公开，政府在制定政策、作出重大决策过程中，可以通过网络让公众参与，让公众发表意见，让公众提出建议。公众也可以通过信息网络监督政府的运作，了解政府的工作进程和工作业绩，从而对政府的工作作出比较准确的评价，达到改进政府工作的目的。在传统政务中，由于政府机构的某些人员掌握了某种独特的权利，十分容易产生腐败和徇私现象。而在电子政务中，通过网络和信息系统进行办公，减少了办公过程对人员的依赖性，缩短了政府和公众的距离，加强了政府的透明度和开放性，有效地抑制了传统政务中的腐败和徇私现象。

（三）电子政务促进了政府信息资源整合

电子政务整合了政府信息资源，推动了政府信息资源对社会的开放，发挥了其巨大的社会效益和经济效益。

电子政务使政府信息资源利用更充分、更合理。电子政务使得政府各类信息资源数据库能够互联共享，也使得这些资源得到统筹管理和综合利用，从而避免资源闲置、浪费和重复建设。通过电子政务共享的信息资源更易存储、检索和传播，共享的范围和数量也更大，可以更有效地支持政府的决策。

电子政务实现政府资源公开，让相关数据和资料得以充分共享，降低收集、传播成本，发挥其社会效益和经济效益，促进经济的发展。例如，把各城市所有注册公司单位的情况在网上公布，企业在进行商业交往的时候，通过互联网的查询，就可以方便迅速地了解到对方的资信情况，可以有效地避免商业诈骗活动，保护商业者的利益。

电子政务的发展促进了整个社会的电子化和信息化，促进了信息产业的发展。电子政务不仅为电子商务和企业信息化提供了良好的支持环境和对接方式，而且也成为电子商务的服务对象和客户。在这个意义上，电子政务工程将成为社会信息化水平的重要标志和国内信息产业和服务业发展的关键动力之一。

（四）电子政务提高了政府决策质量

电子政务的建立和发展，为政府决策科学化提供有力的工具，提高了决策质量。

在传统行政体制下，由于只有处于高层的人才能掌握足够的信息，公众既无了解信息的便利，也无参与决策的权力，决策权一定程度上成为特权。而且按照西蒙的有限理性学说，信息的有限性直接影响到决策的质量，传统行政体制下，由于靠经验决策和决策信息不全导致的决策失误非常普遍，整体的决策质量不高。

随着信息技术的运用，决策信息不全、决策参与范围小和决策周期长等弊端将得到有效的改善。信息的网络化传递、决策支持系统、专家辅助系统以及专业化的数据信息库的建立，支持和强化了决策过程，让决策所需要的信息来源更广，信息质量更高，从而大大改善了行政决策者的有限理性，提高公共决策的科学化水平；政府通过电子民意调查、电子投诉系统等多种方式，促进公众参政的兴趣，增加了决策的透明度和民主化程度；电子政务下新的流程设计将支持并强化决策过程，使决策程序化、规范化，缩短决策时间，提高决策的时效性，公众也可以通过网络及时了解政府相关决策的情况，参与、监督决策过程。

第三节　互联网助力农业质量安全管理

一、农产品质量安全概述

（一）农产品质量安全的含义

按照《中华人民共和国农产品质量安全法》中的定义当中，农产品质量安全是指农产品质量符合保障人的健康、安全的要求。安全意味着在生产过程、贮藏和运输、加工和销售等各个环节，各种有毒有害物质都得到了控制，农产品质量都达到了安全标准要求，不会给消费者本人、后代和环境造成危害和损失。狭义的安全仅仅指对消费者本人的健康而言，而广义的安全还应包括对后代、环境等方面的影响。无公害食品、绿色食品和有机食品是按照特定标准要求、采用特定方式生产出的质量安全的一类食用农产品。

发展无公害农业的目的之一，就通过生产无公害农产品，确保农产品的质量安全。保障农产品质量安全是维护公众健康，促进农业和农村经济发展的要求。

（二）农产品质量安全的潜在危害因素

对农产品质量安全可能造成直接或长期影响的危害因素主要如下：①农业种、养殖过程可能产生的危害，包括因投入品不合理使用造成的农药、兽药、渔药、添加剂等有毒有害物质残留污染，以及因产地环境造成的污染和汞、铅、铬、镉等重金属毒物和氟化物等非金属毒物污染。②农产品包装储运过程可能产生的危害，包括贮存过程中使用的保鲜剂、催熟剂和包装材料中有害化学物等产品的污染，以及流通渠道中导致的二次污染。③农产品自身的生长或发育过程当中产生的危害，如农产品本身的天然毒素就是目前农产品所面临的危害之一。④农业生产中新技术的应用产生的危害，主要可能是由于技术发展或物种变异而带来新的危害。

（三）加强农产品质量安全的意义

全面加强农产品质量安全工作，是新阶段农业发展的一个主要任务，也是农业结构调整的重要内容，具有重要意义。

1. 有利于保护资源和生态环境

加强农产品质量安全，有利于促进农业可持续发展，走出一条发展生产和保护环境相结合的新路子，引导农业生产方式的变革。开发安全农产品，有利于保护生态环境和合理利用土地资源。

2. 有利于满足城乡居民对高质量食物日益增长的需求

按照优势农产品区域布局，以标准化，规范化生产为基础，组织农民生产市场所需要的优质安全农产品，是新时期农业与农村工作的重大任务。无公害农产品、绿色食品、有机食品均已建立起一整套较完备的标准体系，可以实现"从土地到餐桌"全程质量控制。

3. 有利于拓展生产领域，拉长产业链条，促进农业产业化发展

以创新的制度设计为核心的安全农产品生产和认证管理是农业向深度和广度拓展的有效载体，通过产品认证，密切了产业上下游间的利益联结机制，提高了农民的组织化程度和农业整体素质，强化了基地与企业、企业与市场的关联度，拉长了产业链条，促进了农业增效，带动了农民增收，所以，农产品质量认证是农业产业化经营的良好载体。

4. 有利于农业结构调整和新时期农业管理方式的变革

农业结构调整的核心是大幅度提高农产品质量，增加市场份额，促进农民增收。保障安全是对农产品质量的最低要求。

5. 有利于冲破"绿色壁垒"，扩大农产品出路，提升我国农产品国际竞争力

保证和加强农产品质量安全是适应经济全球化趋势，扩大农产品出口的当务之急。"入世"后，如何使我国的农产品在出口中适应遇到的越来越多的技术性贸易壁垒协定，在世界上占据应有的位置，是摆在我们面前刻不容缓的问题，然而解决这个问题的关键是提高农产品的质量安全水平。

二、农产品认证

认证是指由认证机构证明产品、服务、管理体系符合相关技术规范、相关技术规范的强制性要求或者标准的合格评定活动。农产品认证是随着农产品生产、消费水平的提高和市场需求的变化而产生和发展的。当前，我国农产品认证主要以无公害农产品认证、绿色食品认证和有机产品认证为主。

（一）无公害农产品认证

无公害农产品侧重于解决由于环境污染，农药、兽药、激素和添加剂的滥用造成的农产品中有害物质严重超标的"公害"问题，使农产品质量符合国家食品卫生标准，禁止使用对人体和环境造成危害的化学物质，如农药、兽药、渔药和饲料添加剂等。

1. 无公害农产品的法规和标准

为了突出无公害农产品标准的重要性，便于有关部门和社会各界对无公害农产品进行监督和管理，以及利于无公害农产品生产者、经营者和消费者识别标准，农业农村部在原有行业标准框架的基础上，单独设立了无公害农产品行业标准以及相应检测检验方法。除生产技术规范（包括饲养管理准则和加工技术规范）为推荐标准外，其他均为强制性标准。

为了全面提高农产品质量安全，搞好无公害农产品的质量控制，国家发布了《农产品安全质量标准》系列，包括《无公害蔬菜安全要求》《无公害水果安全要求》《无公害畜禽肉安全要求》《无公害水产安全要求》《无公害蔬菜产地环境安全要求》《无公害水果产地环境安全要求》《无公害畜禽肉产地环境安全要求》《无公害水产品产地环境要求》等。

这些法规和标准分别对无公害农产品的产地环境、生产过程和产品质量提出具体要求：对农药、化肥和兽药提出使用规范；对生产、加工过程提出监控措施，在保证产地环境安全的基础上保证农产品质量安全。

2. 无公害农产品认证

无公害农产品认证管理机关为农业农村部农产品质量安全中心。农业农村部农产品质量安全中心负责组织实施全国的无公害农产品认证工作。根据《无公害农产品管理办法》，无公害农产品认证分为产地认定和产品认证，产地认定由省级农业行政主管部门组织实施，产品认证由＝农产品质量安全中心组织实施，获得无公害农产品产地认定证书的产品方可申请产品认证。无公害农产品定位是保障基本安全、满足大众消费。无公害农产品认证是政府行为，认证不收费。

凡生产无公害产品目录内的产品，并且获得无公害农产品产地认定证书的单位和个人，均可申请产品认证。无公害农产品认证的一般程序是：申请产品认证的单位和个人（以下简称申请人），可以通过省、自治区、直辖市和计划单列市人民政府农业行政主管部门或者直接向农产品质量安全中心申请产品认证并提交材料，经过文审、现场检查（必要时）、产品抽样检验、全面评审、合格者颁发证书，证书的有效期是3年。无公害农产品认证具体程序如下：

第一，满足条件的单位和个人，可以直接向所在县及农产品质量安全工作机构（以下简称"工作机构"）提出无公害农产品产地认定和产品认证一体化申请，并提交以下材料：①《无公害农产品产地认定与产品认证（复查换证）申请书》。②国家法律法规规定申请者必须具备的资质证明文件（复印件）。③无公害农产品生产质量控制措施。④无公害农产品生产操作规程。⑤符合规定要求的《产地环境检验报告》和《产地环境现状评价报告》或者符合无公害农产品产地要求的《产地环境调查报告》。⑥符合规定要求的《产品检验报告》。⑦规定提交的其他相应材料。

申请产品扩项认证，可提交材料①④⑥和有效的无公害农产品产地认定证书。

申请复查换证，可提交材料①⑥⑦和原无公害农产品产地认定证书和无公害农产品认证证书复印件，其中材料⑥的要求按《无公害农产品认证复查换证有关问题的处理意见》执行。

第二，同一产地、同一生长周期、适用同一无公害食品标准生产的多种产品在申请认证时，检测产品抽样数量原则上采取按照申请产品数量开二次平方根（四舍五入取整）的方法确定，并按规定标准进行检测。申请之日前两年内部、省监督抽检质量安全不合格的产品应包含在检测产品抽样数量之内。

第三，县级工作机构自收到申请之日起10个工作日内，负责完成对申请人申请材料的形式审查。符合要求的，在《无公害农产品产地认定与产品认证报告》（以下简称《认证报告》）签署推荐意见，连同申请材料报送地级工作机构审查，不符合要求的，书面通知申请人整改、补充材料。

第四，地级工作机构自收到申请材料、县级工作机构推荐意见之日起15个工作日内，对全套申请材料进行符合性审查，符合要求的，在《认证报告》上签署审查意见（北京、天津、重庆等直辖市和计划单列市的地级工作合并到县级一起完成），报送省级工作机构。不符合要求的，书面告知县级工作机构通知申请人整改、补充材料。

第五，省级工作机构自收到申请材料及县、地两级工作机构推荐、审查意见之日起20个工作日内，应当组织或者委托地县两级有资质的检查员按照《无公害农产品认证现场检查工作程序》进行现场检查，完成了对整个认证申请的初审，并在《认证报告》上提出初审意见。

通过初审的，报请省级农业行政主管部门出具《无公害农产品产地认定与产品认证现场检查报告》并及时报送部门各业务对口分中心复审。

未通过初审的，书面告知地县级工作机构通知申请人整改、补充材料。

第六，本工作流程规范未对无公害农产品产地认定和产品认证做调整的内容，仍然按照原有无公害农产品产地认定与产品认证相应规定执行。

第七，农产品质量安全中心审核颁发无公害农产品证书前，申请人应当获得无公害农产品产地认定证书或者省工作机构出具的产地认定证明。

3. 无公害农产品标志及管理

（1）无公害农产品标志的基本图案

无公害农产品标志由绿色和橙色组成，其标志图案主要由麦穗、对钩和无公害农产品汉字组成，标志整体为绿色，其中麦穗与对钩为金色。绿色象征环保和安全，金色寓意成熟和丰收，麦穗代表农产品，对钩表示合格。标志图案直观、简洁、易于识别，含义通俗易懂。无公害农产品标志是由农业农村部和国家认监委联合制定并发布，是加施于获得全国统一无公害农产品认证的产品或者产品包装上的证明性标识。

（2）无公害农产品标志的使用

在经过无公害农产品产地认定的基础上，在该产地生产农产品的企业和个人，按要求组织材料，经过省级工作机构、农产品质量安全中心专业分中心、农产品质量安全中心的严格审查、评审，符合无公害农产品标准，同意颁发无公害农产品证书并许可加贴标志的农产品，才可以冠以"无公害农产品"称号。

（3）处罚规定

伪造、变造、盗用、冒用、买卖和转让无公害农产品标志以及违反《无公害农产品管理办法》规定的，按照国家有关法律法规的规定，予以行政处罚；构成犯罪的，依法追究其刑事责任。

从事无公害农产品标志管理的工作人员滥用职权、徇私舞弊、玩忽职守，由所在单位或者所在单位的上级行政主管部门给予行政处分；构成犯罪的，依法追究刑事责任。

4. 申请无公害农产品认证程序

申请人与当地农业部门联系—进行产地土壤、水、产品抽样检验—编写申请认证材料—进行现场检查—材料齐全之后报农产品质量安全中心审核—通过审核后订购无公害农产品标识—颁证。

首次申请无公害农产品认证需要的材料：①《无公害农产品产地认定与产品认证申请和审查报告》（简称《申请和审查报告》）。②国家法律法规规定申请人必须具备的资质证明文件（如营业执照、组织机构代码证、法人代表身份证）复印件。③无公害农产品内检员证书复印件。④无公害农产品生产质量控制措施（内容包括组织管理、投入品管理、卫生防疫、产品检测、产地保护等措施及技术操作规程）。⑤最近生产周期农业投入品（农药、肥料等）使用记录复印件。⑥《产地环境检验报告》及《产地环境现状评价报告》。⑦《产品检验报告》原件或复印件加盖检测机构印章（一品一检）。⑧《无公害农产品认证现场检查报告》原件（不能打印，一律手填）。此报告由市级以上农业部门填写。⑨无公害农产品认证信息登录表（电子版）。⑩其他要求提交的有关材料。

申请扩项认证无公害农产品需要的材料：①《无公害农产品产地认定与产品认证申请和审查报告》。②最近生产周期农业投入品（农药、肥料等）使用记录复印件。③无公害农产品产地认定证书及已获得的无公害农产品证书复印件。④《产品检验报告》原件或复印件加盖检测机构印章（一品一检）。⑤《无公害农产品认证现场检查报告》原件（不能打印，一律手填）。这个报告由市级以上农业部门填写。⑥无公害农产品认证信息登录表（电子版）。

申请无公害农产品复查换证需要的材料：①《无公害农产品产地认定与产品认证申请和审查报告》。②原无公害农产品产地认定证书和无公害农产品认证证书复印件。③《无公害农产品认证现场检查报告》原件（不能打印，一律手填）。此报告由市级以上农业部门填写。④产品质量稳定、安全的证明材料（如产品检验报告，或有效期内的产品监督抽检报告，或县、市农业部门证明）。⑤原证书有效期间的无公害农产品产地监督检查评价表（此报告由市级以上农业部门填写）。⑥无公害农产品认证信息登录表（电子版）。⑦其他需要提交的材料，如产品信息变化情况说明。

（二）绿色食品的认证

绿色食品在产地、生产规范以及产品等方面的标准都比无公害农产品高。绿色食品是指遵循可持续发展原则，按特定生产方式生产，经专门机构认定，许可使用绿色食品标志，无污染、安全、优质、营养类食品。

中国的绿色食品标准是由中国绿色食品发展中心组织制定的统一标准，根据标准不同将其分为 A 和 AA 级两个级别。A 级绿色食品的标准是参照发达国家食品卫生标准和联合国食品法典委员会的标准制定的，要求产地环境质量评价项目的综合污染指数不超过 1，在生产加工过程中，允许限量、限品种、限时间地使用安全的人工合成农药、兽药、渔药、肥料、饲料及食品添加剂。AA 级绿色食品的标准是根据国际有机农业运动联合会有机产品的基本原则，参照有关国家有机食品认证的标准，再结合中国的实际情况而制定的。要求产地环境质量评价项目的单项污染指数不得超过 1，生产过程中不得使用任何人工合成的化学物质，并且产品需要 3 年的过渡期。

1. 绿色食品标准

绿色食品标准以"从农田到餐桌"全程质量控制理念为核心，由以下四个部分构成，并且分为 A 级和 AA 级两个技术等级。

（1）绿色食品产地环境标准

绿色食品产地环境标准即《绿色食品产地环境技术条件》（NY/T391）。该标准规定了产地的空气质量标准、农田灌溉水质标准、渔业水质标准、畜禽养殖用水标准和土壤环境质量标准的各项指标以及浓度限值、监测和评价方法。提出了绿色食品产地土壤肥力分级和土壤质量综合评价方法。

① AA 级绿色食品环境质量标准。A 级绿色食品大气环境质量评价，采用国家大气环境质量标准（GB 3095—82）中所列的一级标准；农田灌溉水评价，采用国家农田灌溉水质标准（GB 5084—92）；养殖用水评价采用国家渔业水质标准（GB 11607—89）；加工用水评价采用生活饮用水质标准（GB 5749—85）；畜禽饮用水评价采用国家地面水质标准（GB 3838—88）中所列三类标准；土壤评价采用该土壤类型背景值（详见中国环境监测总站编《中国土壤环境背景值》）的算术平均值加两倍标准差。AA 级绿色食品产地的各项环境监测数据均不得超过有关标准。② A 级绿色食品环境质量标准。A 级绿色食品的环境质量评价标准与 AA 级绿色食品相同，但其评价方法采用综合污染指数法，绿色食品产地的大气、土壤及水等各项环境监测指标的综合污染指数均不得超过 1。

（2）绿色食品生产技术标准

绿色食品生产过程的控制是绿色食品质量控制的关键环节。绿色食品生产技术标准是绿色食品标准体系的核心，它包括了绿色食品生产资料使用准则和绿色食品生产技术操作规程两部分。

绿色食品生产资料使用准则是对绿色食品过程中物质投入的一个原则性规定，它包括生产绿色食品的农药、肥料、食品添加剂、饲料添加剂、兽药和水产养殖药的使用准则，对允许、限制和禁止使用的生产资料以及其使用方法、使用剂量、使用次数和休药期等做出了明确的规定。

绿色食品生产技术操作规程是以上述准则为依据，按作物种类、畜牧种类和不同农业区域的生产特性分别制定的，用于指导绿色食品生产活动，规范绿色食品生产技术的技术规定，包括农产品种植、畜禽饲养、水产养殖和食品加工等技术操作规程。

① AA 级绿色食品生产技术标准。AA 级绿色食品在生产过程中禁止使用任何有害化学合成肥料、化学农药及化学合成食品添加剂。其评价标准采用《绿色食品

添加剂使用准则》（NY/T 392—2000）、《生产绿色食品的农药使用准则》（NY/T 393—2000）、《生产绿色食品的肥料使用准则》（NY/T394—2000）及有关地区的《绿色食品生产操作规程》的相应条款。②A 级绿色食品生产技术标准。A 级绿色食品在生产过程中允许限量使用限定的化学合成物质，其评价标准采用《绿色食品添加剂使用准则》（NY/T 392—2000）、《生产绿色食品的农药使用准则》（NY/T393—2000）、《生产绿色食品的肥料使用准则》（NY/T 394-2000）以及有关地区的《绿色食品生产操作规程》的相应条款。

（3）绿色食品产品标准

绿色食品规定了食品的外观品质、营养品质和卫生品质等内容，但其卫生品质要求高于国家现行标准，主要表现在对农药残留和重金属的检测项目种类多、指标严。绿色食品安全卫生标准主要包括六六六、滴滴涕、敌敌畏、乐果、对硫磷、马拉硫磷、杀螟硫磷、倍硫磷等有机农药和砷、汞、铅、镉、铬、铜、锡、锰等有害金属、添加剂以及细菌三项指标，有些还增设了黄曲霉毒素、硝酸盐、亚硝酸盐、溶剂残留、兽药残留等检测项目。绿色食品加工的主要原料必须是来自绿色食品产地的、按绿色食品生产技术操作规程生产出来的产品。绿色食品产品标准反映了绿色食品生产、管理和质量控制的先进水平，突出了绿色食品产品无污染和安全的卫生品质。

（4）绿色食品包装、储藏运输标准

包装标准规定了进行绿色食品产品包装时应遵循的原则，包装材料选用的范围、种类、包装上的标示内容等。要求产品包装从原料、产品制造、使用、回收和废弃的整个过程都应有利于食品安全和环境保护，包括包装材料的安全、牢固性，节省资源、能源，减少或避免废弃物产生，易回收循环利用，可以降解等具体要求和内容。

2. 绿色食品认证

申请人必须是企业法人，社会团体、民间组织、政府和行政机构等不可作为绿色食品的申请人。同时，还要求申请人具备以下条件：①具备绿色食品生产的环境条件和技术条件。②生产具备一定规模，具有较完善的质量管理体系和较强的抗风险能力。③加工企业须生产经营一年以上方可受理申请。

有下列情况之一者，不能作为申请人：①与绿色食品发展中心和省绿色食品管理办公室有经济或其他利益关系的。②可能引致消费者对产品来源产生误解或不信任的，如批发市场、粮库等。③纯属商业性的企业（如百货大楼、超市等）。

绿色食品认证的程序：企业提交申请和相关材料，经过文审（必要时省绿色食品办公室到现场指导）、现场检查，同时安排环境质量现状调查和产品抽样，检查结果、环境检测和产品检测报告汇总后，合格者颁发证书。证书有效期是 3 年，具体认证程序如下：

（1）认证申请

申请人填写并向所在省绿色食品办公室（简称省绿办，下同）递交《绿色食品标志使用申请书》《企业及生产情况调查表》及材料：保证执行绿色食品标准和规范的声明、生产操作规程（种植规程、养殖规程、加工规程）、公司对"基地＋农户"的质量控制体系（包括合同、基地图、基地和农户清单、管理制度）、产品执行标准、产品注册商标文本（复印件）、企业营业执照（复印件）、企业质量管理手册和要求提供的其他材料（通过体系认证的，附证书复印件）。

（2）受理及文审

省绿办收到上述申请材料后，进行登记、编号，5个工作日内完成对申请认证材料的审查工作，并向申请人发出《文审意见通知单》，同时抄送中心认证处。申请认证材料不齐全的，要求申请人在收到《文审意见通知单》后10个工作日提交补充材料。申请认证材料不合格的，通知申请人本生长周期不再受理其申请。

（3）现场检查、产品抽样

省绿办应在《文审意见通知单》中明确现场检查计划，并在计划得到申请人确认后委派2名或2名以上检查员进行现场检查。检查员根据《绿色食品检查员工作手册(试行）》和《绿色食品产地环境质量现状调查技术规范（试行）》当中规定的有关项目进行逐项检查。现场检查和环境质量现状调查工作在5个工作日内完成，完成后5个工作日内向省绿办递交现场检查评估报告和环境质量现状调查报告及有关调查资料。现场检查合格，可以安排产品抽样，现场检查不合格，不安排产品抽样。

（4）环境监测

绿色食品产地环境质量现状调查由检查员在现场检查时同步完成。经调查确认，产地环境质量符合《绿色食品产地环境质量现状调查技术规范》规定的免测条件，免做环境监测。根据《绿色食品产地环境质量现状调查技术规范》的有关规定，经调查确认，必须进行环境监测的，省绿办自收到调查报告2个工作日内以书面形式通知绿色食品定点环境监测机构进行环境监测，同时将通知单抄送中心认证处。定点环境监测机构收到通知单后，在40个工作日内出具环境监测报告，连同填写的《绿色食品环境监测情况表》，直接报送到中心认证处，同时抄送省绿办。

（5）产品检测

绿色食品定点产品监测机构自收到样品、产品执行标准、《绿色食品产品抽样单》、检测费后，20个工作日内完成检测工作，出具产品检测报告，连同填写的《绿色食品产品检测情况表》，报送中心认证处，同时抄送省绿办。

（6）认证审核

省绿办收到检查员现场检查评估报告与环境质量现状调查报告后，3个工作日之内签署审查意见，并将认证申请材料、检查员现场检查评估报告、环境质量现状调查报告及《省绿办绿色食品认证情况表》等材料报送中心认证处。中心认证处收到省绿办报送材料、环境监测报告、产品检测报告及申请人直接寄送的《申请绿色食品认证基本情况调查表》后，进行登记、编号，在确认收到最后一份材料后2个工作日内下发受理通知书，书面通知申请人，并抄送省绿办。中心认证处组织审查人员及有关专家对上述材料进行审核，20个工作日内做出审核结论。审核结论为"有疑问，需现场检查"的，中心认证处在 2 个工作日内完成现场检查计划，书面通知申请人，并抄送省绿办。得到申请认证后，5 个工作日内派检查员再次进行现场检查。审核结论为"材料不完整或需要补充说明"的，中心认证处向申请人发送《绿色食品认证审核通知单》，同时抄送省绿办。申请人需在 20 个工作日内将补充材料报送中心认证处，并抄送省绿办。审核结论为"合格"或"不合格"的，中心认证处将认证材料、认证审核意见报送至绿色食品评审委员会。

（7）认证评审

绿色食品评审委员会自收到认证材料、认证处审核意见后 10 个工作日内进行全面评审，并做出认证终审认证。结论为"认证不合格"，评审委员会秘书处在做出终审结论 2 个工作日内，将《认证结论通知单》发送给申请人，并且抄送省绿办。木生长周期不再受理其申请。

（8）颁证

中心在 5 个工作日内将办证的有关文件寄送给"认证合格"的申请人，并抄送省绿办。申请人在 60 个工作日内与中心签订《绿色食品标志商标使用许可合同》。

3．绿色食品标志及管理

（1）绿色食品标志的基本图案

绿色食品标志用特定图形来表示。绿色食品标志图形由三部分构成：上方的太阳、下方的叶片和中心的落蕾，分别代表了生态环境、植物生长和生命的希望。标志图形为正圆形，意味着保护、安全。整个图形描绘了一幅明媚阳光照耀下的和谐生机，告诉人们绿色食品是出自纯净、良好生态环境的安全、无污染食品，能给人们带来无限的生命力。绿色食品标志还提醒人们要保护环境与防止污染，通过协调人与环境的关系，创造自然界新的和谐。

（2）标志管理

绿色食品标志作为特定的产品质量证明商标，已由中国绿色食品发展中心在国家工商行政管理局注册，绿色食品标志商标专用权受《中华人民共和国商标法》保护，这样既有利于约束和规范企业的经济行为，又有利于保护广大消费者的利益。获得绿色食品标志使用权的产品在使用时，须严格按照《绿色食品标志设计标准手册》的规范要求正确设计，并在中国绿色食品发展中心认定的单位印制。使用绿色食品标志的单位和个人须严格履行"绿色食品标志使用协议"。

中国绿色食品发展中心开展绿色食品认证和绿色食品标志许可工作，可以收取绿色食品认证费和标志使用费。绿色食品认证费由申请获得绿色食品标志使用许可的企业在申请时缴纳，具体收费标准按有关规定执行。绿色食品标志使用费由获得绿色食品标志使用许可的企业在每个绿色食品使用年度开始前缴纳，标志使用权有效期 3 年。收取认证费和标志使用费的有关事项，应在《绿色食品标志商标使用许可合同》中依照本办法的有关规定予以约定。未按规定缴纳认证费或标志使用费的，中国绿色食品发展中心可以对其做出不予或者终止绿色食品标志使用许可的处理。

三、农产品质量安全追溯

可追溯性标签记载了农产品的可读性标识，通过标签中的编码可方便地到农产品数据库中查找有关农产品的详细信息。通过可追溯性标签也可帮助企业确定产品的流向，便于对产品进行追踪和管理。

（一）电子式追溯管理

电子式追溯管理是以电子化信息为手段、检测合格为控制点、追溯码贯穿始终的农产品质量安全追溯管理体系，实现农产品质量电子信息的正向监控与逆向追溯，这也是具有杭州特色的追溯管理体系的重要组成部分。这种方法适用于散装的农产品，如蔬菜、水果、水产品、畜产品和茶叶等，可以采用二维码（一维码）信息进行追溯，也可采用芯片信息进行追溯。

采用二维码信息进行追溯，各地有不同的软件设计和应用，消费者可以利用自己的手机或ATM机或计算机查询。二维码可分为3种类型：一是采取计算机跟踪追溯；二是采用耳标信息追溯；三是采用防伪标志进行追溯。

（二）书写式追溯管理

利用纸质材料，用手工书写的方式传递产品信息，实现可追溯。这种方法是在没有电脑或电子信息系统的情况下使用，其优点是简便，缺点是纸质材料易破损甚至字迹不清。

首先，实行产地证明制度。产品出场有产地证明，写明业主、产地、产品合格性、出品时间、销售去向等可追溯信息。一般情况下，产地准出证明由生产者出具。

在此基础上，实行"一票通"管理。产品进入市场后，经营者按产地证明信息书写"三联单"，产品在流通过程中，"三联单"跟随直至消费者。实现追溯管理的基础是生产领域控制好农产品质量安全信息。

（三）包装式追溯管理

包装式追溯是指具有追溯功能的包装，即对每一个产品的外包装进行标记，且每一个产品标识都是唯一的，使标记和被追溯对象有一一对应关系，使用包装式追溯具有以下优点：①可追溯性包装能够识别直接供方的进料和终端产品的分销途径。②可追溯性包装具有唯一标识，其产品的个体和批次标识都就有唯一性。③通过可追溯性包装上的标识，可以了解到产品或者厂家相关信息，如地址、联系电话等。④企业可以通过可追溯性包装来加强对分销商的控制，有利于防伪、防窜货。

（四）农产品质量安全的追溯管理要求

1. 生产环节的控制要求

（1）投入品记录

农产品生产过程的苗种、饲料、肥料、药物等投入品，在进货之时，应收集进货票据，并进行登记。

（2）生产者建档

农产品生产者按"一场一档"的要求建立生产者档案。农业生产的管理部门应建立农产品生产基地和企业的档案，进行信息登记，并向登记的生产者发放"农产品产地标志卡"，内容应包括唯一性编号、基地名称或代号等信息。

（3）生产过程记录

种植过程记录内容包括种植的产品名称、数量、生产起始的时间、使用农药化肥的记录、产品检测记录。养殖过程记录包括养殖种类和品种、饲料和饲料添加剂、兽（鱼）药、防疫、病死情况、出场（栏）日期、各种检测等记录。

（4）销售记录

农产品从生产到流通领域时，农产品生产者做好销售记录。内容包括销售产品的名称、数量、日期、销售去向、相关质量状况等。

2. 从生产到流通的对接要求

生产领域的农产品进入流通领域时，应向流通领域提供相关农产品产地标识卡、产地证明或质量合格证明等；交易时应向采购方提供交易信息票据，内容应该包括品名、数量、交易日期和供应者登记号等信息。

3. 农产品质量安全追溯管理各相关方职责

农产品生产企业是生产领域质量安全追溯管理第一责任人，进行生产质量安全的控制、农产品溯源台账的建立和管理等工作；农产品生产的管理部门负责组织生产领域农产品质量安全相关的培训、宣传；建立生产基地台账，发放相关产品产地标志。

4. 实行严格的产品质量控制制度

①农产品出场时，生产者应进行农药残留或者感官的自检；农业管理部门按监督检测制度实施农产品的抽查、检测，并公布检测结果。②生产者发现产品不合格时，应及时采取措施，不得将不合格产品流通销售。当销售到流通环节的农产品被确认有安全问题时，生产者应做好追溯、召回工作。③农业生产的管理部门应督促进行质量安全的追溯，当不合格农产品已进入流通领域，要求生产企业召回那些不合格产品，按溯源流程进行不合格产品的追溯。

第四章　"互联网+"农业电商

第一节　农业电子商务平台建设

一、农业电子商务平台发展机遇

综上所述，从农业产业链"从田间到餐桌"的全过程展开进行分析，针对农业精细生产环节中信息难采集、时效性差、生产决策滞后、水资源浪费、农药污染等问题，流通环节中的追溯信息难共享、信息难联动、难反馈、难预警、难对农产品溯源与交易全过程监控等问题，以及针对全过程农业产业链中的农业金融"小而复杂""面广而差异大"的特性，缺少多种服务功能、多种支付方式的现代农业金融支付终端及系统等问题，而提出研究农业电子商务支撑体系的关键技术与应用。通过对关键技术的研究，记录农产品生产、流通、销售等环节的溯源信息，从业务上给农产品提供单个企业无法或无力解决的共性问题的解决方案，将农业政府主管部门、农户（专业农户、家庭农场、农民合作社和农业企业）、农产品消费者及流通企业有机地联系起来，随时随地可实现农业的精细化生产监控、农业金融的现代化服务、农产品的可追溯和提前预警性，有效达到农产品安全监测中的智能分析、提前识别、提前预警等目标，提高农产品的质量水平，增强了农产品精细生产、质量安全、溯源和安全监测的科技含量和竞争力。

二、农业电子商务平台总目标

通过结合物联网、视频监控、食品安全溯源、移动支付、数据挖掘等技术，提出研究与开发"基于全过程的农业电子商务模式与平台架构""融合物联感知与移动监控的精细农业公共服务系统""农产品生产流通全过程的信息采集传输系统""面向物联溯源与安全监测预警的农业数据中心""融合物联信息与视频监控的农产品追溯系统""融合多种通信方式的多种金融服务终端""农产品电子商务交易系统""基于情境复合域的农业全生命周期跨域挖掘管理系统"等几大模块，攻关农业电子商务支撑体系的关键技术，实现农业信息的实时采集、农业生产的实时监控和智能化管理和农产品溯源信息的实时采集和智能监控，广大农民"人不出村、足不出户"就能完成大多数金融交易，享受到现代的农业金融服务，使广大消费者可以放心购买，同时对提升农业企业的竞争力和政府的监管能力等都具有重要作用。

整体架构包括四个层次，从上到下分别是接入层、应用层和传输层和感知层，通过对农业的生产、流通、仓储、销售等各个环节的数据进行采集，从业务上为农业生产企业提供单个企业无法或无力解决的共性问题的解决方案，从关键技术着手为农业电子商务应用提供顶层设计应用和共性功能研发，实现上述八个方面的内容建设。

接入层：制订标准化接口协议，提供出统一管理界面，方便多厂商、多类型无线传感器网络（WSN）传感器设备的接入和管理。

应用层：建立一套标准化的、可个性定制的农业电子商务支撑关键技术与服务系统，包括精细农业公共服务系统、全过程的信息采集传输系统、农产品追溯系统、多种金融服务终端、农产品电子商务交易系统；开发多种终端的业务平台和接入与管理平台这两个支撑平台以满足用户的具体需求。同时依据农业生产特点，研发基于智能手机的客户端程序，为农业企业提供移动管理服务。

传输层：研发完美融合各种异构数据（数字、图像、视频）的物联网传输子系统，提供电信级的传输质量保障，并为下一代基于IPv6的传输提供无缝衔接。

感知层：研发面向农作物生长的数据采集、传输、存储等技术，研发农产品流通、销售环节的数据采集方法，提供出一个通用的物联网前端数据采集、存储子系统，并具备传感器网络低功耗的特点。

三、农业电子商务平台架构

农业电子商务平台用于分析研究面向农户、流通企业、经营者、消费者和政府等的农业电子商务模式和机制；研究农业全过程的精细生产模式；研究设计基于物联溯源的农产品安全监测公共服务平台架构；研究并设计农业电子商务服务网络架构。具体表现在以下几点。

（一）基于全过程的农产品物流配送服务模式及关键要素研究

建设农业电子商务平台用于研究农产品物流配送服务模式的关键环节，分析自营农产品物流配送模式、农产品物流配送联盟模式、第三方配送模式和农产品物流一体化配送模式这四种配送模式的关键要素；根据面向农产品物流配送的对象，分析研究针对大客户配送，餐饮酒店、农产品直营店配送，超市卖场、菜市场配送，高端客户直供，这四种不同的配送方式的关键环节和要素。

自营农产品物流配送。大型的农业生产企业投资建设农业精细生产平台和农产品配送监控及农产品溯源系统，基于该企业生产的农产品为管理层和消费者提供全方位的服务。

农产品物流配送联盟。这种配送模式是为多家企业提供多种农产品的农产品电子商务平台所拥有的。所有农产品生产企业投资建设自己的农业精细生产平台所拥有的，同时与农产品物流配送联盟的电子商务平台农产品溯源系统对接，农产品物流配送联盟负责农产品从农产品物流中心送到最终消费者处的过程中的农产品监管、溯源及资金流通环节。

第三方配送。在这种模式中，通常农产品生产企业投资建设自己的农业精细生产平台，第三方农产品物流配送商则负责农产品从农产品物流中心到最终消费者之间的农产品监管、溯源及资金流通坏节。

农产品物流一体化配送。农产品物流一体化是指以物流系统为核心的，由农产品生产企业经由物流企业、销售企业，直至消费者的供应链的整体化和系统化，它是农产品配送发展的成熟和高级阶段。当达到这个阶段时，一切的农产品从生产到最终消费者的每一个环节都被纳入了监管体系，可以充分保障民众的农产品消费安全。

（二）面向农产品的生产、销售、支付、物流全过程的监控服务模式与机制研究

针对自营农产品物流配送模式、农产品物流配送联盟模式、第三方配送模式及农产品物流一体化配送模式这四种不同配送模式，农业电子商务平台用于分析研究农业电子商务平台用于研究面向农户（专业农户、家庭农场、农民合作社、农业企业）、农业政府主管部门、经营者、流通企业和消费者等的全过程的监控服务模式和接入机制，设计面向农产品的生产、销售、支付、物流全过程的监控服务流程；研究及建设集信息收集、处理、传播、应用于一体的全过程农产品溯源与安全监测的公共服务模式体系，为农户、流通企业、消费者、政府管理者和决策者提供信息服务，有效指导农产品的产前、产中和产后及运输、销售等环节，发挥平台对农业的"信息支撑"作用，为农产品溯源监控与安全监测提供技术和组织保障；分析研究面向农产品的生产、销售、支付、物流全过程的监控服务的统一安全接入机制和计费方式。

（三）基于全过程的农业电子商务服务平台架构

构建此服务平台用于分析研究面向服务的架构（SOA），资源配置、技术集成等技术，设计基于全过程的农业电子商务服务平台层次化框架结构；研究硬件层基于物联网技术、移动视频监控技术的数据采集，实现种植信息、运输信息、加工分装信息、

商品信息等的采集；研究数据层的传输、融合和预处理技术，研究移动视频监控压缩处理方法，研究数据编码、存取规则，构建农产品质量溯源数据中心；研究面向农户、消费者、流通企业和政府相关部门等的各种应用服务，给用户提供农产品溯源、安全监测、决策和分析等各种公共服务。

（四）基于物联溯源的农业电子商务平台网络结构

设计此平台网络用于研究基于物联溯源的农业电子商务平台的网络拓扑结构，实现各资源的有效整合；研究集成农产品生产、流通运输、加工、零售等环节各种信息的有线、无线多网络融合传输方式；研究融合多网络的数据编码格式和通信协议规范，包括提供给远程终端模块使用的数据采集通信规范、采集数据编码格式、采集数据校验方法等；研究基于移动手机的农产品交易与溯源架构技术，实现了农产品的手机交易与溯源监测。

第二节 农业电子商务大数据中心

一、农产品全过程的信息采集传输系统

农产品全过程的信息采集传输系统针对农产品从生产、流通、加工到零售的各个环节，是基于全过程的农产品质量安全信息采集机制与溯源模型。建立此模型是用于研究面向电信级运营的农产品物联网数据传输通道管理机制；研究面向多类型传感器数据的传输与融合技术，构建融合多类型传感器参数的无线传输系统；针对农作物经营环节，研究基于 RFID 的物联网信息采集技术、基于移动监控的视频采集技术、基于智能手机终端的展示技术等，实现对农产品全过程的信息采集与传输，具体包括以下三个方面。

（一）农产品信息采集机制

农产品信息采集机制用于对产品的产地环境、生产过程及流通环节实行全程质量监控，识别影响农作物产品生产与品质的关键环节和要素，从而采取适当的控制措施防止危害的发生。将农产品供应链分为五个控制环节，具体为农产品的种植（养殖）、流通加工、质量检测、储运、销售，通过对每个环节的有效控制，实现对农产品"从农田到餐桌"的整个过程的监控。

在生产与经营各环节中，读写器获得数据后，应用软件将信息更新和储存于相应环节的本地数据库，并根据整个供应链各合作伙伴间所约定的共享或保密信息，将需要共享的信息通过 Internet 传输，更新相应的电子产品代码（EPC）农产品信息存储站点的数据库。政府、合作伙伴和消费者可以根据所授的权限去访问、查询共享的

EPC农产品信息数据库和各个环节的本地数据库，方便为实现农产品安全管理做出合理的供应链决策等。

（二）农产品数据传输系统

利用农产品数据传输系统研究电信级农业物联网安全信息服务技术（WSN安全+电信级农业物联网），利用二维码或基于EPC标准的RFID标签给农产品整个供应链的各相关方提供有关农产品生产、产地、运输、仓储、加工和装卸等方面的实时、全面与准确的电子化信息采集。在农产品生产阶段，生产者把产品的名称、产地等信息存储在二维码或RFID标签中；在产品收购时，批发商利用标签的内容对产品进行快速分拣，按不同种类给予不同的收购价格；在产品加工阶段，由加工者把加工日期、保质期、存储条件等信息添加到二维码或RFID标签中；在运输和仓储阶段，在仓库的进口、出口安装固定读写器，自动记录产品的进、出库信息。研究针对农产品生产流通过程中的二维条形码技术采集农产品档案信息，借助二维码可以直接表示汉字的特点，系统选择其中最重要的信息如农药残留、保鲜期等直接记录在二维码中，利用二维码技术建立起农产品供应链、全流程的数据记录和数据与物体之间的可靠联系，消费者通过手机实时地对农产品进行跟踪与追溯，确保手中农产品的质量。

（三）农产品生产加工、流通零售环节的全过程视频监控系统

通过农产品生产加工、流通零售环节的全过程视频监控系统研究和设计基于5G网络制式的农产品视频监控系统架构，开发支持多网络制式、多手机类型的移动全球眼手机客户端，并研究移动视频监控的压缩编码与传输方法以支持网络融合和业务融合，用于农产品全过程的溯源视频实时采集与传输，监测与远程控制，将分散、独立的采集点图像信息进行联网处理，实现跨区域的统一监控、统一管理，满足客户进行远程监控、管理和信息传递的需求，为用户提供图像、声音与各种报警信号远程采集、传输、储存和处理等服务。

二、农产品溯源与安全预警

面向物联溯源与安全监测预警的农业数据中心主要通过相关的农产品企业的客户端，利用数据集成技术，采集农产品种植、水质质量、用药施肥、除草灌溉、病虫害防治、流通加工、检疫、储运和销售等各环节的数据，并且对数据进行处理，响应企业及消费者的查询需求，并对相关业务进行实时监控。具体包括以下两个方面：

（一）农产品信息资源交换与共享

要想实现农产品信息资源的交换与共享，就需开发包括农产品溯源信息、农户信息、流通信息、平台信息等的数据库构建技术和结构化异构数据的兼容技术，开发基于XML的异构数据转换接口，实现各子系统和部门间的交换与共享；分析异构应用系统和异地之间的数据交换技术；研究基于网络化的信息资源共享技术和数据库安全

技术，实现各农产品、各属性数据、记录有权限地存取，实现农产品溯源信息资源的网络化共享。

该信息资源交换与共享平台是农产品溯源体系各部门之间数据交换的高速安全通道，具有高安全性、可扩展性、平台化、标准化等特性。在该平台上可处理多种交易和数据，可适应农产品溯源与电商业务的发展和变化。

（二）物联溯源与安全监测预警

数据中心子数据库包括农产品企业及部门备案数据库、农产品安全知识数据库、农产品追溯监控数据库、企业统计分析数据库和安全预警数据库。

1. 农产品企业及部门备案数据库

追溯系统供应链上涉及的农产品企业及相关部门较多，这个数据库集中对企业信息、部门信息进行管理，除了企业名称、地址等基础信息以外，还涉及企业信誉等级的记录。

2. 农产品安全知识数据库

该数据库主要存储了追溯系统中农产品的相关知识，包括农药知识、农产品安全信息。当消费者利用移动终端或者 PC 进行查询时，数据中心就能够将相关结果反馈给消费者。

3. 农产品追溯监控数据库

供应链上各个环节上传的数据需要进行整合处理，进而形成统一的追溯信息链。同时，建立相应的农产品追溯码，查询特定需求信息。

4. 企业统计分析数据库

在供应链中存在大量的信息，企业可以利用这些数据进行统计分析。因此，该数据库根据企业的需求整合了必要的数据，数据包括农产品的销量数据、农产品在各个环节的成本数据、销售点数据、价格数据、企业信息和追溯编码等，企业根据分析得到的结果进行相应的决策。

5. 安全预警数据库

农产品的储存、运输、销售都存在较为严格的要求。数据中心会对农产品存储的温度、出入库、运输路线、运输人员、运输温度和保质期等方面时刻进行监控，防止对农产品造成损坏及不合格的产品流入市场，并且对农产品市场价格异常波动进行预警。以仓库监管为例，白菜的存储需要严格控制温度、湿度。在储存中，利用数据采集设备，实时将这些数据传递到数据中心，当发生异常时，及时通知企业采取措施。

农产品追溯监控数据库的数据为实时采集的数据，可以作为企业统计分析数据库及安全预警数据库的源数据。农产品企业及部门备案数据库及农产品安全知识数据库可以作为农产品追溯监控数据库的补充数据，提供更加详细的企业信息或者与农产品相关的信息。

第三节　农产品多元支付渠道

一、电话支付终端

针对硬件，研究分析了固网 PSTN/ 移动网络 /TD-SCDMA 等多种通信方式的网络传输音频、数据码流，一方对接收另一方的数据流进行解析，设计并开发融合多种通信的移动 / 固网支付终端。终端分为五块板卡：MCU 主板、电话及接口功能板、LCD 板、键盘板及 U-KEY 接口板。在硬件设计方面，采用 SUNPLUS GPTC6608 作为核心处理器，该芯片集成模拟电话 DTMF、FSK、CAS 调制解调器（可选），实现音频信号处理、LCD 控制、键盘扫描等模块功能。具体软件方面，研究移动 / 固网支付终端如何利用电话网络与支付中心进行信息交互，实现基于银行卡、医保卡等各种益农卡的各种业务功能。软件除具有普通电话的电话控制和通话处理的功能外，主要还可通过电话链路同支付中心进行银联交易并具有键控显示的人机交互界面与打印等功能。

二、手机银行终端

手机银行终端用于分析面向农村金融的手机银行功能需求，研究国际上成熟的单芯片 NFC 移动支付技术、系统模型及支付方式。针对手机银行终端设计基于 Java Card 和 NCF 技术的手机支付移动模型，分析符合 PBOC2.0 标准的 IC 卡结构和加密算法，并针对多标签情况下的碰撞研究设计基于动态二进制防碰撞算法；设计包括银行账号查询、银行转账、账单支付、电子支付、交易提示以及系统助理等的手机银行功能，开发面向农村新型金融服务需求的手机银行 / 移动支付终端。

三、多媒体自助服务终端

针对农民交电费难、人员分散、文化程度低、不熟悉银行业务等问题，设计并且开发了面向农业电子商务的多媒体自助服务终端。通过研究农村环境下的统一网关接口与 C-S 双重安全认证机制，实现多媒体自助服务终端从银行统一接入银行的前置机进行数据传输，交易数据通过银行内部网络传输到管理与交易服务器，之后接入银行业务接入前置进行统一处理。

多媒体自助服务终端的应用层为客户展现交易界面及交易结果，业务层展示了由银行实现交易的后台处理过程。农民通过多媒体自助服务终端实现包括存折查询余额、存折查询明细（农村补贴明细等）、存折缴费（手机费、电费、水费等）、存折补登、卡查询余额、卡查询明细（医保费用明细等）、卡缴费（手机费、电费、水费等）、修改卡密码等功能。

四、面向农产品电子商务的多账户体系

通过面向农产品电子商务的多账户体系主要分析研究包括了后付费、预付费及充值付费卡类的通道类账户，包括用户支付账户、积分账户、代金券账户等的个人消费类账户，包括如银行卡、支付宝、财付通等的金融类关联账户，包括如市政/公交/市民卡及联华超市等联盟商户账户、企业内部账户、行业消费卡账户的第三方行业关联类账户，市民卡自有账户、积分账户、代金券/优惠券账户和通信账户，以实现针对不同状况进行的农产品电子支付。

五、集成溯源与多账户支付的电商系统

设计集成溯源与多账户支付的农产品电子商务系统的层次化框架结构，开发农产品电子商务系统的外部接口模块、农产品溯源系统接口模块、统计分析模块、企业自助模块、运营管理模块等，为政府监管者、农业企业、消费者等用户提供农产品电子商务交易、统计分析等各类公共服务功能。

第四节 农业电子商务平台创新

一、农业电子商务平台主要创新点

第一，提出了基于工作流管理思想的农业电子商务和物流一体化"贯通协同式作业链"处理机制，抽象出贯通农业电子商务与物流全过程的工作流操作单元，实施对工作流操作单元的状态描述和行为描述，构建操作单元间协同作业模型与交互通道，设计出将图像描述与质量控制表组合的全过程农产品质量控制/跟踪体系，开发支持农业电子商务与物流作业链集成和优化的动态配置式流程管理工具。

第二，针对精细农业生产的监控，提出了一个模型辅助的具有数据融合功能的传感器网络低耗数据收集算法，充分利用农作物生长数据的时空相关性能有效减少网络数据的传输量，降低传感器网络中的能耗，延长 WSN 的生命周期。算法充分考虑了农作物生长数据的时间相关性、空间相关性及时空相关性，并分别提出了农作物生长数据时间域变化模型及其基于该模型的数据收集方法、农作物生长数据空间域变化模型及其基于该模型的数据收集方法与基于农作物生长数据时空相关性的数据收集方法。

第三，针对农业电子商务支付中金融复杂环境的多种通信融合和大容量应用的要求，研究提出了农业电商金融复杂服务环境下的机构安全认证/客户端认证技术，实现了农业电商金融服务复杂环境下农村多媒体自助终端、移动/固网支付终端等的机构安全认证/客户端认证和安全接入。

第四，基于数据库集成技术，结合农产品全过程中数据信息与网络结构特点，设计了一种面向农产品领域分析的多源信息融合与迁移的树形数据库技术，其能够对不同流通环节中农产品的安全信息进行有效的数据获取、整合和迁移，建设了包括五大数据库的农产品物联网溯源数据中心，为分析及应用提供了优质全面的结构化数据。

第五，提出了面向农业电子商务的需求与模式，将多种电子交互方式、多种账户、多种支付渠道、多种终端通过可配置技术融为一体，构建了面向农业电子商务支付技术架构，解决了农业电子支付与金融服务的安全信用、隐私保护、多元支付、统一接入、渠道整合和开放兼容等难题，为农户（专业农户、家庭农场、农民合作社、农业企业）、农产品消费者、流通企业等提供有效的农业金融支付终端和多功能型金融服务终端。

第六，针对农业的生产、流通、销售等不同情境下的不同领域，提出基于情境复合域的全生命周期跨域挖掘模型。对如何实现基于情境复合域的全生命周期农产品跨域挖掘进行了深入研究，运用频繁模式、关联规则等挖掘算法，采用相似性、相关性等方法，提出了基于全生命周期关系序列的序列关系模型。以单个区域为挖掘起始，研究了能生成跨域挖掘的模型，在此基础上形成了基于情境复合域的全生命周期农产品跨域挖掘模型。特别是在设计基于情境约束的跨域数据预测算法时，考虑情境的约束条件，构建了多目标优化的分类预测方法。为有效地发现和追踪跨域海量动态数据流的异常，采用了自适应二维码为基础的情境域标识方法，设置安全阈值，实现异常检测及追溯。

二、农业电子商务平台的社会效应

纵观世界农业的发展历史，农业产业链最早产生于19世纪50年代的美国，之后迅速传入西欧、加拿大等国家，充分显示了农业产业链给农业乃至整个国民经济带来的积极作用。智慧农业项目实施有助于解决土壤盐碱化等问题。同时，帮助农户提高农业生产水平，缓解环境压力等。

近年来，随着物联网的应用而源源不断产出的技术成果，为农业的全产业链升级提供了必要的技术手段，将不断提升我国农业的竞争力。根据规划，各级政府正加大对智慧农业的建设力度。政府部门农业电子商务项目的实施具有如下社会效益：

（一）从农业发展的角度来看，有利于推进智慧农业

通过技术攻关和科技投入，在确保农产品质量的前提下，提高产量，降低种植成本，从而能够提高农民收入，促进绿色和生态农业的稳定发展，促进了农村社会的安定，促进新型农业社会化服务体系和现代农业产业技术体系的建设。

（二）农产品安全溯源监控，促进安全放心消费

随着健康观念的加深，消费者对农产品质量的要求越来越高。在建设农产品安全追溯监控平台及农产品安全预警与应急处理系统时使用二维条码，RFID 电子标签等技术建立生产和流通档案，并在仓储、销售等环节通过读取设备获取农产品产地和生产过程等相关信息，实现对农产品的溯源追踪，这样可以有效提高加工环节质量安全可追溯系统数据采集与传输的准确性，进而提高质量安全可追溯系统求解的精度。借助物联网技术来实现农产品可溯源，通过农产品产生安全问题的预警与应急处理，以实现农产品的安全溯源。

（三）建设农产品安全监管体系，解决农产品溯源的关键技术问题

农产品精细生产与质量安全监管体系从国际上来看，已经逐渐向生产过程关键控制点在线监测方向发展。针对农产品生产全过程通过传感器实现影响农产品质量危险关键点控制实时采集，并通过智能终端对感知数据进行远程实时报送，实现农产品和食品质量安全信息在不同供应链主体间的无缝衔接。全过程农业精细生产与溯源监控综合服务平台与网络的研发为传感器及物联网技术与产业发展奠定了基础，解决了大规模、低成本的信息获取与传输问题，使物联网技术在食品安全领域内的应用成为可能，推动了我国食品安全体系的建立，对社会稳定、改善民生具有重要意义。

（四）有利于促进新型农业社会化服务体系和现代农业产业技术体系的建设

通过技术攻关和科技投入，在确保农产品质量的前提下，提高了产量，降低了种植成本，进而提高了农民收入，促进了绿色和生态农业的稳定发展，促进了农村社会的安定。

（五）有利于打造农业产业链的生产、流通、销售全过程的电子商务

成果中基于工作流思想的农业电子商务与物流一体化"贯通协同式作业链"处理机制通过对工作流操作单元的定义和协同作业模型的建立，对企业间的信息流、资金流和物流进行了有效的整合，实现了公共信息的高度共享和快速流动，提高了资金周转率，降低了经营成本，提升了管理效率。

（六）有利于提升农业电子商务智能化水平，提升竞争力

成果中基于分布式数据挖掘的企业协同商务与经营决策系统的应用，有效满足了农业企业对分布式海量数据进行深层次挖掘和辅助经营决策的需求，大大提高了我国农业电子商务领域企业的核心竞争力，同时为我国农业电子商务企业实现跨国经营提供了信息化的支持和经营平台。

（七）加快物联网与电子商务的产业升级，发展支柱产业

农业电子商务支撑体系关键技术的攻关能促进自有知识产权的技术获取，提升农

业电子商务领域行业的整体技术水平，同时共性的关键技术成果对其他行业的技术水平提高也有促进作用。

三、农业电子商务平台的发展情景

在对于电子商务平台技术、安全支付技术、物流配送技术、商务和物流信息挖掘与分析决策技术这四项支撑技术方面的研究过程中，解决了电子商务对等交换与主从交换集成、商务与物流一体化"贯通协同式作业链"处理机制、动态商务数据流的管理模型和分布数据挖掘模型、物流优化算法模型、复杂环境的物流信息采集 / 物流管理 / 物流跟踪 / 物流信息可视化的集成及复杂环境下银行安全支付技术体系等关键技术问题，研发了具有自主知识产权的电子商务平台核心软件，提出并建立了电子商务数据管理模型和数据交换规范与标准，实施了电子商务关键技术的规模化应用。

智慧农业项目的实施不论是在社会效益还是经济效益上，都具有重要的现实意义和社会意义，各系统也有着广泛的应用前景。主要表现在：

（一）农产品安全问题频发，迫切需要提升智慧农业的精细化生产水平

近 50 年来，中国农业走过了一条高投入、高产出、高速度和高资源环境代价的道路。目前，我国农业和以生产效率高、经济效益好、技术密集和可持续发展等为主要标志的现代农业相比，存在较大的差距。整个农业产业链的现状是"两高两低"，即产量高、消耗高、效率低、品质低。生产资料生产环节的可持续发展能力弱。

随着传统农业生产的继续，农业施肥、农业灌溉等传统生产手段依然占据国内农业生产方式的大部分，农药的滥用、土地灌溉的不科学等造成土壤盐碱化，使土壤环境变化，给环境带来危害；同时，我国土地虽然总面积大，但是人口数量大，人均土地占有量小。

（二）农村金融服务终端及系统的市场需求巨大

农村金融服务面宽线长，具有"成本高、风险大、收益低"等特性，在商业利益驱动下，抛弃农村，重点经营城市，成为各大商业银行近年来的一致举动，由此造成农村地区金融生态受到破坏，机构网点和从业人员急剧减少，农民贷款难、存款难、汇款难、结算难、医保报销难和农村补贴有效支付难等成为目前破解服务"三农"问题的"瓶颈"。

同时，面对"三农"工作需要这一背景，特别是在国家金融政策倾斜下，县域农村经济日益显示出较强的发展活力和潜力，城乡一体化进程中蕴藏着巨大的金融需求。因此，如何为农村提供满足不同农户、微型和小型企业主等多层次、多元化的农村金融服务需求，如何提供满足农业电子商务的各类农业金融服务终端系统，以及如何有效规避农村金融服务的风险大、收益低等成为当前研究的热点问题。

（三）农产品的安全溯源成为社会关注的热点问题

目前，我国的食品安全事故频繁发生，现状不容乐观。我国农产品的生产还没有有效的全程管理与追溯系统，因而不能快速准确地找到问题根源，及时有效地控制或实行产品召回或撤销制度，从而导致消费者对农产品的信心明显不足。建立基于物联溯源的农产品安全监测预警公共服务平台可提高农产品安全监控水平，减少食源性疾病的发生，并能促进农产品的放心交易，提高了消费信心，保障农产品质量安全。

（四）农业电子商务支撑体系的关键技术研发与产业化具有重要

中国作为一个人口大国，同时也是一个农业人口大国。农业产业链过程中的农产品安全问题，农产品从生产、流通、销售等各个环节。

全过程的溯源问题，精细农业生产问题，农村多层次复杂的金融服务问题已成为当前农业发展的障碍。为此，迫切需要研发农业电子商务支撑体系的关键技术。

从节能角度来讲，精细化农业生产，使社会总成本下降。智慧农业公共服务平台的建设有助于实现农业生产现代化、智能化和精细化等，实现节水灌溉，降低生产成本，使社会总成本下降。具体体现了"以人为本"的科学发展观，为"节能降耗"贡献力量。

随着农村经济的发展和农民创业增收，"三农"对农村金融服务、支付结算体系的要求越来越高。但部分村居地处偏远，交通不便，农民办理小额存取款、转账、医保报销、农村补贴支付等业务，需到数公里或者数十公里外的乡镇、县城办理，一度成为金融服务的盲点。因此，面向农业电子商务的各类金融服务终端及系统的研发与产业化是一项利国利民的大事，可以使全国范围内的农村金融服务成本降低，丰富农村电子支付工具，丰富农村金融产品，并且为农村金融提供更好的农村金融服务环境，促进我国农村金融的健康发展等，具有良好的社会效益和经济效益。

因此，智慧农业项目的实施不论是在社会效益还是在经济效益之上，都具有重要的现实意义和社会意义，有着广泛的应用前景。

第五章 "互联网 +" 农业产业链整合

第一节 互联网 + 农业产业链整合

一、互联网 + 农业产业链整合的整体思路

农业产业链源自于产业经济学，是指在农业生产过程中，相对于独立经济组织基于共同利益和协作经营而形成的链条式合作关系。农业产业链是推动我国社会主义新农村建设的重要途径，它的建设有利于提高农业产业的组织化程度和农产品的增值能力，能适应农业生产规模化、专业化和市场化的时代要求，并且促进农产品的标准化生产和产品质量安全，从根本上扭转我国农业生产的分散、粗放和劣势地位。另外，农业产业链的区域延伸将会沟通城乡两个相对封闭的地域，打破我国长期以来固有的城乡二元化体制。产业链经营是现代农业的主要特征，是现代农业相互竞争的主要手段，现代农业之间的竞争主要是基于产业链之间的竞争。

任何一个产业链上的节点都可以向其周围节点做生产、技术、空间上的延伸，这样就会形成在空间上相互交错、时间前后重叠的多个产业链，这多个产业链在平面上构成一个产业网。从运筹学的角度看，这多个产业链中肯定有一条或者几条关键的链条，我们必须寻找出这个最优价值链。若找不到这个关键链，那就会因为时间、空间上的不合理造成极大的浪费，这种延伸和拓展是毫无意义的。农业产业链模式是农业

产业链建构的标准式样，具有可复制性。中国目前的农业生产 90% 是以农民家庭为单位，极其分散，不利于统筹安排，也不利于规范化和标准化，更谈不上规模化。如何推动农户进入产业链，使农民在加工贸易环节中也能分得一杯羹，从而提高农民的收入，这是令很多地方政府头疼的事情，因为大多数农户没有农业产业化的动力，也没有延长拓展产业链的意识，政府起劲，民间淡漠。我国农业生产长期兜圈，难以突破瓶颈。造成这一现象的根本原因在于：我们的政策没有让农民看到前景，感受到产业链的实在好处。因此，我们必须利用农户的趋利性进行引导，使他们对建设产业链有信心和动力。

农业的自然属性决定了传统农业的弱质性是先天的，农业产业链的构建使农业不再是孤立的生产部门，而是以生物生产为中心涵盖产前产后多个环节在内的一体化经营体系，可以稳固我国国民经济的基础。农业产业链的升级是使产业链结构更加合理有效、产业环节之间联系更加紧密，进而使产业链运行效率和价值实现不断提高的转变过程，基于此，互联网+中国产业链升级途径有三类：延伸、优化和整合。

（一）互联网+产业链延伸

从方向上看，我们可以把农业产业链的延伸分为前向延伸和后向延伸，大多数学者强调的延伸其实后向延伸，就是要对初级农产品进行深加工以便获得更高的附加值。还可以把产业链的延伸分为纵向延伸和横向延伸。纵向延伸指的是着眼于各环节的高技术和高知识，横向延伸则着眼于农产品的深加工、产业环节的增加。农产品的区域延伸则是借助于现代信息平台和通达的物流网络进行空间拓展，在一定的范围内形成产业集群，这些产业之间能相互依赖且优势互补。

（二）互联网+产业链优化

产业链的优化是指立足于整个产业链的质量的提高，就是产业链各环节向高技术、高知识、高资本密集、高附加值演进，体现为产业链的产业机构高度优化。这是我国产业链升级的一个重要方面。产业链主要包括物流、资金流和信息流，通过相关措施使物流、资金流和信息流协调顺畅，以此来降低交易费用，获得产业链的整体效益。农业产业链的整合和引导和发展应以市场需要为导向，此外通过订单农业的推行来使加工企业和分散的农户形成稳定的契约关系和利益共同体。

（三）互联网+产业链整合

产业链整合是指根据社会资源和市场需求，在产业链各环节之间合理配置生产要素，协调各环节之间的比例关系，其实质是追求整个链条价值的最大化。有物流、信息流、价值流的整合和经营主体的整合，其中特别要注意农业产业链上的利益机制协调，不同的经济主体都在一个产业链上追求自己的利益最大化，存在竞合关系，若不在流通、工业、农业各环节之间建立和谐的利益机制，农业变强、农户增收的目标就不能实现，和谐的利益机制是农业产业链健康运行的基础。加快建设农业产业链的信息化。根据相关理论，产业链中的各成员通过信息的参与和共享的能够提高产业链的整体竞争力，取得在行业竞争中的整体优势，提高产业链的整体效益。通过产业链的信息共享和提高产业链的信息化程度实现农产品的价值的再次增值，因此，与农业相关的各个产业链组织都应该建立农产品信息链管理系统，如运输业通过建立农产品信息链管理系统，可实现根据网上的交易数据来提前安排和组织运输，实现运输业和农业的互利共赢。现阶段，各行业应利用各种现有信息网络来实现信息的传递。

鉴于各地农业产业链形成基础、发展水平、市场化程度等具体情况，建立多种形式的组织发展农业产业链。例如以公司为主体，以一种或几种农产品为核心，联合生产企业、农户，实现分担风险、共享收益的产业链组织形式；以订单为核心，依托专业市场，发展特色地域产品，建立产销一体化的产业链组织形式等。

"互联网+"开创了大众参与的"众筹"模式，对于我国农业现代化影响深远。一方面，"互联网+"促进专业化分工、提高组织化程度、降低交易成本、优化资源配置、提高劳动生产率等，正成为打破小农经济制约我国农业农村现代化枷锁的利器；另一方面，"互联网+"通过便利化、实时化、感知化、物联化、智能化等手段，为农地确权、农技推广、农村金融、农村管理等提供精确、动态、科学的全方位信息服务，正成为现代农业跨越式发展的新引擎。"互联网+农业"是一种革命性的产业模式创新，必将开启我国小农经济千年未有之大变局。

"互联网+"助力智能农业和农村信息服务大提升。智能农业实现农业生产全过程的信息感知、智能决策、自动控制和精准管理，农业生产要素的配置更加合理化、农业从业者的服务更有针对性、农业生产经营的管理更加科学化，是今后现代农业发展的重要特征和基本方向。"互联网+"集成智能农业技术体系与农村信息服务体系，助力智能农业和农村信息服务大提升。

"互联网+"助力国内外两个市场与两种资源大统筹。"互联网+"基于开放数据、开放接口和开放平台，构建了一种"生态协同式"的产业创新，对消除我国农产品市场流通所面临的国内外双重压力，统筹我国农产品国内外两大市场、两种资源，提高农业竞争力，提供了一整套创造性的解决方案。

"互联网+"助力农业农村"六次产业"大融合。"互联网+"以农村一、二、三产业之间的融合渗透和交叉重组为路径，加速推动农业产业链延伸、农业多功能开发、农业门类范围拓展、农业发展方式转变，为打造城乡一、二、三产业融合的"六次产业"新业态，提供信息网络支撑环境。

"互联网+"助力农业科技大众创业、万众创新的新局面。用"互联网+"为代表新一代信息技术为确保国家粮食安全、确保农民增收、突破资源环境瓶颈的农业科技发展提供新环境，使农业科技日益成为加快农业现代化的决定力量。基于"互联网+"的"生态协同式"农业科技推广服务平台，将农业科研人才、技术推广人员、新型农业经营主体等有机结合起来，助力"大众创业、万众创新"。

"互联网+"助力城乡统筹与新农村建设大发展。"互联网+"具有打破信息不对称、优化资源配置、降低公共服务成本等优势，"互联网+农业"能够低成本地把城市公共服务辐射到广大农村地区，能够提供跨城乡区域的创新服务，为实现文化、教育、卫生等公共稀缺资源的城乡均等化构筑新平台。

二、"互联网＋农业产业链整合"面临的挑战及对策

如何持续、稳健地推动"互联网＋农业"高效发展，需要对"互联网＋农业产业链"发展中面临的主要挑战保持清醒认识、高度关注与审慎思考。

（一）"互联网＋农业产业链"的挑战

1. "互联网＋农业产业链"发展战略选择挑战。

"互联网＋农业"是借助现代科技进步实现传统产业升级的全新命题，是保障国家粮食安全和推动现代农业建设的重要手段，蕴含着重大的战略机遇和广阔的发展空间。然而，在缺少顶层设计的情况下，"互联网＋农业"一哄而上、各自为政的局面无法避免，非常容易形成片面性、局部性的发展态势，不利于"互联网＋农业"的整体推进、协调发展，"互联网＋农业"对经济社会的影响将大打折扣。因此，亟需制定我国"互联网＋农业"发展战略规划，从战略高度推动"互联网＋农业"发展，形成统一谋划、稳步实施的推进格局，将"互联网＋农业"打造为可以切实推动国家经济社会持续、高效、稳定发展的新引擎。

2. "互联网＋农业产业链"发展基础设施的挑战

"互联网＋"是一次重大的技术革命创新，必然把经历新兴产业的兴起和新基础设施的广泛安装、各行各业应用的蓬勃发展两个阶段。"互联网＋农业"亦将不能跨越信息基础设施在农业农村领域大范围普及的阶段。农业数据资源的利用效率低、数据分割严重，信息技术在农业领域的应用大多停留在试验示范阶段，信息技术转化为现实生产力的任务异常艰巨。农业农村信息基础设施薄弱，对"互联网＋农业"的快速发展形成了巨大的挑战。

3. "互联网＋"与现代农业产业链深度融合的挑战

移动互联网、大数据、云计算、物联网等新一代信息技术发展迅猛，已经实现了与金融、电商等业务的跨界融合。农业是国民经济的基础，正处于工业化、信息化、城镇化、农业现代化"四化同步"的关键时期，迫切地需要推动"互联网＋农业"发展。

然而，农业是一个庞大的传统产业，涉及政治、经济、社会、文化等方方面面，农业问题千丝万缕，错综复杂。如何利用"互联网＋"串起农业现代化的链条，将新一代信息技术深度渗透到农产品生产销售、农村综合信息服务、农业政务管理等各环节，亟需制定一套具体的、可操作的实施方案，推动"互联网＋农业"高效发展。

（二）"互联网＋农业产业链"的十大对策行动

1. 推动落实农业农村信息化基础设施建设行动

借助"宽带中国"战略实施方案，加快推进落实农村地区互联网基础设施建设，

重点解决宽带村村通问题，加快研发和推广适合农民特征的低成本智能终端，加强各类涉农信息资源的深度开发，完善农村信息化业务平台和服务中心，提高综合网络信息服务水平；同时建立国家农业大数据研究与应用中心，覆盖农业大数据采集、加工、存储、处理、分析等全信息链，面向国内外推广基于"互联网+"的农业大数据应用服务。

2. "互联网+"促进智能农业升级行动

加快实施"互联网+"促进智能农业升级行动，实现农业生产过程的精准智能管理，有效提高劳动生产率和资源利用率，促进了农业可持续发展，保障国家粮食安全。重点突破农业传感器、北斗卫星农业应用、农业精准作业、农业智能机器人和全自动智能化植物工厂等前沿和重大关键技术；建立农业物联网智慧系统，在大田种植、设施园艺、畜禽养殖、水产养殖等领域广泛应用；开展面向作物主产区域、主要粮食作物的长势监测、遥感测产与估产、重大灾害监测预警等农业生产智能决策支持服务。

3. "互联网+"助力"六次产业"发展行动

加快实施"互联网+"助力"六次产业"发展行动，助力农业延伸产业链、打造供应链、形成全产业链，实现一、二、三产业融合，增加农民收入，促进农业和农村的可持续发展。

集中打造基于"互联网+"的农业产业链，积极推动农产品生产、流通、加工、储运、销售、服务等环节的互联网化；构建"六次产业"综合信息服务平台，助力休闲农业和一村一品快速发展，提升农业的生态价值、休闲价值与文化价值。

4. "互联网+"助力农村"双创"行动

加快实施"互联网+"助力农村"双创"行动，加速农业科技成果转化，激发农村经济活力，推动"大众创业、万众创新"蓬勃发展。

积极落实科技特派员和农技推广员农村科技创业行动，创新信息化条件之下的农村科技创业环境；加快推动国家农业科技服务云平台建设，构建基于"互联网+"的农业科技成果转化通道，提高农业科技成果转化率；搭建农村科技创业综合信息服务平台，引导科技人才、科技成果、科技资源、科技知识等现代科技要素向农村流动。

5. "互联网+"助力农业走出去行动

加快实施"互联网+"助力农业走出去行动，加强农业国家合作与交流，不断提升我国农业的国际地位和影响力，落实"一带一路"国家发展战略。

进一步推动"大湄公河次区域农业信息网络"项目，建立了GMS各国农业信息交流的平台；充分利用中国—东盟、中国—新西兰等自贸区优势，发挥我与美国、加拿大、澳大利亚和欧盟有关国家双边农业磋商机制，积极建设跨境农产品电子商务平台，打造具有国际品牌的特色优质农产品；面向在亚洲、非洲、南美洲有关国家建设农业技术交流服务平台，推动我国先进适用的农业生产技术和装备等"走出去"；构建农业投资综合信息服务平台，为农业对外投资企业提供市场、渠道、标准、制度等各种信息资料。

6. "互联网+"助力农业科技创新行动

加快实施"互联网+"助力农业科技创新行动，促进农业科研大联合、大协作，提高农业科技自主创新能力，支撑我国现代农业发展。

积极推动农业科研信息化建设，助力中国农业科学院科技创新工程，加快建设世界一流农业科研院所；与澳大利亚、英国、欧盟等国家与地区的农业部门、科研院所及比尔·盖茨基金会等跨国私营部门建立稳定的合作关系，构建基于"互联网+"的跨国农业科研虚拟协作网络，实现农业科技创新的大联盟、大协作，提高农业科技创新能力；加快国家农业科技创新联盟建设，构建农业科技资源共享服务平台，提高重大农业科研基础设施、农业科研数据、农业科研人才等科研资源共享水平；构建农业科研大数据智能分析平台，推动农业科技创新资源共建共享。

7. "互联网+"助力农产品电子商务建设行动

加快实施"互联网+"助力农产品电子商务建设行动，破解"小农户与大市场"对接难题，提高农产品流通效率，实现农产品增值，促进农民增收。鼓励阿里巴巴、京东、腾讯等互联网公司积极参与农产品电子商务建设，构建基于"互联网+"的农产品冷链物流、信息流、资金流的网络化运营体系；积极推动中粮、中化等大型农业企业自建电子商务平台，推动农产品网上期货交易、大宗农产品电子交易、粮食网上交易等；加快推进美丽乡村、"一村一品"项目建设，实现优质、特色农产品网上交易以及农产品网络零售等。

8. "互联网+"助力新型职业农民培育行动

加快实施"互联网+"助力新型职业农民培育行动，培养造就了有文化、懂技术、会经营的新型职业农民，为加快现代农业建设提供人才支撑。加强新型职业农民培育教育培训体系建设，构建基于"互联网+"的新型职业农民培训虚拟网络教学环境，大力培育生产经营型、职业技能型、社会服务型的新型职业农民；积极推动智慧农民云平台建设，研发基于智能终端的在线课堂、互动课堂、认证考试的新型职业农民培训教育平台，实现新型职业农民培育的移动化和智能化。

9. "互联网+"助力农产品质量安全保障行动

加快实施"互联网+"助力农产品质量安全保障行动，全面强化农产品质量安全网络化监管，提高农产品质量安全水平，切实保障食品安全和消费安全。积极落实《农业农村部关于加强农产品质量安全全程监管的意见》，推进农产品质量安全管控全程信息化，提高农产品监管水平；构建基于"互联网+"的产品认证、产地准出等信息化管理平台，推动农业生产标准化建设；积极地推动农产品风险评估预警，加强农产品质量安全应急处理能力建设。

10. "互联网+"助力农业生态建设行动

加快实施"互联网+"助力农业生态建设行动，实现农业资源生态本底实时跟踪与分析、智能决策与管理，实现"一控、两减、三基本"的目标，治理农村污染，提高农业资源生态保护水平，促进农业可持续发展。建立全国农业用水节水数据平台，智能控制农业用水的总量；建立全国农资产销及施用跟踪监测平台，智能控制化肥、农药施用量；建立全国农业环境承载量评估系统、农业废弃物监测系统，为农业循环经济提供信息支撑和管理协同，有效解决农业农村畜禽污染处理问题、地膜回收问题、秸秆焚烧问题；建立农村生产生活生态环境监测服务系统，提高农村生态环境质量。

互联网＋农业电商平台是利用大数据、云平台、物联网等互联网技术，整合金融、物流等各类社会资源，实现农业产业链去中间化，提升了生产流通效率的新型农业平台。

第二节　奶业产业链整合

奶业是我国农业经济中的一个重要的战略部门。牛奶的营养比较丰富且均衡，是一种战略性的食品，我国奶业市场巨大，乳业的发展对发展农村经济，增加农民收入，改善城乡居民饮食结构，提高全民身体素质都有十分重要的意义。中国的奶业产业链作为一个农业经济中一个庞大系统，是联系着从种植业、畜牧养殖业、食品加工、包装机械设备和市场销售等多行业、多领域的综合性链条。奶业产业链已经形成了以农户、乳品企业、乳品消费者为三大参与主体，以原料奶供应、乳品加工、乳品销售为三大环节的大产业。

改革开放以来，我国奶业持续快速的发展，已经成为我国一些地区和农村经济的主导产业，为促进农民增收，构建新型农村做出了重要的贡献。与此同时，一大批知名龙头企业和乳品品牌脱颖而出，为人们日常饮用乳制品需求和增强体质发挥了重要作用。在奶业蓬勃发展的同时也出了很多问题，整个奶业产业链仍存在很多薄弱环节：争抢奶源，奶源食品安全问题，奶业产业政策等。奶源的供应与乳品企业的需求之间的联结机制有待加强，消费市场有待进一步培育，高端乳品市场还需要开拓，奶业产业链亟待整合。

目前国内关于奶业链的研究还比较少，我们将从奶业产业链的各主体环节来分别对奶业的宏观状况进行描述，研究各个主体参与市场交易中存在的问题，为我国奶业产业链整合提出政策建议。

一、奶业产业链整合的文献综述

以梅森、贝恩为代表的哈佛学派提出了结构（S）行为（C）绩效（P）分析范式，主要考察市场集中度、进入壁垒、产品差别化程度等市场结构状况对企业价格和产量决策的影响，以及评价市场的资源配置效率实际上开启了产业研究的先河，只不过后来的研究偏向于企业研究。国外学者侧重于研究企业的纵向整合或者企业跨组织资源组合问题，几乎就没有出现"产业链"这个词，也未将产业链作为一种单独的经济组织层次，而是将它严格地分解到企业和产业这两个层次中。对于产业链上下游企业纵向一体化的原因，目前的文献大致从 3 个方面进行了研究：技术因素、节约交易成本和市场不完全。产业链是众多关联产业的集合，产业链整合包括了产业链升级和产业链链环关系之间的协调优化，其实质就是帕累托改进。产业链整合的产业组织理论、交易费用理论和企业能力理论基础之上，提出了产业链整合的演化视角、知识基础观、顾客价值导向等产业链整合的基本逻辑起点。在产业链中，每一个环节都是一个相对独立的产业，因此，一个产业链也就是一个由多个相互链接的产业所构成的完整的链条。产业链类型是指，在一个产业链中的两个上下游产业之间或两个相邻市场之间的关联方式。产业链类型是由产品特性与生产技术所决定的。

从农业产业链前后环节的行业结构出发，对我国农业发展中的非对称市场结构现象加以研究，对农业的低集中度、超小规模与低门槛行业结构特征和关联行业的较高集中度、较大规模、较高门槛结构特征进行了剖析，探讨"风箱型"农业非对称市场结构的三种改善途径：第一个方法是改革政府干预；第二，建立农业生产者联盟，即农业的横向一体化；第三，农业产前产中产后联合，实行农业纵向一体化经营。

农业产业链的整合是农业产业链管理的核心，他们通过结构方程模型对于南京市龙头企业数据样本的实证分析，认为产业链的内部整合与外部整合是高度相关的，所以，必须以龙头企业内部整合现状为基础，深化企业与上下游环节的利益联结机制，协调与整合整个产业链的物流、信息等资源，有效地促进农产品竞争力的提高。为此，从战略的高度提出了整合我国农业产业链的对策：①采用多种形式发展农业产业链组织，使农业产业链组织从松散到紧密，从生产为主到销售为主，从单一到综合，从短到长，从小到大，从内到外；②通过发展品牌产品链、特色农产品链和竞争优势农产品链等方式，不断凝聚农业产业链组织发展壮大的内在动力；③建立健全包括价值链、信息链、组织链和物流链的农业产业链管理系统；④为农业产业链创造宽松的法律和政策环境。

在需求、供给、分工与技术等因素的系统作用下，农业产业链链环将顺次的进行纵向的延伸。将 SCM 哲理引入到农业产业链中，构建基于 SCM 的多链、网状农业产业链框架体系，然后借助于模糊技术综合评判方法，讨论农业产业链上节点联盟伙伴的选择，从而实现农业产业链体系的优化和各联盟企业的利益共享。

产业链不能简单地被分为企业链条和产业链条。产业链条和企业链条是一个硬币的两面，彼此不能分开。经济系统的复杂性就在于整体不等于部分之和，不能将经济体与社会看成是一部机器，只能通过其各个部位复杂的相互作用来了解其行为。所谓产业链的整合就是将"产业链条和企业链条"有机组合起来，在理顺产业链条衔接关系的情况下，通过企业间链条的关联去实现产业创新与产业价值。很多学者也在这方面作出了探索，产业链整合有横向整合和纵向整合、混合整合三种类型。我国传统农业链中的诸多问题可以通过建立混合纵向一体化的链接机制得以克服，并以产业环境、顾客价值和国情因素为逻辑起点建立基于环境与企业能力不断联动优化的一体化产业价值链体系。

关于我国奶业发展的研究,主要有以下两个领域:一是从整体上分析我国奶业的发展概况和发展前景,包括对奶产品供需进行预测、奶业的发展前景、产业特征、中长期发展战略、乳业成长的阶段性、乳业的食品安全、奶业的国际竞争力、乳品产业的市场结构、乳品市场进入壁垒与产业发展和市场化进程中奶业发展中存在的问题及面临的抉择。是从相关利益主体的角度进行分析,分析内容主要是从农户角度分析原料奶生产的组织模式与效率,从乳品加工企业角度探寻乳业发展的支点;还有从奶业的流通模式角度分析超市的影响和从契约的角度探讨相关利益主体之间的合作问题。

因此,关于我国奶业的研究状况主要是从总体上进行分析,在指出存在问题的基础上提出相应的对策建议。虽然有部分学者从奶农、乳品加工企业的角度和两者之间的契约执行问题涉及了一些奶业经济发展模式的问题,但没有学者以奶业产业链中各相关利益主体的合作机制为切入点专门探讨我国奶业经济发展模式。我国奶业的健康发展离不开奶农、乳品加工企业、政府间的密切合作,只有确立适当的经济发展模式,才能实现奶业产业链条的协调运转。

"产业链条"和"企业链条"的分离和含混不清导致了产业链研究总是依附于企业理论或产业理论,因而不能完整清晰地解释产业链特殊现象。我们将依据对于中国奶业产业链的深入研究,探索建立一种模型将产业链条和企业链条纳入同一个研究框架,从而能够在产业链条和企业链条相互作用下,研究产业链的形成、构建与优化问题,也就是产业链的整合问题。所谓产业链的整合就是将"产业链条和企业链条"有机组合起来,在理顺产业链条衔接关系的情况下,通过企业间链条的关联去实现产业创新和产业价值。产业链整合的表现形式就是企业在轨道上的不断运动以及轨道自身的演化过程。这里将对于奶业产业链的生产、加工、销售等各相关产业进行研究,同时将政府、企业、农户等各个产业链主体融入其中,建立我国奶业产业链整合的框架和模式。

二、中国奶业产业链的内涵和特征

(一)奶业产业链的内涵

奶业产业链涉及奶牛良种繁育、奶牛养殖、饲料、兽药、乳制品加工、冷链建设和市场流通等产业环节,产业链长,产业环节复杂。奶业产业链包含科技、资金、劳动力、土地、粮食等产业要素,产业链成本较高,产业要素面临着短板。奶业产业链包含了政府、奶业企业、奶农、奶业协会、消费者等诸多产业主体,产业链主体众多,产业链利益分配机制还未形成。中国奶业产业链经过几十年的发展,奶业产业初步形成了产业链条,奶业成为我国一个大的农业主导产业,同时拉动了乳品加工产业和销售产业的发展,初步实现了奶源基地建设、乳品加工技术改进和销售渠道拓宽的协调发展;我国奶类总产量和乳品加工业发展迅速,尤其是21世纪来,奶牛的单产水平逐步提高,奶品加工的数量和层次都有所进步；科技含量不断提高，集中饲养、机械化挤奶和全程冷链管理促使奶业向现代奶业发展。大型乳品企业发展迅速，已经形成一定的品牌和规模效应。

（二）奶业产业链的主要特征

1. 小农经济的产业基础

我国奶牛养殖业以农户散养为主，使得奶源分散化、普遍化较为严重，小规模企业甚至是一些小商贩都能到农户家轻松地获得奶源。但是就整体发展趋势看，农户养殖奶牛始终是中国原料奶总量增长的主体，而且在未来的相当长的时间内，农户养殖奶牛仍会在中国原料奶生产中占据着重要的地位。广大农牧区的原奶生产则以粗放方式为主，个体农户养殖奶牛虽然具有成本小、发展快的特点，但是同时存在养殖地分散、规模小、奶牛品种较差，管理不规范、原料奶的收集和销售不方便，原料奶的卫生质量程度不能保证等诸多问题。

2. 产业链信息不对称

按照奶业产品信息的可获得性，奶业产品质量具有搜寻品、经验品和信任品三种特性。奶产品质量的搜寻品特性是指消费者在消费之前就可以直接了解的内在和外在特征，内在特征包括颜色、光泽、大小、形状、成熟度、外伤、肥瘦、肉品肌理和新鲜程度等，外在特征包括商品品牌、标签、包装、销售场所、价格和产品产地等；奶业产品质量的经验品特性是指消费者在消费之后才能够做出评判的内在特征，如鲜嫩程度、汁的多寡、香味、口感、味道等；奶业产品的信任品特性主要是指即使消费之后消费者也不能做出真实正确的评判的有关食品安全和营养水平等方面的特征，诸如蛋白含量、脂肪含量、干物质含量、总细菌数含量、抗生素残留检测等。奶业产品的本身具有搜寻品、经验品和信任品的综合体。奶业产品本身的特性和奶业产业链的复杂造成了奶业产业链的信息不对称。

首先，奶农由于知识缺乏造成的信息不完全。因为是小规模生产，所以不少农户事先不做充分的考察准备，就盲目引进奶牛，而没有考虑到奶牛品种以及其健康状况、奶牛饲养的环境卫生、牛奶中营养成分的含量、牛奶的卫生指标以及饲料的安全控制等，加之缺乏必要的配套措施，使得原料奶质量很不稳定。其次，在我国牛奶生产的过程中机械化程度不高，80%是手工挤奶，而且日益增多的个体奶农不注意奶牛疫病防治，原料奶细菌超标、抗生素含量过高以及很多乳品企业加工设备陈旧、工艺落后等问题一直制约着乳制品质量的提升。

此外，消费者和生产企业之间存在信息不对称，造成奶业生产的波动性比较大。消费者在购买之前不能判定想要购买的奶业食品是否是安全的。甚至当消费者购买奶业食品时，他们通常也不能识别是否该奶业食品会使他们染病，或者长期消费是否会对健康产生危害。加之我国奶业生产的小农散养模式，让买卖双方不能进行重复博弈，信用机制对生产者的激励作用丧失。

生产经营者与管理者之间的信息不对称。对政府来说，由于受制于人力、物力、财力的限制，不可能对所有生产经营者时时刻刻进行监督。而对生产者而言，质量安全措施会增加其生产成本，监管的不利则会减少生产者提供质量安全奶产品的动力。如果监管和生产者不具备相应的信息，就会"无知"地使用某些有害技术与环境生产食物，并使之流入市场，对消费者造成危害。

政府与消费者之间的信息不对称政府的食品安全信息不可以被迅速、有效地传递到消费者，消费者缺乏做出抉择的信息。

3. 产业链治理不明晰

国家发展改革委员会曾发布《乳制品工业产业政策》，从政策目标、产业布局、行业准入、奶源供应、技术与装备、投资融资、产品结构、质量安全、组织结构、资源节约与环境保护、乳制品消费11个方面指明了乳制品工业产业发展的目标和方向。

但是，伴随着我国奶业的高速发展，在全国范围内并没有形成统一的产业标准，一方面造成小企业数量猛涨，另一方面造成发展方式各式各样，奶制品质量参差不齐，奶价高低不平，难以避免地造成奶业市场的过度竞争，甚至存在恶性竞争（以次充好、以假乱真，奶粉还原奶充当鲜奶）的现象，由此必然会导致目前较低的奶业市场集中度。

奶业产业政策只是相机决策的政府规制，且规制的内容主要是针对生产主体中的奶业企业和奶农，缺乏针对奶业产业链长期发展的政府规制的框架。

4. 产业链利益机制尚未形成

中国奶源模式分为四种："公司+农户"，即分散饲养散收牛奶模式；"公司+奶站+农户"模式，即分散饲养集中挤奶模式；"公司+奶牛合作社"模式，即奶农（奶牛）合作社模式；"公司+小区+奶户"、"公司+规模牧场"，即小区模式、规模牧场模式。

据有关研究表明，我国奶制品加工企业整体上已经开始向规模化、产业化的方向发展，但就整体发展趋势看，农户养殖奶牛始终是中国原料奶总量增长的主体，而且在未来的相当长的时间内，农户养殖奶牛仍会在中国原料奶生产当中占据着重要的地位。广大农牧区的原奶生产则以粗放方式为主，个体农户养殖奶牛虽然具有成本小、发展快的特点，但是同时存在养殖地分散、规模小、奶牛品种较差，管理不规范、原料奶的收集和销售不方便，原料奶的卫生质量程度不可以保证等诸多问题。

目前我国奶业的主体经营模式是分散养殖、集中加工，产业化组织程度低，小生产与大市场的矛盾依然突出。奶牛养殖户与乳品加工企业基本上是一种通过合同建立起来的买卖关系，居于不同的利益主体，两者联系不紧密，没有真正建立起风险共担、利益均分的产业化链条，在消费增长出现问题时，加工企业往往把损失转嫁到养殖上，两者之间的利益矛盾频繁发生。而奶牛合作社、奶业协会等中介组织发挥的作用还很有限，统一防疫灭病、统一饲料配方、统一挤奶、统一配种等方面还很难实现，半数以上的养殖农户处于完全依靠自身力量进行独立生产和销售原料奶的阶段，其养殖收益因原料奶的极易腐烂变质而使收益表现出更大的不稳定性。

三、中国奶业产业链整合与产业可持续发展

整合奶业产业链就是以乳品加工为核心将牧草种植、奶牛养殖、奶牛防疫、奶源供应、乳品加工、食品销售等环节连接成一个有机整体，并对其中的人、财、物、信息、技术等要素流动进行组织、协调与控制，来实现中国奶业产业可持续发展的现代化经营模式。

（一）整合产业，实现牧草到养殖小区的封闭式管理

我国奶农之所以抗风险能力低，其主要原因有两层，一是受限于原奶收购价格的波动，二是饲料和牧草成本的上升。应该鼓励和推广那些配套有种植资源的奶牛养殖户，目前国家重视养牛小区的建设，对于规模化程度高的小区给予相应的补贴政策，导致很多没有牧草资源的小区一味地求大，隐含了很多风险。在大规模养殖下，养殖需要大量的牧草资源，随着成本的上升，面临的风险也就增加，要是以奶牛养殖业链动牧草种植业可以减少中间交易成本，同时奶牛养殖产生的大量粪便可以用于肥料还田，减少了养殖污染。所以在规模化进程中应该因地制宜，实施最佳的规模化，降低中间交易成本，减少风险，保证了奶牛养殖的原料供应。

（二）以奶牛专业合作社为主体，实现养殖加工一体化

在畜牧业养殖中，奶牛的养殖成本比较大，一群牛中有犊牛、育成牛、干奶期的牛和产奶期奶牛。饲养周期长的同时牛奶的生产又具有不易保存性，销售渠道单一，资金投入大缺乏灵活的市场应变能力。由于养殖业和乳品加工厂从属不同的利益主体，奶站和加工企业处于强势地位。加工环节是奶业产业链的核心，如果只在养殖环节联合，不能与加工企业形成对等的谈判平台，就不能打破失衡利益分配的格局。政府应该鼓励有能力的专业合作社建立中小乳品企业，或是的农民参与乳品企业的股份，使得双方成为利益的共同体。

（三）拓宽销售渠道，解决乳制品销售渠道单一化

目前乳制品的销售主要集中在超市和连锁商店进行销售，因为乳品保存期短的特性，销售终端将其成本向乳品企业施压，乳品企业迫于垄断销售的原因不得降低价格或者将成本压力转向奶源收购。拓宽渠道要求乳品企业首先要做到广泛宣传，引导消费者形成喝奶的计划，推广"一杯奶健康一个民族"的理念，引导城镇居民消费奶制品的同时把握好农村市场。其次乳品企业要针对当前奶品同质化严重的情况，对不同需求个体开发不同产品。在渠道建设上，要保证超市供应的同时，积极拓宽小城镇和农贸市场的营销网络建设。

（四）建立循环经济下的奶业产业链

所谓循环经济就是要求在从传统的依赖资源消耗的增长，转变为依靠生态型资源循环来发展产业，通过资源的高效率循环利用实现较低其至为零的污染排放。应该按照"零污染、再利用、资源化"建立一批"牧草＋生态农场＋乳品加工"的循环奶业

产业。从整个产业链来说，减少了交易主体，降低了成本，牧草种植给奶牛养殖提供了饲料，生态农场的粪便可以作为农场的生物有机肥料，同时可以利用沼气发电给牧场提供照明，加工企业作为产业链组织中的"龙头"支配着整个资源的配置，节省各个环节的交易费用。循环经济是一种生态经济，实现了"资源—产品—再生资源"流程，最终达到低资源消耗，高利用，低排放。

（五）实现利益共享、风险共担的奶业产业链

作为产业链中的核心，担负着连接上下游产业的重担，应该建立乳品销售信息库，及时将奶源供应和市场需求的信息进行整合，让各个环节的利益主体实现信息资源的共享。乳品企业应该积极拓宽销售渠道的同时强化对奶源供应农户的培训，广泛宣传奶业相关政策、养殖技巧及乳品质量安全注意事项，实现企业与奶源基地的共同发展。

第三节　生猪产业链整合

一、我国生猪产业链困境的经济学分析

（一）小农散养与现代产业体系

目前我国生猪饲养方式有三类，农户散养、专业户养猪、商品化生猪生产企业。农户散养是传统的家庭后院型生猪饲养模式，具有典型的小农特征，每户平均饲养1～5头猪；生猪饲养专业户，其家庭中大多数成员主要从事生猪的生产，平均年出栏生猪超过30头，部分专业户的生产规模已达到年产几百头甚至上千头的水平；商品化生猪生产企业包括国有或集体所有猪场，及私有（独有或合伙）的养猪企业。其生产规模和产量大大超过专业户，猪场投资巨大，生猪饲养管理水平高，疾病防治措施较完善。近几年随着市场经济的发展和农民外出务工的增加，我国一部分农民正逐渐放弃畜禽养殖，一部分农户则逐步过渡到专业化商品生产模式。同时一些发展壮大起来的农牧企业也积极参与到生猪生产过程中来，投资兴建了许多生猪养殖基地、养殖小区，使得我国规模化养猪得到某种程度的发展。

我国生猪散养户几乎都存在着资金投入少，技术水平低，管理不科学等问题。据了解我国绝大多数生猪散养以兼业的模式进行，农户大多以自产的谷物或副产品和家庭的剩饭残羹进行饲养活动。养殖中的饲料的用量相对规模养殖要少很多，尤其是精饲料用量少。除了仔猪费、防疫费和部分饲料费外，散养农户很少再支出其他现金进行养猪环境改造等，猪舍往往卫生条件差，通风不良、排泄通道不畅，对于生猪的生长、抗病极为不利。与此同时，农户养猪的人力成本投入也有限。他们很多是利用农闲时间进行生猪饲养。由于养猪规模小，他们一般不会投入太多的时间和精力学习饲

养技术，绝大多数养猪靠模仿和经验。再加之农户自身文化素质比较低，据统计初中以下文化程度的占农村人口的90%以上，然而国家、企业的养猪技术推广能力有限，使得生猪散养的技术水平不高，管理落后。不少生猪散养户防疫意识薄弱，存在侥幸心理，认为只要生猪出栏快，防不防疫问题不大。这些散养中存在的种种制约因素，一方面导致生猪营养不良，对疾病的抵抗力较低，养殖风险大；另一方面导致生猪生长缓慢，饲养周期长，经济效益低。生猪养殖是我国生猪产业链上最核心的一环，但同时也是我国生猪产业链上最薄弱的一环，处于产业链的底端。农户散养的现状使得生猪养殖的产业集中度低，养殖风险大，产业链易断层。

虽然我国生猪散养可以充分地利用农村的资源，对提高农民收入有其存在的合理性和现实意义。但是站在宏观的、长远的角度来看，广大农户的分散化养殖致使我国生猪产业在整体上缺乏竞争力，不符合市场经济和时代发展的需求。现代畜牧业产业体系将更加关注畜产品的健康安全，关注产区的生态环境，关注饲养生产方式，关注动物福利状况。所以，要采取生态化健康型的饲养方式，采取质量型增长方式，生产有机绿色畜产品，以抓住和占领未来的市场；未来是竞争更为激烈的国际化环境，是波动变化更频繁的市场化环境，现代畜牧产业体系，要将农户培育成有实力、有活力、有很强应变能力的微观主体；利用已经立法的"农民专业合作社"这个平台，动员全社会向三农注入智力资源和物质要素，建设全社会参与的现代畜牧业社会化服务体系。形成"社会化服务体系+农户=农民专业合作社"的现代畜牧产业体系组织结构，形成了有分有合、有实有虚的现代畜牧业规模化大生产。

显然，由于中国存在众多分散的养殖农户，使生猪产业链环节过多，整体联动优化受阻，链接机制不稳，极易断层，运作效率极低，并且不能有效保障食品安全，造成了我国生猪养殖业整体上缺乏竞争力。小农散养的产业基础与现代畜牧业产业体系有着很大的差距。

（二）产业链主体与市场势力

我国的生猪产业链经济主体众多，关系复杂，再加上风险承担、信息不对称等产业链经济特性的影响。产业链主体之间的市场势力差别很大。导致我国生猪产业链上任何一个主体整合产业链的实力都很有限，所以形成了产业链主体之间的由于市场势力不同，竞争多过合作。

首先，是作为生猪产业链中的基础是千千万万个处于弱势地位的小农散养户。由于我国生猪养殖环节以广大的小农户分散养殖为主，他们的规模小，集中度低，市场力量弱。小农散养的几个基本特征是：一是利润最大化，舒尔茨认为农民自身也是追求利润最大化的。二是风险厌恶，他们会最大限度地规避风险。三是进入壁垒和退出壁垒都非常低。四是无论是在上游的饲料、兽药等环节上还是在下游的屠宰、肉制品加工环节上，小农散养户均处于弱势地位。因此，他们在市场中处于原子状的游离状态。

其次，生猪产业链中的占据市场优势的企业：一是饲料企业。二是兽药企业。三是生猪屠宰加工企业。下游的屠宰、肉制品加工等行业的集中度更高，我国猪肉深加工行业主要由国几家大型企业垄断，例如双汇、雨润、得力士和春都等。尽管这些行业的集中度有高有低，进入有难有易，但相对分散化的养猪环节而言，它们都处于市场交换的权力支配地位，有大小不同的左右市场的能力。这就使得我国生猪产业链呈现两头大，中间小的结构。

最后，在生猪产业链中存在众多的销售中间商。我国有众多的生猪散养户，分布在广阔的农村地区。在传统饲养规模结构下，广大散养户不可能建立自己的采购机构，也不具备相应的技术能力。这就造成了他们与上游的饲料、种猪、兽药供应商，下游的屠宰、加工企业等交易频率高，单位交易规模小。这些企业不太可能直接与散养户进行交易，因为他们面临着高昂的信息搜寻、农户考察、产品讨价还价、交易执行和控制等费用。因此，一般上游企业是通过经销商，然而下游企业通过猪贩与农户进行交易。这无形中增加了生猪产业链的环节。而且绝大多数企业要经过多级中间商才能最终与广大养殖户链接上。因此，经销商在生猪产业链当中占据重要地位。其市场势力远远高于小农散养，甚至与企业相博弈。

因此，在生猪产业链中，企业的市场势力最强，而且不同的企业市场势力也不一样，中间商的市场势力次之，小农散养的市场势力最弱。这种非对称的生猪产业链结构对于产业链的整体发展极为不利，使交易双方事实上在市场交易中处于一种不平等地位。这是因为，在供求双方中，哪一方参与市场竞争的主体数量越少，哪一方就越容易协议控制市场，或者哪一方的市场结构的行业集中度越高，哪一方就越容易支配和操纵市场。广大的生猪散养户，自组能力弱，在生猪产业链的市场地位无疑是最弱的，几乎没有市场谈判的能力，只能被动地接受上游产业的高成本和下游产业的低价收购。而上下游环节由于处于强势地位，他们往往在市场波动时联手压低生猪收购价格，将市场风险全部转嫁给广大散养户，这使得养殖户的利润在产业链上是最少的。

二、生猪产业链整合的政策建议

（一）整合产业链资源

生猪产业是一个高风险、高投入的行业，需要整合整个产业链的资源才能有效地抵御养殖过程中的种种风险，无论是农户散养还是规模化工厂化养殖，无论是"公司+农户"还是新兴的养猪合作社等，没有产业链的支持，稳定发展均是空谈。本项目以整合产业链资源为出发点，抓住产业链整合最为关键的小农散养，依靠产业化提高养殖户的组织程度，依靠产业链整合促进企业发展。

（二）增加养殖户组织化程度

小农散养依然是我国生猪产业发展的产业基础，但小农散养面临着养殖规模小、资金缺乏、养殖技能低下，养猪保险缺失等问题，提高农户的组织化程度成为促进生猪产业发展的关键，本项目恰恰以此作为主题，增强养殖户组织程度，促进生猪产业健康发展。

（三）适度规模养殖

中国的养猪业以小农散养为基础，大型规模猪场不是中国养猪业主要业态，也不好复制，投入成本太高。从散养方式到大型规模养猪提升，需要有广大中小型规模过度，并且这种过渡期也会非常漫长。中小型规模将是中国特色养猪最大的业态。艾格菲模式将形成规模适度的养猪产业主体，成为有中国特色现代养猪最大组织形态，也是相当长时间最合适规模。

（四）循环经济发展

遵循减量化、资源化和无害化原则，将社会、环境及经济效益三者结合起来，千方百计化害为利，变废为宝，使畜禽养殖业所产生的污染减轻到最低限度，发展循环经济，走绿色、环保，资源合理利用的可持续发展之路。

第四节 农资产业链整合

农资通常包括肥料（化肥、有机肥）、农药、农膜、种子、饲料、兽药、农机具及配件等大类产品。农资下联煤、电、玉米等大宗原料产品，上联千家万户小农经济，产业链条较长，涉及市场主体复杂，同时农资产业链也是建设现代农业，确保粮食安全的重要保证。高效、安全、顺畅的农资产业链与农民增收、农业安全高度相关，不仅具有经济意义，也具有重要的政治和社会意义。然而目前，理论上还没有形成农资产业链的一致认识，实践中，也没有形成广泛的产业链管理的战略思维。对于什么是农资产业链？农资产业链的问题究竟有哪些？如何推动建立现代农资产业链？正由于此，有必要梳理我国农资产业链的现状，剖析其存在的问题，有针对性地去提出政策建议。

一、我国农资产业链的内涵及特征

产业链是围绕核心企业，通过对信息流、物流、资金流的控制，从采购原材料开始，制成中间产品以及最终产品，最后由销售网络把产品送到消费者手中的将供应商、制造商、分销商、零售商、直到最终用户连成一个整体的功能网链结构模式。它是一个范围更广的企业结构模式，它包含所有加盟的节点企业，从原材料的供应开始，经过链中不同企业的制造加工、组装、分销等过程直到最终用户。它不仅是一条联接供应商到用户的物料链、信息链、资金链，且是一条增值链，物料在产业链上因加工、包装、运输等过程而增加其价值，给相关企业都带来收益。

产业链由所有加盟的节点企业组成，其中一般有一个核心企业（可以是产品制造企业，也可以是大型零售企业），节点企业在需求信息的驱动下，通过产业链的职能分工与合作（生产、分销、零售等），以资金流、物流和服务流为媒介实现整个产业链的不断增值。产业链是一个网链结构，由围绕核心企业的供应商、供应商的供应商和用户、用户的用户组成。一个企业是一个节点，节点企业和节点企业之间是一种需求与供应关系。

农资产业链是围绕核心企业，通过对信息流、物流、资金流的控制，从煤、电、气等矿产原材料采购开始，制成中间产品以及最终产品，最后由销售网络把产品送到农户手中的将供应商、制造商、分销商、零售商、直到最终农户连成一个整体的功能网链结构模式。农资产业链的核心企业可以是大型生产企业比如云天化集团，也可以是大型农资流通企业比如中农集团，也可以是大型产供销一体化企业。

由于我国农资市场的特殊性，大型流通企业为核心企业的农资产业链仍然占绝对比重，比如以供销社为主渠道的农资流通企业占到我国化肥市场的 70% 左右，我国农资产业链具有以下鲜明的特点：

（一）金字塔形的产业链条

处于金字塔塔尖的是农资产业链的最上游，具有极强垄断性的大型矿产、能源企业，这些企业规模大、实力强、处于市场的强势地位，而且受到国际大宗原料产品尤其是油价波动的影响。金字塔的第二层是农资制造企业，以化肥行业为例，目化肥制造企业约有上万家，化肥市场出现低迷；化肥产能过剩，原料成本上涨，节能减排势在必行，淘汰落后产能大势所趋，生产企业可谓遭遇了前所未有的挑战。困境当中，许多化肥生产企业迎难而上逆市突围，有的苦练内功，加大技改，降低生产成本；有的向资源地拓展产能，发挥资源优势，实现产业规模化；有的在肥料消费地投资建厂，进一步开拓市场；有的高起点、高标准创新产品，在同质化竞争中脱颖而出。化肥制造企业正处于新一轮的兼并整合之中，然而由于进入壁垒和退出壁垒都相对较高，一些大型化肥在制造企业开始向上控资源，向下建渠道，而且握有充分的主动权，因此化肥企业处于产业链的第二层，具有一定的市场势力。处于金字塔第三层的是农资流通企业，伴随着农资流通领域市场化程度的不断深化，外资、民营资本等纷纷进入流通领域，农资流通市场主体不断增多，竞争不断加剧。供销社系统、农技系统、从事农资流通的个体、私营企业等市场主体竞争不断加剧，而且农资供应商销售的农资商品差异性不大，加上农资市场向买方市场的转变，一部分农资商品出现了供大于求的局面。从总体上来说，近年来国内农资供应商谈判能力下降。在农资销售淡季，为了尽快收回流动资金，降低储存费用，农资供应商不断缩小利润空间，打"价格战"来抛售产品。而到了农资销售旺季，因为农民消费需求上升，农资价格也水涨船高，供应商有时甚至不惜撕毁合同来弥补在淡季时所受的损失。

（二）牛鞭效应显著

牛鞭效应是对产业链中需求传递和放大效应的形象描述，是产业链物流中普遍存在的现象。在产品沿着产业链从上游向下游传输的过程中，市场对产品的需求信息也在沿着产业链自下游向上游传递，从最终产品市场上的消费者需求出发逐层地演变为节点单位对相邻的上游单位的需求，根据节点位置的不同，这种需求可表现为最终产品的需求、半成品需求、原材料零部件的需求以及产业链上游单位的投资需求。由于需求的表达是逐级的，自下向上要经过若干环节，需求信息在传递过程中会发生扭曲并被不断放大，结果是处于产业链源头的原材料供应商得到的需求信息与市场实际需求信息之间有相当大的出入，产业链两端需求信息总体偏差的量级要比其间相邻两级节点的偏差量级大得多，形成牛鞭效应的现象，就像抖动一根鞭子时，近端的小幅抖动会使远端有较大幅度的波动。农资产业链的牛鞭效应更加明显，农户、流通企业、制造企业、原材料生产商之间的信息不对称程度较高，这不仅造成整个产业链的价格和产量的波动，增加了农资产业链各个主体之间的矛盾，而且加剧了产业链整合的难度。

（三）物流成本较高

农资产业链受到农资季节性和地区性的影响，而且极易受到气候的影响，整个链条的物流成本较高。农作物生长有着极强的季节性。这是自然条件决定的，尽管反季节生产有了很大的发展，但是仍不能代表整个农业生产情况。不同季节有完全不同的作物种类，因此病虫害发生也有着极强的季节性，对土肥条件的要求也根据生长期的不同而不同。这些导致了农资产品购买的集中性，而且往往购买的时间只有短短的几天时间，过了这个季节只有等来年，这大大增加了农资运输、储存的难度，加大了物流成本。

地域性表现在农资产业链运输和配送的地区广阔，地点分散。农村分布在山区、平原、丘陵不同的地区农作物种类和种植结构不同，对农资产品需求的种类和数量也不同。不同的地域有着不同的气候、不同的作物结构、不同的水肥条件，农民有着完全不同的种植和生活习惯。不同地域的种植结构不同，对种子、农药、化肥等的要求不同。即便是同一种作物，在不同的地域，由于气候条件、水肥条件的不同，导致病虫害的发生种类不同数量不同。例如，南方以水稻为主，而北方以小麦为主。消费地点分散、需求更加分散，这都大大增加了产业链物流成本，降低了产业链效率。

农资产业链的特征根植于中国特殊的小农经济，而经济全球化尤其是伴随着我国能源国际化程度的不断提升，中国农资产业链的特征更加明显，上述的特征决定了我国农资产业链的存在的问题。

二、我国农资产业链的主要问题

（一）农资产业链整体供过于求

我国农资市场供大于求，市场竞争剧烈。农资市场总的来讲是供大于求，完全进入买方市场，生产厂商之间的竞争进入白热化阶段。由于国家对农资生产行业缺乏规范的管理制度，使得农资产业进入门槛大幅度降低，加之改革开放初期农资行业有着较高的利润空间，大量的资金流入这一行业，从而使得农资生产企业数量激增、重复建设、产大于需，这是导致农资企业恶性竞争和市场流通秩序混乱的根本原因。

恶性竞争和混乱的市场流通秩序不仅让不法投机者有机可乘，还严重地制约了业内正规企业的健康发展和规模扩张速度，使得产业内资源整合难度加大，尽管出现了一些较为有名的农资企业，但仍无法孕育出经营能力与资本实力异常突出的名牌农资生产企业和企业集团。

（二）渠道混乱，产业链连接不畅

我国农资产业链的分销网络格局是以个体经营户为主，价格仍是竞争中的主要手段。伴随着我国农资流通体制由计划向市场的快速过渡，农资生产企业彻底摆脱了旧的农资流通体制的束缚，基层国有农资经营机构成为个体经营，原供销社和农资公司的职工以及农业技术人员纷纷加入了流通领域。厂厂之间的竞争使得出现大量铺货，形成大量的呆死账无法收回，企业经营周转出现前所未有的困难；商商之间的竞争使得产品价格一降再降，经销商无利可谈，反过来又向生产厂索要利润，迫使生产厂又降价。生产厂和经销商都是苦不堪言，却谁也离不开谁。从而进入一种恶性循环状态。经过数十年的厂厂之间、厂商之间、商商之间的激烈竞争后，自然而然形成了目前这种以个体经营户为主要形式的农资分销网络格局。由于国内农资生产流通秩序的长期混乱，导致行业内企业间以高额的回扣、大量铺货为主要竞争手段，经销商以价格为主要手段来拉拢顾客。行业内竞争手段和竞争层次普遍不高，所以无法带动整个产业经营管理素质的大幅度提升。

（三）采购成本居高不下

开源节流是经营企业两大法宝，采购就成为当今企业获取利润的第二源泉。然而农资流通企业的采购成本在其成本构成中是最主要的部分，一般情况要占到企业销售成本的75%左右。由于采购环节所占成本比例高，资金投入大，采购环节管理的好坏就直接影响着企业的效益。

对农资流通企业来说，和供应商建立战略合作关系并不是一件容易的事。首先，要求双方企业的高层领导要有比较高的素质，并取得他们的重视和支持。其次，农资流通企业要在内部管理、市场影响力等方面努力超越供应商，否则很难说服供应商加入到战略合作中来。最后，这种合作关系的建立需要一定的时机，合作双方都要付出相当的努力，一旦时机成熟，就会水到渠成。

（四）供应双方博弈矛盾突出

在市场竞争中，企业经营者没有打破交易双方利益对立的传统观念，停留在企业竞争是以竞争对手消失为目标的、对抗性极强的竞争，同时没有从根本上认识到企业与企业间的竞争已转变为产业链与产业链间的竞争。为了更快地促进企业的前进步伐，就需要重新审视竞争的目的，改变竞争的观念和方式，寻求走向双赢的竞争模式，这就是竞争合作模式，它是一种高层次的竞争境界和新的竞争观念。

企业经营者必须走出竞争就是"你死，我活"的误区，树立竞争目的就是为了最大限度地利用竞争资源，提高企业竞争力，实现了利润最大化，促进企业发展的正确认识。因此在现代市场中，企业不能仅仅依靠自己的资源来参与市场竞争，提高经营效率，而要通过与产业链参与企业进行跨部门、跨职能和跨企业的合作，建立共同利益的合作伙伴关系，实现资源互补、信息共享，发展企业之间稳定的、良好的、共存共荣的互助合作关系，建立一种双赢关系。

（五）产业链效率不高

企业对产业链管理系统的理解与应用停留在传统的信息管理系统层面之上，没有贯彻产业链管理的基本思想，即实现核心竞争力的整合，其具体包括：通过内部产业链管理实现企业内部"子核心竞争力"的整合，通过外部产业链管理实现产业链上企业之间核心竞争力的整合。而这些企业仅仅对内部产业链进行管理，并没有实现产业链上企业之间核心竞争力的整合。企业实施产业链管理，不仅仅是要实现产业链信息管理系统，对企业内部资源的管理整合，更重要的是要提供一个数据共享、数据互交的平台；从而实现企业间一种新的规则，一种新的制度，使企业间资源得到最优配置，将企业自身和外部供应商、客户连接在一起，形成了一个完整的集成化系统，形成高度竞争力。

近年来，农资连锁发展迅速，但规模经济不明显、标准经营难实现及农资质量缺保障三大问题正成为专业流通型农资企业的困扰因素。我们知道，降低经营成本是连锁经营的主要目的之一，而标准化经营与保障化质量是树立连锁品牌的关键性因素。但是，对于专业流通型农资企业而言，由于存在众多中介主体，中间流通环节层出复杂，经过反复落地倒运使市场运行过程承负过高的交易费用与社会交易成本，造成农资采购价格不断提高，很难形成规模效益。与此同时，农资产品的多样化特征使目前国内农资销售呈现零散无序的局面，从而相关连锁企业难以提供相同的产品和服务，结果失去了连锁经营共享品牌资源的意义。而且，当前农资零星采购方式使农资产业链拉长，中间环节的反复倒手严重影响农资连锁经营中的产品质量。某种意义上，没有成规模的生产基地，农资生产和流通的标准化、规模化及质量化都将难以保证。因此，实现农资企业的产业链整合将是农资连锁发展的必经之路。

（六）农资市场混乱，产业链绩效水平有待提升

农资已经进入产业链竞争的时代，如何选择供应商，进行有效的供应商管理已经成为提高产业链绩效，促进农资行业发展的根本要求。近年来，受国家宏观政策调控和产业政策调整、城市化进程加快和基础设施建设规模的急剧扩大、农民种植和耕作观念的转变、严重的大范围气象及其次生灾害等诸多因素的影响，农资市场特别是农药、化肥以及种子市场，市场低迷，需求不振，库溢价跌，总的形势是主次混沌，扑朔迷离，诡异难测，乱象纷呈，走向不明，形势严峻。特别是优良种业（如蔬菜）九成以上的市场被国外进口种子所控制，同比价格高出国产种子20%，这不仅是中国种业的损失，同时还加大了全体国人的消费负担。随着农作物耕作模式的革新和反季节

作物生产规模的快速发展，农膜市场需求较大，但是同业之间无序竞争却颇为激烈。市场上"三无"农膜产品横行，劣质薄膜充斥农资市场，农膜质量参差不齐，新料膜市场份额被挤占。传统的农耕工具已基本淡出市场。各种农业机械工具市场虽有国家兴农倾斜扶持政策的推广激励机制，但没有达到预期的效果，农机产品销售差强人意，旺季不旺，补贴效果不够明显。因此，农资市场的混乱恰恰是产业链绩效不高的表现，只有不断加大产业链整合水平，才可以更好地规范市场秩序，确保农户收益。

三、我国农资产业链管理的对策

（一）建立产业链整合的战略思维

中国农资行业进入产业链时代。行业兴衰枯荣不取决于生产企业、流通企业、消费企业及消费者个人的其中任何一个环节或方面，而是取决于整个产业链条的竞争力；有关政府部门、行业协会、科研院所、有关媒体和国内外相关组织和机构，都是农资产业链不可缺少的环节和方面。在农资行业，生产企业离不开流通企业，流通企业也离不开生产企业和消费者（农民），农民自然也离不开产销企业和科技推广部门。任何一个企业和单位，如果想在市场上有所作为，就必须把自己融入到产业链之中去，在产业链的协调运转中有所作为，达到自己的目的。产业链时代讲求整体运作、和谐相处、合作共赢。企业经营的不仅是产品，而且经营自己的理念、意识、文化、品位。对于有助于整个产业链高效运转、健康发展的企业，能够成为产业链有机组成部分，借助产业链能够更好、更快、更持久地实现企业的发展目标；相反，必将被产业链、最终为市场所驱逐和淘汰。

（二）建设多功能的农资物流园区

随着企业市场范围的不断扩大，很多企业开始放弃自建车队而选择第三方物流，但由于目前所谓的第三方物流只是停留在简单的运输或仓储层面，不能提供整个产业链的管理服务，所以仓库管理混乱、运输成本和损耗较大等问题一直困扰着诸多化肥和农药企业。通过建设多功能综合性的农资物流园区，形成一个较完整的农资流通网络。打造具有农资交易平台、物流平台、信息交流平台、电子商务交易平台、一站式社会综合服务平台等多功能的综合性物流园区。通过智能化系统服务，建设农资和农产品质量跟踪系统，把物流园建成农资和农产品的生产商的企业形象和品牌形象提升的新支点。

（三）发挥农资产业链双向物流作用

积极探索实现农资下乡、农产品进城的双向流通功能，农资行业发展物流，是形势所迫。农资物流成本高，收益率低，利润回收期较长。因此农资企业要想提高利润，必须延伸产业链，充分发挥农资产业链的双向物流作用。做到农业产供销一体，形成闭合的循环产业链。可联合合作社发展物流，除了提供化肥外，也会收购合作社的水果和粮食。此外，在物流园建设还会加强高科技、高附加值的仓储建设，譬如建保鲜气调库，从而长时间存储，这样能够提高农产品价值，不论是从利润值还是从产业链提升上，都是一个很好的尝试。

（四）完善农资产业链支持政策

1. 放宽产业链融资信贷政策

鼓励金融银行部门开展农资产业链金融，加大对流通企业参与农资物流产业园区、整合农资产业链等项目的支持力度，不能将其看作是单纯的企业行为和部门利益，而应当从根本上保障农资产业链和信贷资金安全的角度认识这一政策。同时，建议有关部门降低大型流通企业发行企业债券的门槛，并且鼓励有条件的农资产业链企业上市融资。

2. 支持大型农资流通企业开展测土配方施肥等产业链终端服务

一部分大型农资流通企业已经完全具备开展测土配方施肥工作的各方面要素条件，只是这事在衔接和操作层面上还没有落实。比如省级大型农资流通企业一般都已经产供销一条龙，都有百万吨的生产能力，都形成的化验、抽检服务体系和配套设施，都有完整的农化服务队伍。建议国家通过推行项目招标，与流通企业合资建立新企业开展测土配方施肥，委托大型龙头企业承担测土配方任务，支持企业设备更新等措施，充分发挥大型农资流通企业在开展测土配方施肥中的重要作用。同时，对有关企业测土配方肥料的登记、生产、经营提供法律、政策支持，这件事对农民有利，对流通企业有利，希望有关部门能尽快破题。

3. 建立化肥流通企业产业链风险补偿机制

鉴于农资流通行业特别是大型农资流通企业在承担国家储备任务、发挥市场基石作用的同时，也承受着巨大的市场风险，建议应允许其税前提取一定的产业链风险基金，用以补偿市场风险和自然灾害造成的严重损失。

4. 建立基于产业链的化肥、农药商业储备政策

实践证明，实行化肥、农药储备在保障供应、稳定价格等各方面发挥了重要作用，是利国利民利企的好政策，应长期坚持推进，并在稳定政策的基础上进一步予以优化：一是根据市场形势适当放宽储备期；二是依据市场缺口由承储企业自主、灵活确定储备品种；三是仓储指标向有资金、有实力、有网络、有集散能力的大型龙头企业集中，同时进一步提高门槛；四是在市场异常或出现自然灾害的情况下，考虑将贴息额在基准利率基础上适当上浮，或者适当延长储备期。

第五节　饲料产业链整合

一、产业链中饲料企业与经销商的博弈

从横向上来讲，行业分销商在行业中占有越来越大的比重，尤其是伴随大量的合并和兼并的发生，它们变得也越来越具有影响力。越来越多的经销商以规模优势、成本优势等改变了销售渠道中的力量对比，同时，还有一些经销商联盟利用最接近消费者的有利位置和绝对的市场销售优势对上游的饲料制造商施加影响。饲料制造商和经销商之间渠道关系中的关键因素是双方讨价还价能力，因此他们运用讨价还价博弈理论探讨渠道成员之间的讨价还价过程，研究发现讨价还价过程确实影响了渠道成员的合作程度。运用博弈理论研究获取决策优先权的零售商战略联盟对参与联盟的零售商、未参与联盟的零售商存在影响，证明了在一定条件之下，联盟能实现某种部分"多赢"。

（一）产业链中企业与经销商博弈模型的背景分析

中国传统农业是小农经济的生产模式，养殖业以散养为主，处于家庭副业的地位。中国的畜牧产业就像是一个小生产者的汪洋大海，无论是散养农户，还是畜禽专业养殖户，生产规模都比较小，仍然属于小农生产者的范围，这些小生产者的比例占畜禽生产者的 99% 以上，提供了 70% 以上的畜禽产品。作为中游产业的饲料产业是以这样数以亿计的小农户为客户的。

因此，一方面是饲料产业的迅速发展，另外一方面是小农散养的饲养格局不断固化。再加上我国农村地区地广人稀，交通落后，公路运输成本高，饲料加工企业越来越依赖于经销商。受我国小农经济因素的制约。制造厂想立足于市场，必须将产品通过经销商、经销商分销，扩大产品的覆盖面，能否有效与通路合作，调动各级经销商、经销商的积极性，很大程度上决定了企业能否生存。也正因为如此，饲料经销商越来越多地挤占了养殖户和饲料生产商的利润。不仅如此，一般而言，饲料经销商会对饲料进行二次加工，这会对饲料安全乃至食品安全造成不容忽视的影响。

对饲料企业而言，经销商的网络、人力、资金可给厂家带来"产品低成本进入市场创造销量和利润"的效益，在此期间经销商就是厂家的销售经理。饲料制造商和代理商是两个独立的利益主体，作为理性的经济人，他们经营的目的是追求利益最大化。因此，经销商的想法往往和厂家相悖。

（二）产业链中企业与经销商博弈模型的构建

假设饲料制造商向 m 个经销商销售其产品，而每个经销商又对应着 n 个零售商。

为简便起见，假设经销商面临相同的成本和平均需求结构，且假设单个零售商的随机需求状况相同，但它们是独立分布的。

假设饲料制造商的单位固定成本为 C_p，在其他契约既定时考虑饲料制造商和第 j 个经销商之间的关系。饲料制造商的利润为：

$$Z = \sum_{k \neq i} \left[W\left(W_k^0\right) - C_p Q_k^0 \right] + W^j\left(Q_j\right) - C_p Q_j$$

他的冯·诺伊曼效用函数为 $H=H(z)$，W^j 是经销商 j 的付款计划（WPS），它通过当事人的协商达成，Q_j 为经销商的需求数量。W 和 Q_k^0 分别为 WPS 的均衡解和其余 m-1 个经销商的需求。零售商的任意行动决定需求数量，而零售商的任意行动又取决于 RPS（零售商的付款计划），进而取决于 W^j。经销商的任意行动中包括选择作为交易伙伴的零售商名单。如果由零售商产生的利润带给经销商的期望边际效用

$$E\left[U'\left(\dot{R}^i - \left(C_i + \overline{W^{j'j}} \right) q_i \right) \right]$$

为正值，那么这个零售商就会成为经销商的交易伙伴，否则，他将被排除。显然，W'越高，名单中的零售商就越少，反之亦然。因此，W^j 的选择影响经销商和零售商之间的契约和经销商的任意行动，经销商和饲料制造商在协商他们的契约时应该把这些效应考虑进去。所以，根据当前作为市场渠道概念的契约集合，渠道层级中的下级成员把上级的契约看成是给定的，而上级成员则考虑他们的契约给下级契约造成的影响。显然，给定层级中契约的当事人可能会正确地认为，他们的契约仅仅是上层成员签订的一些契约中的一个，他们也须认识到自己的契约给自己滋生的下层分枝造成的影响。

理论上，在一个多层渠道中考虑监控方案的所有可能组合是可能的。然而，在现实当中几乎是不成立的，我们仅考虑需求状况在渠道中两两层级间被监控的方案，此时，经销商的成本包括两部分：（a）从制造商获取 $Q = \sum_{i}^{n} = 1 q_i$ 单位的物品所花费的成本 W（Q），和（b）经营（包括存货持有）并向第 i 个零售商发送 q_i 个物品的成本 $\sum_i C_i q_i (i = 1,2,\cdots,n)$。经销商的利润取决于零售商的 RPS（零售商的付款计划）$V^i \theta_i$ 和需求状况，所以，经销商 j 的利润为：

$$\mathbf{y}_i = \sum_{i=1}^{n} \beta_i\left(\theta_i\right) + \overline{W}^{j'} Q_j - W^j\left(Q_j\right)$$

二、产业链中饲料企业与养殖户之间的博弈

（一）产业链企业与农户博弈模型的背景分析

小农散养是我国养殖业的主要生产方式。在小农散养的情况之下，散养户的技术力量显然难以和现代技术相比，难以得到必要的技术培训，现实生产中的猪种改良、全价营养、猪病防治等技术常常成为散户饲养的巨大障碍，某些企业为了销售而进行的培训，往往不系统，多是为了实现销售目的。由于技术水平低，生产效率并不高。缺乏技术，知之甚少。我国农村的养殖技术多来自模仿别人，跟着干，还有一些出于个人想象。由于对养殖业特点和客观形势了解甚少，又缺乏最基本的养殖技术知识，所以从事养殖业生产具有很大的盲目性，往往搞养殖赔了钱还不知道赔钱的真正原因在哪里。

（二）产业链中企业与农户博弈模型的构建与分析

假定在博弈的第一个阶段，养殖户购买厂商的饲料进行饲养，并通过销售产品获得收益。但是这样要经过一个很长的过程和产业链条。小农散养依然是我国养殖业的主要生产方式，"养猪为过年，养鸡为吃盐"的养殖习惯仍然没有改变。在这种情况下，小农散养注定追求短期利益。当行情好，利润高时，养殖户就会扩大养殖的规模，但由于资金的原因，也不会太大。行情低落时，就会减小养殖的规模，不用或少用饲料以减少成本。所以当单个养殖户的波动扩大到 n 个时，饲料企业的利润必定会随之波动。

进入第二期博弈，首先假定养殖户的收益函数为 $y_1 = p_1 * q - C(c_1 = P_2 * Q, c_2, \cdots) + \varepsilon$，饲料厂商的收益函数为 $y_2 = P_2 * Q - C$，其中养殖户购买饲料的量 $c_1 = P_2 * Q$ 正好等于饲料厂上出售饲料的量 $P_2 * Q$，p_1 表示牲畜的价格，P_2 表示饲料出售的价格，其中 ε 为一个均值为零的随机变量。我们引入不完全信息，假定市场需求不光是价格的函数，而且还受到随机冲击的影响。如果养殖收益下降了，养殖户就必须判断其原因到底是饲料问题还是市场本身不景气，这是一个典型的信号提取问题。但无论如何，如果养殖户的收益 $y_1 = p * q - C(c_1 = P * Q, c_2, \cdots)$ 下降，无论是饲料价格问题，还是产品销售问题，养殖户就不用饲料，甚至不再从事养殖。

第三期博弈，首先是饲料厂商之间的博弈，竞争日益激烈，提供养殖服务和收购以赢得竞争优势。厂商通过提供养殖服务和发展食品加工可牢牢地控制养殖户。首先稳定饲料产业的利润，然后扩大利润增长点，最后形成稳定的利润流。养殖户的收益也会增加。农民养殖户是公司的终端客户，是公司产品的最终购买者，只有当农民养殖户源源不断地购买公司的产品并走上养殖致富的道路，公司才有生存的保证。养殖效益提高了，养殖业才会发展，养殖业发展了，才能促进饲料工业的发展。这样，企业的发展才会有希望。另一方面，伴随着我国畜牧业的发展，肉品消费已经由数量需求向质量需求转变，人们对品牌食品的要求越来越高。仅仅是初级产品的利润很低，

只有发展食品加工产业，不断创造品牌，才可以真正舞动整个产业链，建立企业竞争优势。

　　我们通过以上的理论分析可以得到一个产业链整合的大致框架。饲料企业作为整个产业链当中实力最强，和各产业关联最紧密的产业主体，在现阶段的产业链困境之下，首先通过整合与自己联系最紧密的饲料流通环节，通过创新流通模式，增加终端养殖户和饲料厂商本身的收益，主动拉进与最终端客户的距离，节省交易费用，甚至可以直接与养殖户建立联系，省去中间环节。然后通过延伸整合上游的食品加工行业，发展产业链的最终出口，通过产业链保证食品安全，把小农散养，饲料经销商，食品加工等各个行为主体统一到产业链的共同体当中，最终通过品牌建设牢牢控制产业链，建立企业长期的竞争优势。

第六章　"互联网＋"农业智慧粮食

第一节　"智慧粮食"系统总体设计方案

一、设计原则

（一）统筹规划，资源共享

"智慧粮食"工程建设涉及面广、工作量大、技术含量高，必须按照规范、标准的要求，统筹规划，理顺各种关系，避免重复建设，进而建立全省统一网络平台、统一应用平台和统一接口标准，促进了资源共享。

（二）需求主导，讲求实效

粮食行业突出自身粮食特色，不盲目仿效其他行业，不盲目贪大求全，做到和实际现状、工作需求、技术趋势、待业发展密切结合，实用有效，切实可行，急用先行，适度超前，力争在一些关键领域取得重点突破，力求实效。

（三）突出重点，有序推进

信息化建设周期长、范围广，必须从实际出发，分类要求，逐步实施，突出重点、上下联动，选定有限目标，取得经验，以点带面，逐步推广；同时实行统分结合，上下互动,鼓励有条件的市、县、企业分门别类地先行先试,率先进行信息化先进技术和管理模式的开发应用,取得经验后全省推广。

二、总体架构

(一)系统基础平台

系统基础平台是满足系统稳定、高效、安全运行所需要的,包含下列几个方面:①基础网络:基于省政务内网资源,建设完成覆盖省、市、县三级粮食行政管理部门并延伸至骨干库点的政务内网;基于运营商宽带资源建设向管理相对人提供服务的政务外网;政务内网和政务外网间,根据电子政务网络信息安全建设的保密要求,采用隔离网闸进行安全隔离;基于运营商互联网资源建设服务社会公众的公众网络,公众网络与政务内网和政务外网之间实现完全的物理隔离。②基础设施,即数据中心机房建设所需的动力配电系统、空调新风系统、消防报警系统、弱电控制系统、机柜系统及防雷系统。③网络设备,即网络路由、安全、监控等设备。④物联设备,即向粮库、物流设施等提供实时监测所需的监控设备和感知设备。⑤存储设备,指提供海量数据存储和备份等功能的设备。⑥灾备系统,用于存储备份设备及异地容灾方案。⑦运维系统,用于对系统网络状况、硬件设备运行和软件运行进行实时监测,保证系统稳定高效地运行。⑧系统软件,包括操作系统、GIS中间件、应用中间件与数据库平台等。

(二)粮食数据中心

粮食流通管理数据中心的建设集集中式和分布式于一体,管理中心负责管理全省的粮食流通数据资源,并负责进行统一维护,但对于有条件的市、县可以设立分布式中心,为省粮食流通数据管理中心承担辖区内粮食流通的数据维护和对外共享服务工作。

(三)应用支撑平台

应用支撑平台主要包括地理信息平台、数据共享平台、协同应用平台、内容管理平台、数据挖掘平台及应用集成平台。应用支撑平台起到承下启上的作用:"承下"是指其基于数据中心,提供数据关联、处理和转换等服务;"启上"是指其为上层应用系统提供数据整合和共享、公共组件访问、统一用户权限、统一内容管理、统一地理空间及数据挖掘分析等服务。此外应用支撑平台也为系统与外部系统、外部资源提供交换与集成服务。

(四)数字政务平台

数字政务平台主要包括办公自动化系统、数字证书认证系统、电子公文交换系统、电子印章签章系统、视频会议系统及权力阳光系统。数字政务平台以政府权力数据库为核心,综合采用协同应用技术,构建起覆盖政府内部办公、横向和纵向的电子公文交换及政府权力透明运行的所有政务处理的信息化系统,实现单点登录、统一门户、集成办公的用户体验。

（五）精确业务平台

精确业务平台主要是指省、市、县三级粮食行政管理部门由权力延伸的业务管理及政府直属的粮食储备体系的垂直业务管理支撑平台，主要包括业务资格管理系统、粮食行政执法监督及信用系统、粮食地理信息系统、粮库管理信息系统、粮食收购管理系统、储备粮油管理系统、粮油流通统计系统和财会核算审计系统等，和数字政务平台集成政府内网门户，实现办公业务一体化的用户体验。

（六）智能决策平台

智能决策平台主要包括粮食监督检查系统、粮食预警及应急指挥系统和粮食决策支持系统，是数字政务平台与精确业务平台自然延伸的高端应用平台。其综合采用地理信息技术、物联网技术、视频监控技术以及数据挖掘技术打造集电子化监控、智能化预警与应急指挥为一体的信息化支撑平台。

（七）应用门户展现

应用门户包括政务内网门户、政务外网门户及电子商务门户3个部分，政务内网门户作为访问系统应用服务的单点登录入口，为不同角色的用户群体提供协同办公、相应的数据和应用服务；政府外网门户作为体现服务型政府的一个窗口，主要是面向社会公众的，提供新闻动态、可公开粮食政务公开信息的查询浏览、办事指南、在线办事、投诉举报等功能。电子商务门户为社会公众和商务会员访问粮食公共服务平台的单点登录入口，为他们提供粮食产品物流、交易与便捷支付等服务。

（八）公共服务平台

粮食公共服务平台是粮食行业采用俱乐部体制与其管理相对人或者说与其会员之间互动和交流的平台，是政府通过市场化手段整合资源，为其管理相对人提供更为优质和高效的商务服务平台。有了该平台，就能够更好地促进地域经济及粮食产业的发展，其主要包括产品服务平台、物流服务平台、支付服务平台及渠道服务平台，提供电子商务、市场监管及整合营销服务。

（九）标准规范体系

标准规范建设对上述工程项目的顺利实施起着先导作用。该工程涉及粮食流通管理业务数据采集、综合库及数据仓库建设、四大应用平台建设、安全体系建设、管理和运维体系建设。这些建设内容均需要标准规范的支撑，据此拟建立四大标准体系：数据规范、体系规范、接口规范和运管办法，在工程建设初期，数据规范是重点完成的体系。

（十）运维服务体系

①运维服务体系包括粮食流通管理数据中心整体维护计划的制订、执行、监督检查和更新完善。②粮食流通管理数据中心维护团队建设，包括管理中心的人员职责、专业人才培养、各类技术支持公司的服务外包及其服务职责。③粮食流通管理数据动

态更新的法律法规保障，技术层面的数据共享服务制度。④预警应急事故的应急处置预案的建立。⑤数据备份容灾制度、数据安全保密制度及责任追究等制度。⑥粮食流通数据管理中心其他日常管理规章制度。

（十一）系统安全体系

系统安全体系从物理层安全、网络层安全、系统层安全、应用层安全和数据层安全等方面为整个系统的安全提供保障。

1. 物理层

设置监控设备、消防安全设备、安防设备、防雷系统及中心机房空调设备等。

2. 网络层

设置基于政务内网与公众网络的物理隔离，网络防火墙、入侵检测设备和网络运行监控系统等。

3. 系统层

系统软件定期安全补丁及更新，系统管理员、数据库管理员强密码认证和定期更新制度保障。

4. 数据层

执行数据双机热备；数据备份策略，依据不同数据的安全要求，制订每天、每周、每月的定时备份计划；定期刻盘或异地容灾备份。

5. 应用层

①身份认证。按保密局的强密码要求，或者结合市委市政府已建设的 CA 系统。②授权体系。应用功能、数据访问范围等。③管理模式。管理员、审核员、安全监督员三重管理模式。④日志审计。用户登录、数据浏览、下载、编辑、删除、应用程序访问、数据交换等。⑤数据传输。B/S 程序采用 https 方式传输，C/S 程序在不影响性能的前提下加密传输。

6. 管理层

包括各项目管理制度，例如安全管理规范、安全技术标准与安全运行标准等。

三、技术实现

"智慧粮食"工程基于网络硬件平台、数据标准及安全体系，采用 SOA 架构理念构建技术架构。整个技术框架有如下要点：①通过网络硬件平台中的网络设备、主机设备、存储设备及安全设备等实现符合实际要求的平台网络拓扑，并提供相应的存储、安全等基础设施服务。②管理中心数据库以 Oracle 数据库软件为核心进行架设，支持空间数据、粮食流通数据的存储及集群。③通过 Tomcat/Weblogic、ArcGIS Server 及 ArcGIS SDE、OLAP Server 及 MQ 等中间件提供应用部署、管理、空间数据访问管理、多维分析与数据挖掘及消息管理等组件服务。④企业服务总线和流程集成服务是实现以服务为导向的 SOA 架构体系的关键。通过对各应用系统业务及场景的梳理、建模，使用 EJB 等技术实现各类服务，使用 SOAP，WSDL 来定义服务规范，这些服务在企业服务总线进行注册和管理，各异构业务系统通过企业服务总线来访问服务以实现服务共享。流程集成服务通过使用 BPEL，XPDL 等标准工作流定义语言来定义编排跨系统、跨部门的业务流程，并调用发布在企业服务总统上服务来完成业务流转，并实现相应的监控管理。⑤通过企业服务总线发布的服务支持 TCP/IP、HTTP 协议，可以采用 Web Service，Rest 等接口形式。⑥ SOA 架构的上层应用系统可以采用 Java.Net，Flex 等平台语言进行开发，方便适应灵活的业务场景和要求。

第二节　“智慧粮食”各平台方案的具体设计

一、“智慧粮食”基础平台设计

（一）总体设计

1. 基础平台

基础平台主要提供系统建设和运营所需要的中心机房、基础网络、网络设备、服务器设备、存储设备、备份设备和系统软件等。

第一，基础平台的设备选型和建设，主要考虑下列 4 个方面：①安全因素：机房物理安全、网络安全和数据安全。②系统承载量：包括用户量、并发访问数、应用计算负载需求、服务器性能、存储和备份容量、网络压力、负载均衡需求、系统软件性能。③单点故障：由于核心设备损坏或应用压力造成的服务中断。④海量数据及计算：包括系统涉及的海量基础空间数据、综合管线数据和专业管线数据，以及对海量数据的展现、传输、空间分析计算和模型模拟计算的能力。

第二，基础平台按以下现状或者需求为参照进行设计。

（1）网络设计

划分核心网络区域和普通网络区域，核心网络区域部署系统关键网络设备和硬件设备，防止网络负载或其他情况造成系统核心服务中断，且关键设备应进行热备设计。

（2）数量容量

根据业务调研情况，整体业务数据量约为 200G，每年应考虑有 2～5G 的增量，再考虑基础地理信息约 300G，后期监控数据和其他专业数据的集成，系统整体存储和备份应以 10T 为目标，应设计易拓展的存储形式。

（3）系统压力及对策

压力主要体现在用户量和并发访问估算（政府内网部分）上，省、市、县三级粮食行政主管单位及扩展的储备粮库总量按100家估算，每个单位按日常平均20人使用系统，整体用户量大约为2000了，系统真正的活跃用户大约为300人，并发访问量估计在100左右。内网部分承载系统核心数据和应用服务，服务压力大，可通过以下几个方面进行设计：①数据库服务器：选择2台高性能的小型机作为数据库服务器，部署企业版Oracle 11g平台（含RAC模块），2台数据库服务器间作为集群，以起均衡数据服务负载的作用。②应用服务器：根据不同的应用系统单独划分专用应用服务器，专门提供数据交换共享服务、业务服务与决策服务等，防止由于不同应用系统部署在同一台应用服务器上而产生故障骨牌效应。应用服务器根据其提供应用服务的压力，可考虑部署集群，集群可通过应用中间件完成或者通过硬件负载均衡设备完成（例如F5负载均衡设备）。③空间数据引擎（ArcSDE）：系统提供的空间数据浏览、编辑维护、存储、分析、3D模拟等功能都需要通过ArcSDE与数据库连接，势必会造成ArcSDE的数据访问压力，可以根据ArcSDE的压力情况进行负载均衡部署。④应用系统设计：主要提供数据查询浏览的服务，应基于B/S架构，并采用AJAX等技术减少网络负载量和服务器端压力；提供专题制图、空间分析、数据维护、数据转换等服务的应用，宜基于C/S架构，由客户端承载数据的计算工作，减少服务器端计算压力。

（二）机房建设

粮食流通管理数据中心机房建设的设计思想是：严格地按照机房建设的规范标准设计，建设先进的供配电系统、智能便捷的集中监控系统、安全的消防系统，建立一个"绿色、舒适"的机房环境。在系统设计中充分考虑布局的合理性、机房的安全性、可维修性和可扩充性，使机房设计具有超前意识和较高的科技含量，并且考虑今后增加设备所需的空间、动力和空调，能够满足今后发展的需要。

由于数据中心机房是服务器、网络设备与安全设备的安置地点，因此必须及早对其进行设计施工，以保证"智慧粮食"工程的顺利实施。

数据中心机房的建设内容主要包括建筑装修改造系统、动力配电系统、空调新风系统、消防报警系统、弱电控制系统、机柜系统、防雷系统等七大部分。

1. 建筑装修改造系统

建筑装修改造系统是整个机房的基础，需为新增设备的机房及设施进行改造，为放置机架、服务器等设备预留空间，并合理布局。

2. 动力配电系统

计算机系统是由计算机设备、外部设备、辅助设备及工程工艺设备等四大部分组成。因此，计算机机房的供配电系统就是为满足这四大部分的要求，为保证获得稳定、可靠的电源而服务的。计算机设备供配电系统提供电源的质量好坏，直接影响着计算机系统工作的稳定性和可靠性。

3. 空调新风系统

由于机房里存放着大量且密度非常高的 IT 设备，必然产生热量，这就对空调系统提出了更高的要求。要保证设备的可靠运行，又需要机房保持一定的温度和湿度。

4. 消防报警系统

消防报警系统是机房必不可少的一个安全保障。机房消防必须采用无腐蚀作用的气体自动灭火装置。气体自动灭火装置的灭火性能可靠，不损坏电子设备，暗管布方式安装，不影响机房整体效果。消防报警系统的设计主要包括火灾自动报警系统的设计、消防灭火系统的设计和消防联动系统的设计等。

5. 弱电控制系统

弱电控制系统是整体机房的神经中枢。整体机房控制室具有高度自动化的特点，它要求以最少的维护人员，运用最优化的运营维护手段，来实时监控机房中每一个设备所处的物理环境。其中的门禁系统、机房集中监控系统和安保系统等，要实现对整个机房进行无死角的全方位监控。

6. 机柜系统

建设机柜系统，集中放置和管理服务器和网络设备，有助于节约机房空间，提高了显示器等设备的复用度，加强对设备的管理。

数据中心对机柜的需求表现在 4 个方面：热量管理、线缆管理、机柜电源分配、兼容性及其他先进性能。良好的机柜系统有助于解决机柜应用中的高密度散热、大量线缆敷设和管理、大容量配电及全面兼容不同厂商机架式设备这些难题，从而使数据中心能够在高可用的环境下安全运行。

7. 防雷系统

网络防雷是一个不容忽视的问题，雷击常会带来网络硬件（MO-DEM、网卡、路由器等）损坏、数据通信中断等危害。因此，一定要选择一个专业的系统防雷方案，这不仅可以保证网络设备、网络数据的安全运行，同时也给机房操作人员营造一个安全的工作环境。

（三）网络设计

1. 主干区域设计

粮食流通管理数据中心内部网络核心层设备作为宽频网络的骨干，必须能够提供快速的数据交换和极高的永续性，从备份和负载分担角度选用单核心、双引擎；从设备角度考虑，选用交换性和可靠性极高的高端路由交换设备，支持电源冗余、风扇冗余、分布式转发等特性。同时，降低核心设备配置的复杂度，减少出现运行错误的概率。

在此网络中，我们将采用由冗余引擎、冗余电源、冗余链路连接的核心路由交换机，打造网络平台的核心部件，用此来确定整个网络各项业务数据流量的高速数据路由和转发，从而提高整体网络的稳定性与可靠性。

2. 接入区域设计

采用接入层交换机设备连接网络终端用户及省政府政务内网。

3. 网络核心区域在设计中包含以下几个方面

①采用1台核心路由交换机，提供万兆接口、万兆主干带宽，负责整个网络各项业务数据流量的高速数据路由和转发。②实现灵活的安全策略部署，为内部网络、数据中心和网络边界等不同区域提供不同的安全防护。③提供 QoS（Quality of Service，服务质量）策略部署，保证关键网络应用数据流量的优先、高速与稳定传输。④支持网络管理策略，实现对整体网络资源运行状况的监控。

4. 办公区域包括以下几个方面

①需提供高带宽、高容量及高密度线速转发网络接入设备。②能够有控制地访问数据中心服务器群资源。③组建网络管理区域，安装网络管理软件，实施分布式部署，实现对网络资源；系统服务运行状况的监控。

5. 接入层区域包括以下几个方面

①网络接入层设备需提供高带宽、高容量及高密度线速转发网络接入设备。②接入层网络采用交换机，通过万兆光纤和核心交换机分别级联以保证主干链路的万兆带宽。③鉴于安全和应用的需要，终端接入层设备需支持接入安全策略，如 ARP 解析。④源地址检测和 DHCP 侦听等功能，限制终端非法配置静态 IP。⑤支持远程安全接入，连接各级单位。

（四）网络管理

根据本网络设计要求，政务内外网需要对网络出口进行安全控制和管理，而且需要用户访问进行控制，对网络数据流量进行安全管理，有效地解决网络接入安全问题。还需要考虑到对系统实施信息管理，在能够对用户终端进行适当控制的同时，也能够对服务器运行状态进行统一的状态管理。

在政务内网配置2套应用服务器，分别安装网络管理软件。其中1套应用服务器安装网络管理软件，搭建备份环境，让主管理服务器宕机时，不会让整个网络环境瘫痪，影响网络运行，导致业务中断。

（五）服务器系统

1. 数据库服务器

使用两台 IBM POWER 750 小型机服务器，组成系统政务内网数据库系统服务器双机高可用性集群。

每台数据库服务器利用两块 4GB 光纤通道卡，通过全冗余备份连接的方式分别连接到两台光纤交换机上，实现和1台 IBM DS5100 磁盘阵列柜的互联，同时达到冗余备份的目的。

使用两台 IBM POWER 550 小型机服务器，组成系统政务内网数据库系统服务器双机高可用性集群。

每台数据库服务器通过两块 4GB 光纤通道卡连接到 1 台 IBM DS5020 磁盘阵列柜中，达到冗余备份的目的。

2. 应用服务器

使用 7 片 IBM HS22 刀片服务器组成系统政务内网应用服务器。

推荐使用两台 IBM POWER 550 小型机服务器组成系统外部网络应用服务器（与政务外网数据库服务器共用）。

3. 前置机

使用 IBM System x3850 X5 服务器组成系统与市、县级储备粮库前置机。

4. 备份服务器

使用 1 片 IBM HS22 刀片服务器构成系统备份服务器，用于实现对系统平台中数据库的数据的安全备份以及可以安装防病毒软件。

5. 管理服务器

使用 1 片 IBM HS22 刀片服务器构成系统内网管理服务器片 IBM HS22 刀片服务器用于备份，保证在主服务器出现故障时，可以自动实现服务器的功能切换。

（六）存储系统

1. 设备选型

系统中最为宝贵的财富就是数据，要保证业务持续地运作和成功，就要保护基于计算机的信息。人为的错误、硬盘的损毁、电脑病毒和自然灾难等都有可能造成数据的丢失，给用户造成无可估量的损失。计算机系统业务数据丢失是一场大灾难，会导致系统文件、业务数据的丢失，业务就难以正常进行，必会造成极大损失。

考虑到产品的可靠性、稳定性、扩充性与性价比等因素，使用 IBM 5020 磁盘阵列柜、8 块 7 200 W SATA1I 2TB 硬盘，存储系统的重要业务信息数据。

2. 部署方式

对于 IBM 5020 磁盘阵列柜配置的硬盘，7 块 SATAII 2TB 硬盘做成分布式奇偶校验的独立磁盘结构（RA1D5），其中一块做热备份硬盘。当保存数据的 7 块硬盘中任意一块出现故障时，热备份硬盘会自动接管故障硬盘的工作，同时磁盘阵列柜会发出警告，提示管理员更换硬盘，这样即使在更换新硬盘前再损坏一块硬盘，也不会丢失数据。

（七）备份系统

1. 设备选型

为保证系统局域网数据的安全、可靠，避免由于人为或系统软、硬件的故障造成不必要的经济损失，在本方案中可选用专业级备份软件在制订备份策略的前提下对数据进行备份，并将其存储在虚拟磁带库中。

2. 部署方式

通过在指定备份服务器上安装专业级备份软件，在数据库服务器上安装 Oracle Agent 软件，并制订备份策略实施备份，把重要数据备份至磁盘存储阵列或虚拟磁带库上。

3. 远程容灾

"智慧粮食"工程投入运行以后，将 7 天 × 24 小时提供各类服务。政府工作具有不可中断的特性，因此除了对关键应用（如数据库服务）采用群集技术、对所有重要数据每门采用磁带备份，还建议设立一个异地容灾机房，用于防止一些不可抗拒的破坏性因素如火灾等对系统的破坏与中断。

异地容灾系统是指在数据中心以外建立另外的数据备份系统，作为容灾备份中心。这种容灾备份中心可以根据需要，全部或部分、实时或短期地恢复主站点的系统和数据。

从整体来考虑的话，建议依托专网的建设，利用宽带运营商现有的机房，建设小规模的容灾机房，以保证在发生重大灾害时，管理中心的关键应用系统能继续运行。

二、"智慧粮食"数据中心设计

（一）运行机制建设

根据对工程的理解，先需要建立粮食信息格式标准，依据相关标准建立适合的系统数据库，并建立起完整的数据更新维护机制。

1. 运行机制标准建设

制订数据共享与安全管理办法。数据共享管理办法为获取各粮食流通子系统的业务数据提供行政依据；数据安全管理办法防止数据滥用和隐私泄露等情况发生，确保数据得到安全管理。

①建立数据中心的运行管理机制，特别是共享数据的采集、更新与发布机制，以及流通节点提供数据和获取数据的机制。②建立公共数据源标准、代码标准。③建立数据交换技术标准和接口规范，确保了数据互联互通。

2. 保密安全防范措施

①必须有严格的权限设置功能。为方便用户，此设置应尽可能灵活。②数据安全。系统应具备保证数据安全的功能。重要数据，系统只能提供有痕迹的更正功能，预防有人利用计算机犯罪。③重要数据资料要遵守国家有关保密制度的规定。从数据输入、处理、存储和输出都要进行严格审查及管理，不允许通过流通节点追溯子系统进行非法扩散。④重要保密数据。要进行加密处理后再存入机内；对于存贮磁性介质或其他介质的文件和数据，系统必须提供相关的保护措施。⑤数据交换共享时提供（输出或产出）的数据必须符合国家、行业和地方有关数据标准。

（二）数据库建设

在粮食流通体系建设过程中，可以采集并动态维护的数据主要是粮食流通数据。可通过人工采集、数据共享交换等多种方式建立粮食流通体系数据中心，为宏观决策提供数据支持。对粮食流通数据进行集中管理，保证数据的一致性、准确性和完整性，从而为政府部门提供基础数据支持。数据库建设分为 5 个部分：①采集数据库。②交换数据库（包括前置数据库）。③核心数据库。④元数据库。⑤元数据库维护。

1. 采集数据应

系统为每个没有独立部署系统的流通节点（如农贸市场、团体消费单位等）提供 Web 数据填报方式，由各流通节点直接在网上填报粮食流通数据，填报的数据保存在各追溯子系统中，子系统按时和粮食流通追溯中心库进行交换。

采集过程通过在数据交换平台完成，采集到的数据统一被存入一个临时库，通过比对、核实后进入实际的粮食流通追溯中心数据库。

2. 交换数据库

交换数据库主要包括如下几方面：①与中央追溯管理平台的交换。②各追溯子系统与粮食流通追溯中心摩的交换。③产销对接核心企业的信息系统与粮食流通追溯中心库的交换。

3. 核心数据库

核心数据库及粮食流通追溯中心数据库，存放粮食流通过程中的类中信息，包括各节点信息、检验检疫信息、检测信息和交易信息等。

核心数据库还包含城市追溯管理平台信息以及各流通追溯子系统提供的相关信息。因此系统将通过共享交换方式实现数据入库。

4. 元数据库

元数据是对数据的描述，因本系统涉及的部门多，信息复杂，需要对各部门相关数据信息进行描述，形成元数据库，便于以后系统的扩展。

元数据对于数据的管理、使用和共享均有重要的作用。具体作用可以归纳如下：①帮助数据管理者有效地管理和维护数据，建立数据文档。②提供有关数据存储、数据分类、数据内容和数据质量方面的信息，便于用户查询检索环境数据。③提供通过网络对数据进行查询检索的有效方法或途径，包括与数据交换和传输有关的辅助信息。④帮助用户了解数据，以便对数据能否满足其要求做出了正确的判断。⑤提供有关信息，以便用户处理和转换自己所需要的数据。

制订粮食信息的元数据规范后（XML Schema），每个业务数据库的元数据就是一个 XML 文件。元数据采用 Web 服务的方式来发布。Web 服务是可以使用标准因特网协议进行访问的可编程应用程序逻辑。用户可以通过普遍的 Web 协议及数据格式访问 Web 服务，比如超文本传输协议（HTTP）和可扩展标记语言（XML）。此外，Web 服务接口根据 Web 服务接受和生成的信息进行严格的定义。只要可以创建和使用 Web 服务接口定义的消息，Web 的使用者就可以用任何编程语言在任何平台上实现编程。元数据发布服务提供了一个跨平台的检索元数据的编程接口，这个接口为其他数据库的用户提供了一个访问元数据的通道，这样编辑好的元数据内容就可以从数据库中发布到网络上了。

粮食元数据库及元数据库规范的建立，是整个粮食核心信息库维护和管理的基础，包括数据查询模板，都是通过元数据直接设定各模板的查询条件、查询结果、关联数据表、关联条件和操作步骤等。

5. 元数据库维护

（1）元数据维护

即对系统内的粮食信息元数据进行管理和维护。元数据采集平台是整个元数据标准化工作的起始点。数据采集人员通过此平台将收集、发现和提取到的元数据录入并提交审核。同时在此平台中用户还能对已失效的元数据提出废止申请，或对已发生变化的元数据提出更新申请。

在整个数据仓库环境中，可以通过元数据管理工具从各个数据仓库组件中收集元数据，存储到元数据库中，然后向商务局用户传递和展示正确的信息。采集、集成和描述元数据可以扩展到十分广泛的范围，可以在设计和建模的过程中，可以在数据转换、清洗和过滤的过程中，也可在数据移植的过程中。

（2）灵活配置

因为流通节点追溯子系统数据库中可以共享的数据都只是一部分，所以对需要进行共享的数据资源的格式进行元数据采集。元数据的采集将提供手工采集和自动采集两种模式，通过这两种模式可保证元数据维护的灵活性。在手工采集模式下，元数据采集人员需要自行录入或导入相关元数据的内容；在自动模式之下，每当共享信息资源发生改动都会向元数据采集系统发送消息。

（三）数据运行管理

1. 基础信息数据模式

粮食业务数据库的建设包括两个方面：一个是数据采集，一个是数据交换。但其主要核心是数据交换，数据交换同时也是数据共享的基础。数据交换是基于星型结构的，需要集成的数据在进入平台时转化为统一的数据格式，在离开平台时由相应的接口转换成专有数据格式。

另外，从数据库构造角度分析可将粮食信息数据库划分为采集库、交换库及综合库。从功能角度分析，可将粮食流通管理数据库系统划分为基础数据采集系统、数据交换系统、运行管理与监控系统。

2. 粮食信息数据管理系统

在没有数据标准的时候，对同一个数据字段，数据中心会保存多个来源的版本。系统提供工具、服务来展现数据的不一致性，数据管理员根据工作制度及相关规则，进行比对、冲突检查、数据审核和数据转换。当数据达到一致性、完整性的要求时，数据将由采集库转存到粮食流通追溯核心库中，并且通过数据交换系统以订阅/发布的方式提供给各业务部门使用。

当数据有冲突时，由数据中心核实数据的真实性，并通过系统进行反馈，将相关修改内容通知各流通节点，实现对流通节点某些数据的更新。

粮食信息数据管理系统维护一个面向对象的公共数据模型，公共数据模型是公共数据标准规范的实现。公共数据维护系统控制着公共数据的输入和输出，为数据质量把关。

3. 运行管理与监控系统

为方便对数据中心的管理和维护，需要一套功能完整的运行管理与监控维护系统。运行管理系统主要提供给数据中心的系统管理人员使用，用于保证数据中心的安全可靠和高效运行。其功能主要包括面向安全性的用户管理、权限管理和密码管理，也包括面向可用性的节点管理和状态监控，以及面向运行管理机制的信息管理等。

三、"智慧粮食"应用支撑平台设计

（一）GIS

GIS 经过多年的发展，逐渐成为一门相当成熟的技术，且得到了极其广泛的应用。尤其是近些年，GIS 更以其强大的地理信息空间分析功能，在 GPS 及路径优化中发挥着越来越重要的作用。GIS 是以地理空间数据库为基础，在计算机软、硬件的支持下，运用系统工程和信息科学的理论，科学管理和综合分析具有空间内涵的地理数据，以提供管理、决策等所需信息的技术系统。简单地讲，GIS 就是综合处理和分析地理空间数据的一种技术系统。

GIS 在最近 30 多年内取得了惊人的发展，广泛应用于资源调查、环境评估、灾害预测、国土管理、城市规划、邮电通信、交通运输、军事公安、水利电力、公共设施管理、农林牧业、统计和商业金融等几乎所有领域（加测绘、应急、石油石化等国民经济各个领域），以下具体说明其在各个领域内的作用。

1. 资源管理

主要应用于农业和林业领域，解决农业和林业领域各种资源（如土地、森林、草场）分布、分级、统计和制图等问题。

2. 资源配置

在城市中各种公用设施、救灾减灾中物资的分配、全国范围内能源保障、粮食供应及其在各地的配置等都是资源配置问题。GIS 在这类应用中的目标是保证资源的最合理配置和发挥最大效益。

3. 城市规划和管理

空间规划是 GIS 的一个重要应用领域，城市规划和管理是其中的主要内容。例如，在大规模城市基础设施建设中使用 GIS，保证绿地的比例和合理分布，保证学校、公共设施、运动场所和服务设施等能够有最大的服务面（城市资源配置问题）等。

4. 土地信息系统和地籍管理

土地信息系统和地籍管理涉及土地使用性质变化、地块轮廓变化、地籍权属关系变化等许多内容，借助 GIS 技术可以高效、高质量地完成这些工作。

5. 生态、环境管理与模拟

区域生态规划、环境现状评价、环境影响评价和污染物削减分配的决策支持，环境与区域可持续发展的决策支持，环保设施的管理、环境规划等都可以通过 GIS 技术实现。

6. 应急响应

在发生洪水、战争、核事故等重大自然或人为灾害时，GIS 可以帮助安排最佳的人员撤离路线，并配备相应的运输和保障设施等。

7. 地学研究与应用

地形分析、流域分析、土地利用研究、经济地理研究、空间决策支持、空间统计分析和制图等都可以借助 GIS 完成。

8. 商业与市场

商业设施的建立要充分考虑其市场潜力。例如，大型商场的建立如果不考虑其他商场的分布、待建区周围居民区的分布和人数，建成之后就可能无法获得预期的市场和服务面。有时甚至商场销售的品种和市场定位都必须与待建区的人口结构（年龄构成、性别构成、文化水平）、消费水平等结合起来考虑。GIS 的空间分析和数据库功能可以解决这些问题。房地产开发和销售过程中也可利用 GIS 进行决策和分析。

9. 基础设施管理

城市的地上地下基础设施（电信、自来水、道路交通、天然气管线、排污设施和电力设施等）广泛分布于城市的各个角落，且这些设施明显具有地理参照特征。对它们的管理、统计和汇总都可借助 GIS 完成，且可以大大提高工作效率。

10. 选址分析

根据区域地理环境的特点，综合考虑资源配置、市场潜力、交通条件、地形特征和环境影响等因素，在区域范围内选择最佳位置，是 GIS 的一个典型应用领域，这充分体现了 GIS 的空间分析功能。

11. 网络分析

建立交通网络、地下管线网络等的计算机模型，研究交通流量、维护交通规则、处理地下管线突发事件（爆管、断路）等应急处理，以及警务和医疗救护的路径优选、车辆导航等都是 GIS 网络分析应用的实例。

12. 可视化应用

GIS 以数字地形模型为基础，建立城市、区域，或大型建筑工程、著名风景名胜区的三维可视化模型，实现多角度浏览，这个功能可广泛应用于宣传、城市和区域规划、大型工程管理和仿真、旅游等领域。

（二）共享服务平台

1. 建设目标

数据共享服务平台是本工程建设的一个重点任务，为"智慧粮食"系统使用者提供数据和应用共享服务。

（1）建设粮食流通管理数据共享服务相关标准体系

粮食流通管理数据标准，既是数据共享服务平台建设的必要条件，也是数据共享服务平台的建设成果之一。该工程将梳理各权属单位粮食流通管理数据，结合数据共享需求，推动粮食流通管理数据共享服务相关标准体系的建设。

（2）实现粮食流通管理数据交换和动态更新

为集中数据中心和分布数据中心提供双向数据动态更新机制服务，分布数据中心的各类粮食流通管理的更新数据可及时汇总至集中数据中心，集中数据中心中的更新数据也可分发至各分布数据中心，保持双方数据的完整性、准确性和即时性。

集中数据中心作为数据共享服务的主体方，集中提供粮食流通管理的数据与应用服务，分布数据中心不提供数据的共享和应用服务。

（3）为管理相对人及社会公众提供数据应用服务

为管理相对人及社会公众提供粮食可流通公开数据的查询浏览服务，增强服务型政府的能力。

2. 平台架构

数据共享服务平台面向不同的用户，根据用户角色与权限进行数据、功能、界面的定制与配置。

数据共享服务平台根据粮食流通数据标准、各相关职能部门的管理需求，以及数据保密等要求，为各类型用户群体提供目录服务、数据服务与应用服务等，实现粮食流通数据的共建共享。

（1）目录服务

提供元数据服务，包括注册、查询与发现这 3 部分，便于服务提供方注册服务，接受服务方查询并发现目录服务内容。如提供服务方、信息权属单位、定位信息、数据的密级、数据的发布时间、数据采集方式、数据质量精度、数据格式、数据内容说明、数据使用说明和获取数据服务的方式等。

（2）数据服务

提供数据查询、综合分析、获取和展现的访问接口服务。

142

（3）应用服务

直接面向最终用户或应用系统提供应用程序服务，具备 GIS 基础的查询服务、采集录入、分类输出和空间分析等功能。

（4）接口服务

根据不同应用程序、不同服务内容提供 RI 录服务、数据服务和应用服务的访问接口，接口采用业内成熟的技术标准；并且针对特殊的异构数据或应用，开发针对性的适配器接口。

（5）系统服务

对服务的内容、方式、性能和安全等方面进行管理，评估分析不同服务的提供方和请求方、服务内容，以便对服务功能、系统性能做进一步的优化。对于上述服务，以下会具体描述：

第一，目录服务。

目录服务是粮食流通管理数据共享的基础，是数据提供者和数据使用者的纽带。目录服务的设计遵循 OGC 目录服务规范，着重于采用 WSDL，SOAP 等 Web 服务标准实现粮食流通管理元数据目录服务。

目录服务结构。目录服务的主要功能分为发现、访问和管理功能。其中：①发现功能允许客户端（用户或应用程序）定位所需数据，包括了用元数据关键字搜索特征集合、查询数据集等，为目录服务必须实现的功能；②访问功能包括直接访问和代理访问两种方式，提供数据高层操作功能；③管理功能提供对目录的注册、更新和删除功能。

目录元数据。目录服务提供的元数据信息包括：①资源名称；②资源标识符；③资源分类；①资源摘要；⑤权属单位；⑥资源负责方；⑦资源提供方；⑧资源需求方；⑨资源获取方式；⑩空间坐标系；⑪信息字段；⑫数据格式；⑬数据量；⑭地理覆盖范围；⑮数据质量信息；⑯参照信息；⑰资源更新时间；⑱资源权限级别；⑲资源受用对象；⑳资源发布者；㉑资源发布时间；㉒数据的存储位置；㉓数据名称；㉔数据类别；⑥数据访问方式；㉖活动图层；㉗提供服务的访问地址。

目录服务接口设计。目录服务根据 OGC 目录服务规范提供基于 Web 的目录服务接口，用以实现用户和目录之间的发现、发布及访问等交互功能。主要接口有 OWS-Common，WRS-Retrieval，CSW-Publication 等，分别用于实现基本 OWS 服务、针对目录的发现以及发布等功能。

第二，数据服务。

交换部署方式。数据交换以采用交换中间服务器和交换前置机的方式实现，兼容在线交换和离线交换两种方式。①交换中间服务器环境规范。交换中心设在管理中心的中心机房，根据交换功能和性能要求，对所需的网络、服务器、数据库等做出配置要求，规范交换中间服务器的命名规则、各项配置要求。②单位前置交换机环境规范。对各单位前置交换环境所需的网络、服务器、数据库等提出配置要求，规范前置交换机器的 IP 地址、交换节点服务器的命名规则与各项配置要求。③数据交换服务。数据交换服务基于数据交换中间件，提供根据数据标准配置需要交换的内容、数据路由、数据传输、加密解密和认证权限等服务。④数据动态更新。集中数据中心和分布数据中心各自采集和更新的数据，通过数据交换，进行增量、定期双向交换，建立双方的数据动态更新机制。⑤离线交换。未接入政务内网的单位或者其他职能部门，根据数据标准或双方定制数据适配器，通过数据拷贝等离线传输方式完成数据交换。

交换模式。系统建设采用集中式和分布式结合的数据中心，通过数据共享服务平台实现集中式与分布式的数据交换，数据交换拟采用两种模式：第一种是主动拉取式，由集中式中心主动发现分布式中心数据的变化，根据变化内容主动拉取更新部分；或者分布式中心主动发现集中式中心数据的变化，根据变化内容主动拉取更新部分。这种方式可在要素层进行，有利于数据的实时交换，但由于系统间要相互直接访问，破坏了系统间的相对独立性和安全性。第二种是主动推送式，集中式中心或分布式中心的数据被发现变化后，主动发布变化的内容供对方拉取。这种方式主要在数据版本层进行，可保证系统间的独立性和安全性，但无法体现数据交换的实时性，会造成最新数据的不同步，需要通过管理手段作为技术手段的补充，上述两种方式可在工程建设过程中，根据具体情况进行选择。

数据的定制与配置。根据不同数据服务对象的角色与权限，提供默认的定制数据服务及用户配置的数据服务（如果有权限）。

数据服务安全性。数据服务的安全性主要体现在以下几个方面：①参与数据交换的安全认证体系：基于系统统一的安全体系，对可获得不同类型数据服务的服务请求方进行验证。②数据服务授权：根据请求方的角色与权限、数据密级，提供相应的数据服务。③数据加密传输：管线数据在经过网络进行传输和交换时，必须要进行加密和签名，防止外泄或恶意篡改。

第三，应用服务。

应用服务主要包括数据信息的采集更新、查询浏览、统计、分析、编辑、输出及发布等各项功能。

第四，接口服务。

服务接口层对目录服务、数据服务和应用服务进行封装，根据不同的用户或应用程序提供不同的访问方式的接口，提供时应遵循现有或通用的技术标准，如 SOAP Web 服务、REST 风格的 Web 服务、OGC 标准的服务，或按需求提供定制的应用程序 API 或标准控件技术，方便第三方根据其自身业务需求或技术路线进行选择。

数据共享服务平台的服务接口属于本工程标准规范建设范畴，应在项目建设过程中予以丰富完善。主要接口应包括：①目录服务的发现、访问和维护等接口。②数据请求、查询、浏览、下载和转换等接口。③数据交换的提交、撤销、检查、签收、接收、回退和交换状态查询等接口。④应用服务的功能分解、获取、组装和集成接口。⑤元数据定义获取接口。⑥组织架构获取接口。⑦身份认证与授权接口，包括与 CA 认证中心的访问接口。

第五，系统服务。

服务日志。①管理中心管理员可以查看数据共享服务平台的各种日志记录。②操作日志记录所有用户在访问数据共享服务平台时所执行的各种操作，如服务的注册管理、请求的数据服务、数据更新服务、访问的应用功能等。③引擎日志记录数据交换中间件引擎的工作信息。④错误日志记录平台的各种错误信息。⑤随着时间的积累，日志信息量将会变得很大，占用大量存储资源，严重影响平台性能。管理员可以指定日期，删除陈旧的日志数据。⑥清理日志只会删除数据库中的日志记录，不会删除日志文本文件，管理员可以手工备份和清理相应的日志文本文件。

安全管理。系统基于统一的基础安全体系，从数据存储备份、用户身份认证与授权、网络安全和数据加密传输等方面提供安全保障。

消息服务。系统通过消息中间件，面向管理员、数据交换参与方等用户提供服务异常、数据交换等提醒功能。

统计分析。系统对数据共享服务平台中的交换数据量、数据交换频率、不同数据被请求服务的次数、数据提供方和请求方参与数据交换的频度等数据进行综合统计分析，有利于我们对系统资源进行合理化的分配，鼓励受欢迎的数据提供方建立更为有效的数据共享互惠模式。

（三）数据挖掘平台

1. 平台概述

数据挖掘平台集智能查询、定制报表、多维分析以及仪表盘功能于一体，突出"以简制胜、以智创新"，为最终用户提供直观友好的人机界面；通过最简单的操作将数据转换成蕴涵价值的知识，使管理者与决策者得到更及时有用的决策信息，帮助用户获得竞争优势。

2. 客户价值

数据挖掘平台可以使工作人员按他们自己的需要，利用其强大的平台功能来挖掘有价值的数据信息。他们可以在他们需要的任何时候和任何地方，通过仪表盘轻松获得有价值的数据信息，如各种智能查询结果、统计分析报表，以及通过交互式的基于业务主体的多维分析能力，帮助用户获得竞争优势。其具体客户应用价值如下：①帮助工作人员组织和展现业务数据，使它易于访问、分析和探察。②帮助管理人员确定和发现业务趋势，获得新的洞察点。③帮助管理人员将视点集中在特殊的信息点上，突出显示需要立刻受到注意和重视的区域。④帮助决策人员迅速找到解决业务问题的答案和业务发展方向。

3. 应用特点

（1）创新的应用模式

数据挖掘平台创新性地采用"建模—实施固化—应用"的模式，把用户细分为两种不同类型的人员，即配置人员和使用人员，针对他们分别设计了相应的使用界面和应用功能，通过配置人员的使用，固化出各种应用资源对象，使用人员可以直接选取和组合这些应用资源对象，并提供进一步个性化的桌面定制功能，实现直接通过自己的仪表盘探察自己聚焦的组织数据，极大地降低了最终用户的使用难度，更加符合本土化的应用需求，从而实现为全组织提供一体化的数据探察环境，形成"以简制胜、以智创新"的具有中国特色的商务智能应用环境。

（2）统一的风格界面

数据挖掘平台提供了统一的风格界面，直观、易于熟悉，通过鼠标的简单操作就可以完成复杂的查询和分析工作。数据挖掘平台采用 Flex 2.0 技术，支持直接图表钻取功能，且使用浮动窗口式的仪表盘，使得展现的灵活性和定制性相得益彰。

（3）集成的应用体验

与传统商务智能软件产品不同，数据挖掘平台提供了一个集智能查询、多维分析、定制报表和仪表盘功能于一体的集成化数据探查环境。其创新的应用对象资源化技术使得每一个应用对象都被资源化了，均被提供唯一的 URL 接口标识。用户在自己的应用系统中可以轻松集成这些应用资源对象，实现无缝整合。

（4）可靠的安全机制

数据挖掘平台采用 Spring Security 2.0 作为保护项目资源的安全框架。该框架提供全面的安全性解决方案，同时在 Web 请求级与方法调用级别处理身份确认和授权这些问题。

（5）灵活的访问控制

数据挖掘平台内置强大的可插拔式的访问控制组件，更易于与客户现有单点登录系统集成，可以灵活地自定义用户访问控制策略。可插拔式的访问控制组件技术确保本产品可以无缝地嵌入客户的产品或应用解决方案中。

4. 系统功能

（1）报表制定

第一，报表制定由两个部分构成：报表设计器和报表服务器。①报表设计器是基于桌面的一个应用程序。其设计和编辑报表，自带报表运算引擎，连接数据库后可预览及打印报表，并可生成其他格式进行保存。设计器不依赖于其他部分，可作为独立的工具使用。②报表服务器，提供了统计报表运算和数据填报处理的服务，报表被发布到报表运行平台上之后，可以自动转化成网络报表（Web 页面报表）。

第二，功能特点。①类 EXCEL 报表设计。②友好的报表设计向导、标准 SQL 编辑器，支持中文表达式。③支持拖拖拽拽画报表。④支持普通文本、图片字段/文件、子报表、HTML 文本等多种单元格数据类型。⑤报表样式各不相同、不限子报表的嵌套层数。⑥灵活快捷的分组汇总机制。⑦支持多种条形码。⑧报表内嵌统计图，完美实现图表结合、一表多图。⑨支持在磁盘、数据库、指定 URL 中加载图片或者程序中生成图片。⑩拥有丰富的数据集、单元格函数和表达式，用户可随心所欲地控制报表的计算及展现，同时支持自定义函数。⑪参数、特色宏可以实现更加灵活的报表查询与定制服务。⑫特有的内建数据集，方便对脱机报表的浏览与调试。⑬提供统计图配色方案自定义及函数的编辑功能。⑭查询表单在设计器中轻松设计。⑮简单灵活的数据填报设计，让数据采集在 Web 上变得更容易。⑯底图描绘的套打报表，10 倍效率超越传统方式。

（2）智能查询

智能查询有时又叫即席查询。智能查询的操作都在网页中实现。也就是讲，不需要客户端程序，也不需要安装任何插件，就可以在网页中完成元数据定义、查询方案及查询界面显示方案的配置工作，所见即所得，用户即刻可获得任何查询方案的查询、统计和分析结果。其中功能特点包括：①完全的 Web 应用。所有操作都在网页中完成，但不需要安装任何的浏览器插件。也就是说，只要有 Web 浏览器就可以配置随机的数据查询，没有额外的系统维护工作。②基于业务视图的查询。对象定义将复杂、混乱的数据库信息转换成用户可识别的业务视图。智能查询就是基于业务视图创建的。由于业务视图屏蔽了数据库、无视了数据的复杂性，用户看到的都是业务术语、业务关系和业务含义，保证了智能查询的简单性和方便性。③支持图表功能。智能查询除了展现查询数据以外，还可以依据模板绘制各种分析图表，让查询结果变得更直观。④支持复杂运算。组合、汇总、比较、排序、筛选（包括提示筛选）和各种运算函数（包括自定义函数）等都可以在智能查询中进行。⑤查询速度极快。智能查询底层引擎包括了一系列的优化算法和数据处理方式，保证用户在第一时间看到查询结果，而不需要等待后台数据的运算完成。⑥保证数据安全。通过业务视图中的行级权限控制，保证不同权限的人查询到的数据范围不同。

（3）多维分析

多维分析对用户的海量数据进行自由建模，并且允许用户进行多角度、多层次分析，对海量数据分析达到实时响应，并借助各种图形对数据进行形象的展示。它的功能特点包括以下几个方面：①在线分析。针对海量数据达到实时响应，用户可以随意对数据进行分析，不必为数据的响应时间而担忧。②自由建模。用户可根据需要分析的主题建立所需的立方体，根据立方体配置所需的分析，不需专业人士进行开发，即可快速地对各种主题进行分析。③随意分析。支持按用户分析数据的角度组织数据，允许用户随意切换分析数据的角度，灵活地观察数据。④数据钻取。支持用户对数据进行钻取分析，可以由高层维度钻取到低层维度，对同一维度数据进行多层次观察，并可以观察数据的构成。⑤钻透明细。可对数据进行宏观统计，也可以由宏观数据钻透到明细来追踪数据来源，查看数据形成的具体原因。⑥数据过滤。支持用户对数据按传统方式进行条件过滤，也可以对维度成员进行过滤，对某几个成员进行单独分析，达到切块和切片的效果。⑦形象直观地展现数据。采用先进的 Flex 2.0 技术，以图形和表格相结合的方式探察数据，可以任意切换表格和图形的布局及图形的种类，支持直接图表钻取、切片和旋转，展现效果更加形象直观。

（4）仪表盘

仪表盘是整个数据挖掘平台的最终用户使用界面，是非常直观地管理驾驶舱，为最终用户提供"一站式"的监控和分析系统。其是最具个性化的体验。现今，仪表盘不再仅仅为决策人员所专有，运营经理、业务部门经理都可以通过仪表盘来直观地查看他们的业务活动。支持根据用户的需求来进行个性化操作。产品内置了大量页面布局模板，用户可以随意选取、组合和调整，可按照自己每个阶段所关注的内容，配置仪表盘每个页面的内容，实现最佳的用户体验效果。

（四）协同应用平台

协同应用平台主要提供以团队协作为目标的协作软件工具，如待办事宜、内／外部邮件、内／外部短信、通知、公告、工作日程、工作计划及统一的消息提醒服务器。

统一消息提醒服务器是将协同应用平台内置的多种消息提醒机制整合成一个统一的消息提醒服务器。该服务器不仅提供人机界面，实现手动输入消息提醒信息，而且为与之集成的各类跨平台应用提供统一的消息提醒服务接口，体现"信息找人"的协同应用理念。

该平台主要由以下几个部分组成：①协同消息门户；②消息提醒服务器；③消息服务接口；④管理模块；⑤日志模块；⑥协同软件工具，如待办事宜、内／外部邮件、内／外部短信、通知、公告、工作日程和工作计划等。

（五）内容管理平台

1. 设计思想

（1）模块化设计

一般的门户版面设计是固定的，尤其是栏目的增加和减少会对整个页面的设计产生影响，而作为实际的应用一般是不可能完全将栏目设置考虑周全的，尤其是门户的内容庞大而复杂。因此，我们需要考虑的是将所有的栏目完全模块化，系统可以自行添加模块，通过后台的配置工作即可在页面上自动显示该模块。

（2）平台化设计

门户不只是一个信息传递的窗口，实际上还是个内部办公的资源整合平台，可以整合各类资源信息，包括数据库信息、政务文件信息和各部门信息；同样也可以是各类应用系统，通过约定，在系统中将各类应用集成为系统的某个功能模块，此时只需要对配置文件进行修改就可以实现对整个功能的应用。

（3）元件化设计

系统采用独特的界面、内容分离的设计思想，把门户中需要表现的各种内容以网页元件的方式封装起来，在美工设计界而完成以后，可直接插入网页元件，在线生成动态网页。已经生成的网页，也可以改变元件类型、元件参数的方式在线修改。

（4）分布式信息采编

门户涉及的信息来自各级部门，信息量之大、信息种类之多，使得传统的信息中心人员的维护方式越来越不适用。

本系统中将采用分布式信息采编模式来实现对门户信息的动态维护。系统可以动态指定每一个门户栏目的采集人员、审核人员和签发人员，这些人员来自各个部门。这样，就可以使信息的产生者成为信息的提供者，确保了信息的及时性、有效性和准确性，降低了信息中心管理人员的工作强度。

（5）开放型接口

门户提供的大量信息都来自各部门，同时门户中的短信平台等功能也可以为各级部门提供通用服务。这些功能都可以通过门户中的开放型接口来实现。门户提供 Web Service 方式的信息上报接口，允许政府部门的 OA、门户直接调用，无缝上传信息资料，这提高了信息报送效率，简化信息员的工作。

2. 信息栏目

（1）粮食信息查询

针对系统面向公共实际应用，在网页上输入流通节点编号或条码，可以查询流通交易和药检信息，包括产地、种植单位、批发商、零售商和是否药检合格等信息。

（2）粮食信息发布

政府通过公共网，定期发布粮食的行情、供需、召回、预测等及时性信息，指导行业发展。

（3）通知公告发布管理

政府通过公共网，定期发布食品安全生产知识、法律法规、行业标准和指导意见等。

（4）诚信经营

政府通过公共网，定期发布诚信评定、诚信榜单和品牌推广等信息；企业可通过公共网，推广市场活动和宣传产品信息；消费者可以通过公用网，发布投诉和建议信息。

3. 门户前台主要功能

（1）网上投诉举报系统

门户为注册用户提供以下功能：①在线与服务人员进行点对点的交流；②直接通过表单提交问题；③短信、邮件定制便民信息；④对所有自己提出的问题可以进行跟踪；⑤管理自己的个人信息；⑥对处理问题的结果进行反馈；⑦满意度调查；⑧检索便民知识库，一些常见问题自己解决。

（2）投诉举报

公众可以在线填写投诉举报信息，可直接选择对具体部门进行投诉，也可不选择具体部门。

（3）状态查询

系统提供给用户一个组合条件查询的功能，可以查看已经提交的事项办理状态和通知信息。

（4）结果反馈

各职能部门将处理结果反馈给举报人。

①在线留言：促进市民、企业和办事人员对项目处罚过程中的问题和意见的交流。提供两种交流方式，可以是实时的交流，也可以是留言方式的交流。②视频新闻：播放重大事件、政务热点和领导讲话等流媒体视频内容。③门户专题管理：用户可以通过门户来自己定制一些专题。④网上调查：网上发布调查问卷，供市民投票、评论，后台可以灵活设置调查问卷。在系统网页上可显示当前调查的问题和往期的调查问题。⑤网上投票：提供对网上投票器的管理，可以任意发起一起投票，投票内容可以自己定义，可以对投票结果进行查询。⑥门户导航：系统自动生成门户栏目导航（或称为门户地图）。⑦门户统计系统：可以按以下类别进行统计：汇总统计；信息采编工作量统计；按用户统计；按栏目详细程度统计。⑧全文检索系统：提供全文搜索引擎，与系统实现无缝集成，可以快速搜索用户需要的各类信息。全文搜索引擎需准确、快速，适合为门户提供站内全文检索服务。全文检索系统具有支持海量数据的多并发的快速查询、按照相关性排序、关键词飘红、动态摘要和支持常用的搜索语法等功能和特点。

检索环境：不添加其他扩展功能（比如同义词搜索、专题优先排列、复合检索等），每次出 10 个结果，单词检索，非多重栏目选择，不进行数据库读写。支持每秒 20 次以上的并发的全文检索，增加文章数量到 300 万篇对性能的影响不是很大，适当增加文章篇幅对效率影响不大，采用的更快主频的 CPU 和增加 CPU 个数对性能会有比较大的提高。

以上是最优环境下的数据。在实际运行过程中，可通过 cache 的结果，在普通 PC 服务器下完成每日数百万次的全文检索。

对于要求不高的需求，在虚拟主机上即可完成。对于绝大多数应用，除硬盘不需要额外的硬件投入，甚至可以节约出更多的 CPU 资源（撤换基于数据库的检索系统可以节约出更多 CPU 资源）。

4. 内容发布平台

内容发布系统主要功能包括采集写稿、审核写稿、签发写稿、我发布的稿件、待审核稿件、待签发稿件、已发布稿件、评论管理、我的草稿稿件和回收站。

系统需提供内嵌页面编辑器，进行灵活的页面编辑，同时可以即时预览页面效果。对上传的文字、图片，按照统一的格式模板进行自动编辑，也可以按照实际需求更改文字的颜色、字体等等。模版格式包括字体、大小、颜色、行间距、列间距以及图片尺寸。对上传的已经有格式的信息，可以选择是否保留原有格式，或套用规范格式。图片下方可以附带文字说明。需提供直接编写 HTML 代码的功能，可以通过编辑源代码实现所有的功能，包括直接修改文字、图片、声音、动画和视频文件的功能。

（1）信息发布

①可视化编辑器，要求支持 ActiveX 控件，可从外部编辑器中自动粘贴图片和表格，并保持原格式信息（字体、字号和颜色）。②对文档的标题可以进行简单的编辑，可修改标题的字体、字号和颜色等属性，并可自动计算标题字数。③可以编辑各种图片属性，存储各种规格的缩略图，增加水印等，同时也能像文档一样分栏目管理，进

行授权，流程审批，发布到门户上。④图文混排编辑器的功能非常丰富，与 word 编辑器类似，操作方便；同时支持本地的文件处理，例如 word 等文本抽取、在线 office 等特色功能。⑤支持栏目间文档的复制、引用和移动。⑥文档正文内容的关键词可自动生成超链接。⑦系统会根据当前文档的内容自动抽取摘要和关键词，并且将抽取的结果直接显示在关键词和摘要文本框中。⑧快速前台预览功能。⑨支持静态发布和动态发布功能，提供单篇发布和计划发布，针对网页可进行远程发布。对于发布的信息可以设置显示时间范围。⑩提供对门户信息内容的评论功能（按需开放，可在后台控制）。⑪支持多附件上传，同时可上传多个附件。⑫支持大附件上传，可以上传大于8M 的附件。⑬支持对信息阅读权限的控制（目标用户的选择）。

（2）我发布的信息

信息发布人员在此页面可以查看自己所发布的信息及其状态、发布的日期、发布过程等基本信息，也可以对信息进行再次修改及编辑。

（3）信息管理

该页面显示所有已经采集发布的信息，用户可选择当前的功能模块对已发布的信息进行再次修改和编辑。

（4）扩展字段管理

扩展字段主要用于信息发布时可以选择添加维护拓展字段，方便信息发布。

（5）敏感字管理

该功能主要是实现把一些敏感的文字自动替换成预先设定的文字。

（6）信息导入导出管理

通过导入导出信息管理功能，实现在本站内信息备份、转移等功能。

（六）应用集成平台

根据"智慧粮食"工程的总体设计，应用集成平台为整个应用系统提供应用集成和界面集成服务，这些集成服务将在不同层面把各平台系统有机集合起来。应用集成平台主要提供诸如身份认证、安全认证和日志审计等基础服务，同时结合各平台业务场景和实际业务需要提供相关业务服务；界面集成是面向展现的，将通过以门户的形式集成各平台的数据展现、应用展现，同时提供了各平台的统一入口。

为了有效地维护和管理应用集成平台，应用集成平台将提供针对这些集成服务的管理平台，管理平台主要是利用可视化界面对集成平台进行维护和管理的，如对组织结构、用户进行统一管理和授权，对集成平台的服务和流程及日志进行监控管理等。

1. 应用集成

应用集成平台将提供公共的基础应用服务，例如统一身份认证、权限、日志审计等。应用集成将基于数据中心和各应用场景抽象实现各类应用逻辑，并通过统一接口的封装，以接口服务的形式提供给各业务平台和业务系统，对于新建平台或系统可直接通过调用业务接口来使用基础服务，其他已建系统则可以通过适配器来使用基础服务。

2. 界面集成

界面集成建立在应用集成的基础之上，是集成平台提供的展现集成服务。界面集成内容包括各系统模块菜单集成、数据聚合展现集成、统一单点登录和样式集成等内容。

①统一单点登录，是指在同一登录界面，使用同一账号密码登录后，即可访问不同系统平台，而无须进行二次登录。②模块菜单集成，是指将散落在各系统平台中的模块菜单按统一的风格样式，按照系统用户权限在同一界面进行展示。通过模块菜单集成，数据将在模块层面达到界面集成。③数据聚合展现集成，是指将散落在各个系统平台的数据，依据一定权限展现在统一界面中，譬如系统用户登录门户后，将会在同一工作界面看到应用系统。通过数据展现集成，数据展现层面将实现界面集成的功能。④样式集成，在进行模块菜单集成和数据聚合展现集成时，把使用系统的统一样式，譬如统一的布局、统一的按钮文字风格等。

四、数字政务平台设计

（一）办公自动化系统

完善运行已久的办公自动化系统，需通过数据服务 WSDL 描述接口，提供数据共享标准，提供技术规范，提供数据导出服务，方便基于单点登录及统一 CA 认证跨系统的公文交换。

（二）电子公文交换系统

电子公文交换系统，用于异地单位间的电子公文传输，通过集成电子公章技术，提供可视化盖章操作，并保证电子公章的应用安全。

发文处理模块进行的是发文草拟的协同处理过程，包括起草、修改、核稿和审核等处理过程。收文处理模块负责接收外来公文，包括纸质或通过互通的系统发送的材料。公文发送就是将发文处理完成的文件转换成定版文件，发送给指定单位。可查看所有接收单位的接收情况，接收情况主要体现在：哪个单位的哪个人在什么时间接收了该文件。

（三）电子印章签章系统

电子印章系统由数字证书颁发系统、电子印章管理系统、电子签名认证系统以及客户端电子签章软件构成，遵循安全性原则、可靠性原则、先进性原则、完整性原则、开放性原则、易用性原则和扩展性原则，从而使得其在已设计好的系统架构上能够很好地运行的同时，能够保证数字政务平台很好地运行，最终实现"智慧粮食"电商营销生态圈的有效运行。

（五）精确业务平台设计

1. 粮食地理信息系统

实现完善全省物流中心、中心粮库、骨干粮库和一线收纳库网点布局，掌握各节点的仓容量、仓房质量、功能特点、设备配置、技术发展和人员构成等，为粮食产业发展提供支撑，并提供相应的展现服务。

2. 粮库管理信息系统

储备库业务管理系统基于粮食储备企业的日常业务管理需求而设计实现，适用于多数的粮食储备企业；储备粮油管理系统基于粮食局日常行政业务需求而设计实现，适用于所有粮食管理单位（粮食局），两个系统相辅相成，服务于整个粮食行业。

储备库业务管理系统和储备粮油管理系统主要实现了"日常工作智能化"的功能，将粮食管理单位及储备企业的日常工作归入系统，由系统自动进行相应的调整及智能化处理。系统用户只需录入日常数据即可实现数据的汇总、传达、上报、审批、公文流转和公告通知等功能；相关人员只需通过简单操作便可查看所需的数据结果及数据分析图表等。

储备库业务管理系统和储备粮油管理系统运行于相对独立的系统局域网或其他类型专用网络中，此网络可实现省／市、县、企业的三级或四级联网，形成了安全可靠、独立封闭运行的内部网络，保证了数据传输的安全性，同时为单位内部其他工作业务开通了一条便捷、安全的网络通道。

储备库业务管理系统共包含以下 10 个模块：①储备库基础信息管理。②储备物质出入库管理。③储备粮管理。④储备物资在库安全管理。⑤器材库物料管理。⑥储粮药剂管理。⑦储备粮质量动态管理。⑧粮食市场开发管理。⑨查询统计管理。⑩系统管理。

（六）智能决策平台设计

1. 粮食监督检查系统

该系统主要实现了监督检查处、调控储备处与质检中心间的工作交互，完善了监督检查体系，实现了领导对监督检查工作的监管，并提高了监督检查力度。

2. 粮食应急指挥系统

粮食应急指挥系统旨在建立储备粮管理和运营的实时监控及应急预警的服务体系。①该系统建立了储备粮库运行状态监控和预警服务体系，是综合采用物联网技术对储备粮库进行实时视频监控、粮情测温等集感知、监控、预警和处置于一体的系统。②该系统建立了储备粮库安全运营管理体系，实现对储备粮库的日常巡检、维修、事故处理等工作的管理。③该系统实现了对粮食收购和流通相关的质量安全调查、品质测报和质量追踪等功能。④该系统建立了粮食安全预警模型，确定监测预警指标，及时调整监测频率和密度，增强监测预警的敏感性及即时性，提高监测工作的前瞻性和预见性，切实加强对粮食市场监测和分析的功能。

3. 粮食决策支持系统

粮食决策支持系统采用了数据钻取挖掘的方式进行逐级逐层显示。作为领导人员，一般首先需要宏观地了解全省粮食行业及市场运营状况。研究并制订模型、模拟决策过程和方案的环境，调用各种信息资源和分析工具，当发现市场行情出现较大波动时，能在第一时间为领导快速决策提供信息支持，全面提高我省的粮食行政管理水平。

（七）公共服务平台设计

粮食公共服务平台是粮食行业采用俱乐部体制与其管理相对人或者说其会员之间互动和交流的平台；是政府通过市场化手段整合资源，为其管理相对人提供更为优质和高效的商务服务平台，更好地促进了地域经济及粮食产业的发展。其中，主要包括产品服务平台、物流服务平台、支付服务平台及渠道服务平台，这些平台主要提供开展电子商务、市场监管及整合营销服务。例如，通过建成"好食汇"精品粮油导购服务平台，支持建设"南方小麦网"和"天下粮缘网"等粮食电子交易和商务平台，实现粮食网上实时在线交易功能。

1. 产品服务平台

产品服务平台，通过电子政务、电子商务和数字生活3个方面的互动，一方面为政府提供企业实时动态的监管数据与信息，方便政府对企业的检查和监督，实现有效监管；另一方面，为企业创业和发展的各环节提供相应的增值产品和服务，帮助企业降低生产经营成本，提高内部管理效率，延长产品线，扩宽销售渠道，提高产品市场占有率和生命力，增加利润，做大做强。由此实现政府的"四个统一"，构筑政企和谐互动关系，促进市场经济健康发展。在此基础之上，通过政府公信力保障和平台社会公众舆论监督的双管齐下，让消费者能真正享受价廉物美的食品，使人民生活质量不断得到提高。

产品服务平台通过建立严格的食品供应商引进与评估标准，为政府及其管理相对人提供丰富的物美价廉的食品和餐饮行业产品服务。产品服务平台，可为政府及其管理相对人提供以下服务：①简化企业和个人的各种行政事务的办事流程，提高办事效率；②提供丰富的、多样化的产品和服务，满足政府、企业和个人个性化、多样化的需求，为社会公众创造一个度好的购物环境；③通过为个人提供各种优质服务，使消费者足不出户就可以完成购物与缴费等各种日常事务。

通过对该平台的建设，努力提升政府其管理相对人的服务水平，促进企业诚信经营，提升企业产品和服务质量，营造良好的市场环境，优化的市场秩序，提高社会公众的满意度，减少社会的资源浪费，实现区域社会经济的和谐发展，为建设服务型政府、推动区域经济发展、服务民生提供丰富的信息资源、广泛且便捷的产品和服务信息。

2. 物流服务平台

物流服务平台协助政府对食品和餐饮行业的物流市场进行监督和溯源管理，帮助食品物流企业扩大市场占有率和盈利能力，为广大需求方（政府、企业、个人等3方面用户）提供满意的物流信息服务，同时提供一个公平、公开的食品与餐饮行业物流信息交易平台。

该平台提供在线食品物流资源信息查询，对包含车源、货源、线路等物流资源状态的信息进行动态管理，促进供需双方的洽谈和交易。

3. 支付服务平台

该平台以安全、快捷、方便为根本原则，采用符合国际安全标准要求的数字证书认证方式，支持账号、银行卡等多种支付工具，为政府、企业、个人提供统一的支付接口，这能够很好地满足行政事业、公共事业收费和电子商务交易支付的需求。通过支付服务平台，引导企业开展在线支付业务，给公众提供更加便捷、快速的支付服务。

4. 渠道服务平台

通过建成"好食汇"精品粮油导购服务平台，支持建设"南方小麦网"与"天下粮缘网"等粮食电子交易和商务平台，实现粮食网上实时在线交易功能。

（八）信息安全体系设计

信息作为一种资源，它的普遍性、共享性、增值性、可处理性和多效用性，使其对人类具有特别重要的意义。信息安全的实质就是要保护信息系统或信息网络中的信息资源免受各种类型的威胁、干扰和破坏，就保证信息的安全性。"智慧粮食"工程的整体安全性对于组织来说至关重要，如果没有良好的安全性保障，将为组织埋下巨大的危机。

"智慧粮食"工程的安全性由一个安全体系来组成，具体包括：①软件本身的安全；②网络的安全防护；③安全的管理体系。

第三节 "智慧粮食"的各种模式设计与运营策略

一、"政策粮"模式设计与运营策略

（一）概念设计

中国"智慧粮食"交易平台针对政策性储备粮，结合当前互联网化发展特点，打造服务于政策性粮食交易的 B2B 模式。这一模式不仅能够将农产品快速、及时地聚集，还能满足国家及各省市区粮食储备的需求；同时，也能吸纳其他供应商，包括个体商户，未来更可以吸引优势供应商入驻，共享该网络体系。中国"智慧粮食"交易平台提供信息服务、接口服务，最主要的是为政策性粮食交易提供了线上平台。该平台具有的竞价采购系统和拍卖销售系统在政府和粮食供应商、粮食需求商之间架起了电商桥梁，给全国及各省市的政策性粮食储备和集散提供了极大的便利。

（二）运营模式

中国"智慧粮食"交易平台针对政策性储备粮，主要有竞价采购和拍卖出售两种运营模式。以这两大模式为基础，兼提供信息服务和接口服务。

1. 竞价采购模式

每年中央和各地政府都需要收购一定的粮食作为"政策粮"储备。每年"政策粮"收购都会涉及多个品种，时间贯穿全年。针对于每一次粮食竞价采购，平台除了提前给出一次竞价活动的时间外，还要综合考虑各方信息，合理确定标的。标的应包括承储库名单、所卖粮食的实际存储地点、品种、数量、生产年限、所在货位收购等级和近期混合采样检验情况（包括等级、水分、杂质等指标），以及存储库点正常日出库能力、运输方式（公路、铁路、水路）等等。信息的丰富程度将会直接决定参与竞买粮食供应商的数量与质量。

平台公布信息之后的一段时间内，参与竞价的粮食供应商综合考虑自身条件，再决定是否参与新一轮竞拍。在决定参与竞价活动后，新用户需要在平台进行注册，获得资格认证，成为平台用户。平台用户向规定的银行缴纳保证金，意味着用户决定参与竞拍。在竞价过程中，交易平台要负责参与竞拍的供应商所交保证金的安全及整个交易过程的合理、公开和透明。参与竞价活动的粮食供应商可以通过线上竞价系统进行新一轮喊价，同时能在最短时间内得知标的的价格更新信息。

交易结束后，平台与中标者按照相应的法律法规签订购销合同。平台要向未中标者退还所有的保证金；对于中标者，交易双方就一次交易达成需要向平台支付相应的手续费，并在粮食跨省移库的时间段内，平台就手续费和保证金差值向中标者退还多余的保证金或补收手续费。

2. 拍卖出售模式

每年国家和地方政府都会将之前储备的部分粮食进行拍卖出售，拍卖对象包括粮食零售商、大C类用户。同竞价采购流程类似，平台会针对每一次拍卖活动，提前公布相关信息，如粮食的种类、粮食的原产地、原库存地、最低销售价格、拍卖时间等等。平台所给出的信息越丰富，越可以吸引更多的参与者；再者，吸引用户的同时，平台也极大地提高了用户黏性及平台自身的号召力。

同竞价采购流程类似，每次参与招标活动的用户都需要得到平台认证，并且缴纳相应的保证金来获得拍卖资格。拍卖过程中，平台负责保证金的安全性，以及整个交易过程的合理、公开和透明。参与拍卖的用户可通过线上拍卖系统进行喊价，同时能在最短时间内得知更新的价格信息。

（三）主要流程

1. 竞价采购流程

国家及地方各级粮食储备中心向各个粮食供应商采购粮食时，在遵守国家或地方粮食交易规则的基础上，采用竞价采购方式。

粮食供应商参与竞价的步骤如下：①新用户到平台进行"会员"注册，通过认证成为会员后，进行网上报名，确认是否参加竞价。②会员通过银行转账入金，即缴纳保证金，获得参加竞价的资格。③竞价交易过程：进入政策性交易专场，查看标的详情并且进入专场竞价交易界面；系统会提示该会员在本专场标的所属市场的资金监管账户开户情况，会员只能竞拍已开通资金监管账户市场的标的；等待专场启动后，会员进入竞拍页面，点击应价按钮，对所选标的进行应价，并确认。④对于未竞得标的竞拍参与者，在交易结束之后，平台退还所有保证金。⑤对于竞拍成功的粮食供应商，在线上竞价活动结束后，与招标商签收中标通知书。⑥对于竞拍成功的粮食供应商，竞价交易成交后，买卖双方签订购销合同。⑦对于竞拍成功的粮食供应商，与平台结算本次竞拍活动的手续费。⑧合同履行完毕，交易平台和中标者就保证金与手续费进行结算。

2. 拍卖出售流程

对于政策性储备粮，当储备时间达到上限时，各个储备地会以拍卖的方式出售粮食。具体的交易流程如下：①与竞价采购流程相同，新用户注册进行资格认证，确定是否参与新一轮的拍卖活动，如参与存入保证金，获得参加拍卖资格，同时平台公布卖方的最低价。②此竞价交易过程同竞价采购的竞价交易过程。③买方报价，并在竞价过程中进行加价。④竞价活动结束，中标者得到卖方提供的粮食相关材料并支付标的相应费用。⑤交易成功后，买卖双方签订合约，进行资金结算，同时向平台按一定比例支付佣金。最后就保证金与佣金差价，平台与参与竞拍活动的用户进行结算，多退少补。

（四）实施策略

1. 交易商选择策略

"政策粮"的采购和销售的交易商主要有粮食产销企业及粮食购销企业等等。

2. 产品组合策略

平台在成立之初，会以某几个地方政府的政策储备粮为核心服务，构建涵盖某省乃至周边省份所有品种的"政策粮"储备体系；以"政策粮"线上交易模式为亮点，促进平台做大总量规模。随着交易平台运营的逐步成熟，其以"政策粮"相关交易资源为根据，进一步去扩大规模，建立"社会粮线"上交易体系。

3. 运营策略

①中国"智慧粮食"交易平台是"政策粮"交易的主要场所，平台的横向扩展，

既是"政策粮"交易跨地区服务的基本条件，也是平台的创新发展。②在团队与运营力量的组建和分配上，中国粮油交易实现了"政策粮"竞价收购与招标出售同步发展的模式，这样的交易模式在未来发展中将进一步完善。具体表现在：保 HE 金滞留阶段对资金的合理应用；一次交易活动当中，粮食出库、入库的管理；等等。③中国"智慧粮食"交易平台应加大对交易商的招募力度，在运营初期，在服务、费用等方面给予支持，建立优质产销企业与购销企业名单，吸引更多优质用户。当平台运营功能逐步完善，中国"智慧粮食"交易平台要采取措施提升用户黏性，达到交易双方利益最大化，同时保障平台的利益。④在每一次的"政策粮"交易过程中，平台应持续保障粮食质量，保证保证金在交易过程中的全过程安全，保证交易过程的公平、合理与透明，这是平台良好运营的核心。⑤在运营成熟后，中国"智慧粮食"交易平台应注重发展信息资讯等增值服务，建立与更多交易中心的合作，加强数据共享与分析，提供高水平的增值服务。例如，在概念设计中提及的信息服务与接口服务。针对信息服务，可以参照"阿里供求信息"的服务模式，中国"智慧粮食"交易平台需要在"政策粮"供求信息、政策类的指导性信息、国际国内市场信息等的丰富程度、及时性方面进行进一步完善。另外，在每一笔"政策粮"的交易准备阶段，如何搜集实时信息进行交互；在交易过程中，如何保证交易数据的安全；在交易结束之后，如何存储一次交易完备的信息，都是提升接口服务水平的突破口，也是浙江粮油交易网需要升级的地方。

二、"社会粮"模式设计与运营策略

（一）概念设计

"社会粮"交易平台基于杭州国家粮食交易中心现有基础与政策资源、供应商/采购商资源和网络资源的优势，结合目前粮食交易互联网化的发展特点，打造服务于交易中心的 B2B 及 B2C 粮食现货交易模式。"社会粮"交易平台提供除"政策粮"以外的市场化口粮的供给流通业务，旨在打造大宗粮食交易一站式综合服务平台，做大"社会粮"交易规模，促进"社会粮"交易模式纵向深化发展，来形成全国范围的影响力。

1.B2B 模式

"社会粮"交易平台需深入分析市场痛点，以增值服务为主要途径，吸引采购商与供应商入驻，建立覆盖经销商、零售商和采购商等 B 类客户的分销体系，拓宽服务范围，打造辐射全国的"互联网+粮食"交易中心。

（1）建立经销商分销系统

"社会粮"交易平台基于杭州国家粮食交易中心现有的经销商资源，鼓励经销商在交易中心进行需求发布及采购交易，激发市场活力。通过提供一系列优惠政策及增值服务，该平台进行广泛的宣传推广活动，吸引更多粮食批发商与收购商入驻，以采购需求带动粮食供应。同时该平台充分联合外部粮食交易平台，包括省内各分中心，省外产销合作联盟，国家其他省市粮食平台，根达网、有粮网等市场化粮食交易平台等，实现在货源、客户和数据方面的共享协作，发展省内外经销商分销体系。此外，预留多个接口，通过地推、网络推广等方式，根据第三方电商平台的系统对接要求，实现"社会粮"经销商分销系统与多类互联网平台的对接，并依托第三方电商平台的流量规模进行粮食产品的分销。

（2）建立零售商分销系统

"社会粮"交易中心发展线上零售商可以通过吸引现有的网商群体加盟，包括在阿里巴巴、天猫、京东等网上商城开设店铺的企业等，与其采购系统进行对接；为传统零售商进行线上零售转型提供技术支持，为它们开发分销系统或在原有采购系统上进行二次开发；吸引创业团队加盟，成为该中心专属粮食产品线上零售商，给它们提供产品直供、借贷、技术支持等配套服务，实现无忧创业。发展线下零售商主要通过对接大型超市采购系统或为中小超市、粮食批发市场、社区便利店和放心粮油店等传统零售商提供分销客户端的形式进行对接。

（3）建立生产商销售系统

"社会粮"交易中心重点面向以粮食产品为原料进行生产活动的企业的采购显示需求，与它们建立稳定的供应关系，预留多种数据接口对接企业采购系统，实现在线采购、集中采购、便捷采购，并通过整合物流服务商为企业提供集中配送服务。用粮型生产企业主要包括淀粉、酒精、饲料、养殖等转化用粮企业，馒头、包子、米饭、米粉等传统米面制品生产企业，化工、医药、保健等粮食产品精加工企业等。

2.B2C模式

"社会粮"交易平台发展初期，针对大C类客户，采用了联营为主、自营为辅的模式发展B2C业务，吸引第三方商家入驻并开设直营店铺，发展健康、特色粮食产品品类，打造质优价廉的平台品牌形象。平台发展后期，选取交易平台中销量较好、标准化程度较高的粮食产品组建自主品牌，借助了开放性电商平台、微商等互联网渠道进行个人消费者的业务拓展。

（1）建立B2C销售平台

平台发展初期，采用联营为主、自营为辅的模式，通过入驻优惠、服务费减免等政策吸引零售商、市场商户、海外供应商等入驻并开设直营店铺，发展高品质生态粮食产品和特色粮食产品及进口优质粮食产品等品类，并通过制订第三方商家入驻标准、落实质量检测和实施过程监管等手段严格控制产品品质，打造质优价廉的平台品牌形象。积极发展企业、学校、餐馆、酒店、家庭等大C类客户，与它们建立稳定的供应关系，使上述单位的现场采购、分散采购（到超市、批发市场等）变为在线采购、集中采购、便捷采购，并通过整合物流服务商为大C类客户提供集中配送服务。平台发展后期，可以选取交易平台中销量较好、标准化程度较高的粮食产品组建自主品牌，加强网络宣传推广，采取一系列优惠措施吸引流量，引导网络消费者浏览交易中心的网站并产生交易。此外，积极推进线下实体店建设，同时以自建与加盟的方式设立"社会粮"交易中心体验店。如以杭州为中心，在重点城市客流集中的地区进行布局，为消费者提供"在体验店、在线下单、快递送达"服务，为消费者提供更丰富的服务选项。

（2）入驻第三方电商平台

平台发展后期，可以整合平台上销量较高的粮食产品及入驻商家提供的优质产品，进行针对个人消费者的销售拓展。该平台基于现有的第三方电商平台，既可以通过综合类电商平台如天猫、京东、一号店、亚马逊等，也可以选择若干"小而美"的新兴平台，开设网店或成为其供应商，让它们与交易中心B2C销售平台进行对接，实现该平台对产品订单的管理。借助第三方电商平台，通过开展主题推广活动等多种方式，导入用户流量规模，为平台积累电商运营经验。

（3）建立微商平台

平台发展后期，通过分步推进层级代理商模式、粉丝微商等开展个人消费者零售业务，实现交易中心的用户社群粉丝化、经济共享化和渠道立体化；通过网状结构的销售结局，快速扩大交易中心品牌影响力，快速发展微商代理和粉丝群体，进而增强平台竞争力和美誉度。

（二）运营模式

1. B2B模式下的运营模式

（1）在经销商分销系统中

以粮食现货市场为依托，扩展"省内建立分中心、省外建产销合作联盟"战略实施范围，进一步提升粮食网上交易量、交易额、交易规模、会员单位数和交易辐射范围，从而以交易中心不断扩大的市场影响力吸引全国范围内经销商入驻；为经销商提供粮食产销、价格指数、行业快报等资讯，通过订阅、推送等方式解决经销商采购及销售渠道问题；利用交易中心的省内外合作联盟，为经销商提供仓储、物流服务。对于已入驻平台的粮食经销商，组建专业管理团队进行积极对接，使其扮演"供应商+分销商"的双重角色，实现入驻的经销商不仅为交易中心供应粮食，同时成为交易中心遍布全国的经销体系的一部分，大大扩展交易中心的辐射范围。在经销商分销系统运营良好的基础上，该平台利用采购数据可以提供需求量预测等服务，后期可以实现对经销商的等级划分，从而根据不同的采购量实行差别定价。此外，针对经销商融资难等问题，该平台提供信贷、抵押等金融产品，做好了增值服务。

（2）在零售商分销系统中

组建专业管理团队对接商超、粮食批发市场、社区便利店和放心粮油店等传统零售商，发展其成为交易中心线下零售商，并支持、引导其发展线上零售业务，同时加大交易中心的宣传力度，以价格优惠、产品直供、配送服务等为特色，吸引传统网商加盟，也可顺应当前创新创业热潮，开展"无忧创业"等活动，为创业团队提供资金、产品和技术等支持政策，鼓励创业者成为交易中心的零售商，提升中心影响力和知名度。同时，充分利用交易中心入驻的经销商及省内外合作联盟拥有的仓储、物流设施，为零售商提供仓储、物流服务，或选择有实力的第三方仓储、物流服务商进行仓储配送，并适时在零售商密集的地区设立仓储中心、码头等。此外，还要组建专业的技术团队，开发零售商分销系统客户端，或进行二次开发对接零售商采购系统。在此基础上，利用销售数据为零售商提供需求量预测、热销品推荐、新产品推广、营销等服务，后期可以对零售商进行信用评级、信用认证，依据信用提供小微贷款等服务。

（3）在生产商销售系统中

组建专业管理团队与运营良好的用粮型生产企业进行对接洽谈，与这些企业签订合同形成稳定的供销关系，提供低价格高品质的产品及集中配送服务，以满足其采购需求。此外，可以针对新创立的企业发展新型合作模式，如成为该企业粮食产品专属供应商等，与企业共同发展。同时，组建专业技术团队，针对企业实际开发或对接原有采购系统，方便企业在系统中直接提出采购需求。在生产商销售系统运营良好的基础上，可以利用采购数据提供需求量预测等服务，后期可对生产商进行等级划分，根据采购量的不同实行差别定价。

2. B2C 模式下的运营模式

（1）在 B2C 销售平台中

通过一系列激励措施，如免费入驻、减免服务费、免费宣传推广等，吸引产地大户、市场商户、零售商和海外供应商等主体入驻，并提供高品质生态粮食产品、特色粮食产品及进口优质粮食产品等。组建强有力的技术团队打造"社会粮"交易 B2C 平台，可采用网页端、App 等方式，其间注重平台设计和体验。以优质、低价、品类丰富的产品为卖点，利用网络广告、社会化营销等手段，实现平台推广和引流；再利用促销、团购、预售、C2B/C2F 反向销售、海外购、名品特供等方式，逐步培养起属于自己的忠诚客户。同时，做好各项服务保障，整合第三方物流服务商、仓储服务商等，为商家提供服务，保障商家的良好经营。通过地推人员进行业务推广，直接对接企业、学校、餐馆、酒店等大 C 类客户，针对其规模化甚至定期化采购方式，制订相应的优惠价格及提供团购、预订、定制化等服务。组建专业技术团队，开发集团采购系统或进行二次开发，与大 C 类客户的信息系统进行对接。平台发展后期，利用交易平台的销售数据，选取销量高、品质好、标准化程度高的粮食产品打造自有品牌，进行针对个人消费者的业务拓展。同时，积极发展线下实体店，打造交易平台对外统一宣传形象。当"社会粮"B2C 平台的知名度和影响力进一步加大，建议设立线下体验店。可以采用自建方式，打造体验店的样板，优先选择在杭州的重点市场，启动小范围试点。

（2）入驻第三方电商平台

是对"社会粮"B2C 平台产品销售方式的一种补充，即借助第三方平台的流量，达到产品销售的目的。由于类似淘宝的第三方平台的同类型产品众多，竞争激烈，建议在第三方平台店铺的运营要做好极致服务，用差异化的营销手段，打造品牌化和品质化的店铺。随后，通过口碑宣传和激励政策，如领店铺优惠券，但需要访问"社会粮"B2C 平台才能激活等措施，实现将第三方平台的店铺流量导入"社会粮"B2C 平台中。

（3）微商平台总体采用代理商分销模式

通过发展大区代理、省代理、市代理的三级模式，实现了交易中心微商圈在全国的快速布局，以层级利润差、服务佣金、产品买断等方式获得收益。发展初期，建议通过"购买服务"的方式由专业微商运营团队如上海的微商、"深圳花儿绽放"微团等代理运营，并在此过程中，让自身运营团队逐步积累运营经验。

（三）主要流程

1. B2B 模式的主要流程

第一，B2B 模式（第三方入驻）交易流程为：吸引粮食生产商、粮食经销商、海外供应商等入驻交易平台；买卖双方有大批量交易需求时，平台为双方提供交易对接或撮合服务，如交易额较大，平台可以提供担保服务。①买卖双方提交企业信息，通过交易平台审核后注册成为"社会粮"交易平台会员。②买卖双方登录交易平台，查询或发布供销信息，交易平台也可提供交易撮合服务，实现买卖双方对接。③以卖方发布一条出售信息为例：卖方进入交易平台发布供应信息，并缴纳交易保证金；买方进入交易平台，对合适的供应信息进行买入，双方进入交易阶段。④在交易系统中，买卖双方就粮食产品进行议价，达成协议后确认签约，双方支付履约保证金后达成合同。⑤根据合同信息，卖方发货，买方支付货款交易系统会将买方账户金额进行冻结，待买方收货后进行交收确认。此过程中交易平台可以为买方提供仓储、物流服务。⑥卖方线上对货物进行数量及质量确认，双方达成一致后货款解冻，打入卖方账户，本次交易成功。⑦如在合同执行过程中出现违约情况，买卖双方都可在系统中发起违约申请，交易系统对违约行为进行处理。

第二，B2B 模式（自营）采购流程为：交易平台采购合适的粮食供应商提供的粮食产品，或吸纳第三方供应商入驻，对产品进行质检，开展自营业务，统一进行仓储、配送服务。当粮食经销商、零售商、生产商有小批量采购需求时，交易平台直接对采购需求进行处理。

（1）粮食经销商采购流程

①粮食经销商通过分销客户端直接提出了采购需求。②采购需求提交给经销商分销系统，系统做出小批量采购响应。③B2B 平台根据采购订单情况，整合产品资源，通过经销商分销系统向经销商反馈全过程的作业动态信息。④平台根据采购订单情况进行调配，根据最优配送方案选择向仓库发出集货指令进行物流配送或选择第三方仓储、物流服务商进行配送。⑤货物交收成功后，经销商进行网上交易确认并且支付货款，粮食经销商与交易平台之间按次结算费用。

（2）粮食零售商采购流程

①线上零售商、中小超市、粮食批发市场、社区便利店和放心粮油店等其他零售商通过分销客户端直接提出采购需求，库存不足时系统自动发出预警。②采购需求提交给零售商分销系统，系统做出零售采购响应。③B2B 平台根据采购订单情况，整合产品资源，通过零售商分销系统向零售商反馈全过程的作业动态信息。④平台根据

采购订单情况进行调配，根据最优配送方案选择向仓库发出集货指令，利用经销商或选择优质的第三方物流服务商提供物流服务，把集货完成的商品运输至各零售商处。⑤粮食零售商与交易平台之间按次结算费用。

（3）粮食生产商采购流程

①生产商提交批量化采购需求，或按照生产周期进行定期配送。②生产商可通过两种方式在线提交采购需求：一是通过生产商销售系统进行对接直接提交采购需求；二是开发企业自有信息系统与生产商销售系统进行对接，生产商可通过自有信息系统提交采购需求或当库存不足时自动提交采购需求。③根据采购需求，形成作业单，B2B平台向生产商反馈全过程的作业动态信息。④平台根据作业单，完成产品集货工作，为生产商采购提供送货上门服务。⑤交易平台与生产商间按周期结算费用。

2.B2C模式的主要流程

（1）销售平台模式

①线下消费者到体验店购物，采用即时支付方式结算；大C类客户提交批量订单。②体验店对于需要送货上门的订单，将产品送到消费者指定地址。③体验店依托销售管理系统，记录各个体验店销售、库存等相关数据情况，当体验店库存不足时，提出补货订单；销售平台对大C类客户的批量订单做出响应。④根据订单要求，B2C平台根据各体验店的补货订单和体验店位置及大C类客户位置，将订单就近分配到平台自身或第三方服务商的仓库。⑤被分配到补货订单及批量订单作业的仓库根据客户位置，通过平台的物流服务商将产品发送至体验店及大C类客户。

（2）第三方电商平台模式

①网络消费者通过第三方电商平台（交易平台的B2C模式销售平台）进行购物。②购物订单进入电商平台管理系统（销售管理系统）。③平台与第三方电商平台店铺实现数据对接，记录和管理店铺销售和订单信息，汇聚订单作业。④平台仓库根据收到的订单信息，进行拣货、包装，配送至消费者指定地址，或者将仓库中的产品提前运送到第三方电商平台的指定仓库，通过第三方电商平台统一进行配送。

（3）微商平台模式

①在B2C模式下搭建微商平台，初期可采用专业服务商提供服务。②根据微商平台的要求，组建大区代理、省市代理、粉丝微商等各级代理机构。③通过微商平台的推广运营，吸引粉丝微商朋友圈中的消费者进行购物。④根据消费者购物订单，平台仓库完成订单配送服务。

（四）实施策略

1. 供应商选择策略

"社会粮"交易平台的供应商主要包括粮食生产商、粮食经销商及海外供应商。

2. 合作伙伴选择策略

"社会粮"交易平台的合作伙伴主要包括粮食经销商、第三方商家、用粮型生产企业、粮食零售商和大 C 类客户等。

3. 产品组合策略

交易平台前期要整合入驻的生产商、经销商提供的粮食产品，主要是以浙江粮食市场较紧缺的粮食为主，优先保证浙江粮食市场的供应；拓展"省内建立分中心、省外建产销合作联盟"的战略实施范围，整合全国范围内优质粮食生产商、经销商。后期吸引高品质的生态粮食产品、特色粮食产品、进口优质粮食产品等的供应商入驻，扩充产品品类；在此基础上，发展 C 端客户，利用数据挖掘、分析，针对不同区域人群实行差异化销售。

4. 运营实施策略

"社会粮"交易平台是粮食现货交易平台的重点业务模块，是平台业务拓展的主要领域，具有较大的市场发展空间，因此应投入较大运营力量，成立专门的主管部门，配备专业的营销推广、技术支持和客户服务人员，成立了初期建议由专业咨询和辅导实施团队参与经营决策和业务指导。

入驻"社会粮"交易平台的粮食经销商、采购需求大的大 C 类客户及电商平台是交易平台最为核心的客户，也是起步阶段稳定运营的重要保障，建议采用长期采购合同、定制化服务等方式，稳定和活跃这类客户的采购量。

针对大型企事业单位等大 C 类客户规模化，甚至定期制的采购形式，采用了定期采购、预订、团购等定制化服务模式运营，为其提供企事业单位福利、国际学校餐饮食材、大型企业积分换购礼品供应等。

第三方电商平台具有十分广阔的市场前景，对粮食产品需求量大，"社会粮"交易平台通过提供价格低、品质高、服务好的产品与第三方电商平台形成良好的伙伴关系，实现双赢。同时，可以在第三方电商平台上采用品牌化销售等方式，借助电商平台的流量进行广告宣传。

采用合作经营、利润分成等方式，对传统经销商、零售商的经销及零售体系进行整合，充分利用各地经销商、粮食交易市场等的仓储、配送设施，提供仓储物流服务。

适时开始线下体验店、加盟店建设，采用自建方式，以杭州为中心，打造体验店的样板，在客流量集中的地方，启动小范围试点，之后逐步向北京、上海、广州、深圳等一线城市拓展。

为入驻平台的粮食生产商、经销商、零售商、第三方商家提供增值服务。仓储、物流等服务设施建设以合作联营为主，与优势主体构建战略合作，作为平台仓储、物流网络的补充。金融、数据等服务以重模式为主，前期借助专业服务商的力量，在平台发展过程中逐步加强自身能力。对于品牌营销、运营等服务，前期采取服务外包的方式，由专业服务商提供服务；在平台良好运转的基础之上，再充分发挥平台自身营销、运营的成功经验，为入驻的第三方商家提供服务。

三、"交易所"模式设计与运营策略

（一）概念设计

"交易所"模式是指为省内外粮食购销、加工企业、种粮主体提供粮食交易和质价差异化交易的场所，并具有交收、清算、仓储、物流、融资和信息等多项服务功能。该模式主要面向稻米交易，以籼米、粳米和糯米为主，逐步发展其他类型的谷物交易。可考虑将交易所命名为杭州稻米交易所，以即期现货交易为基础，积极发展电子撮合、挂牌交易、竞价交易等模式，逐步发展中远期业务，消除即期现货交易的偶然性和不确定性，使得买方有相对稳定的货源，卖方有相对稳定的销路，致力于将杭州稻米交易所发展成为国内稻米交易的龙头市场，在交易、价格形成及结算等领域占有支配主导地位。

（二）运营模式

稻米交易所的具体运营，先以即期现货交易为主，再通过交易所完善的功能设计，以金融等增值服务的提供为重点。在此基础上，以集聚的交易商为基础，逐步开展稻米中远期现货交易，形成即期与中远期联动发展的格局。

1. 即期现货模式

我们需要先对稻米交易所的项目整体进行系统全面的设计，充分利用现有的粮食交易基础，厘清发展形势，向国家、省里相关部门申请稻米现货交易所的牌照。在交易所运营的初期，主要将即期现货模式做大，形成国内知名影响力。建议成立独立的公司来负责稻米交易所的投资与运营管理工作，可以吸收专业的运营公司、技术公司成为合作伙伴，积极引入云计算、区块链等新兴技术，打造全过程在线交易系统，完善平台功能与用户体验。在运营方面，初期，以交易量大的籼米为切入点，通过导入现有供应商、采购商的资源，以及地推等方式，吸引国内主要的籼米购销商入驻交易所。同时，不断加强交易所与外部粮食交易市场的合作，实现交易商资源的不断集聚。在运营过程中，可优先考虑引入金融、物流领域的战略投资者，完善产业链服务体系与提升服务水平。同时，也可考虑引入战略性财务投资者，加大对研发、人才与市场推广等领域的投入。

2. 中远期现货模式

基于交易所交易商的积累，可积极开展稻米中远期现货交易，以逐步满足交易商风险规避、稳定货源与买主的需求。在开始运营之前，主要是深入调研市场的需求，并在此基础上确定交易品种，制订中远期现货交易的基础性合约条款。在运营初期，重点是要充分激发已入驻的交易商的中远期交易需求，并且适当发展投资者进入交易所进行交易，注重发展交易、交割、结算、风险监控、信息发布和会员等服务。由于中远期现货交易中，贸易条件的多样性，原则上不实行公开竞价的方式，而实行一对一的协商方式，并最终敲定交易的全部内容，从而签订合同。因此交易系统的设计与开发至关重要，需要系统可以进行在线协商且签订合同，但同时又要满足合同的法律效应、信息保密等要求，交易所可以采用与有经验的软件系统服务商进行合作的方式，开发交易系统。

（三）主要流程

即期现货交易与中远期现货交易主要包括电子撮合交易模式、挂牌交易模式以及竞价交易模式，不同的模式对应不同的流程。但即期与中远期的交易流程基本一致，中远期更多的是采用挂牌交易与竞价交易这两种模式。

1. 电子撮合交易流程

电子撮合交易主要的交易对象为现货仓单，交易方式相对比较标准，包括连续竞价和开盘集合竞价这两种，其的交易流程基本相似，只是交易的阶段不同。交易所对交易方进行保证金控制、商品涨跌停限制、持仓控制和强制平仓等管理。主要的交易流程为：①稻米购销企业、产销企业、投资者（包括经纪公司）向交易所申请开户，并提交相关的材料。交易所审核同意后，获得交易会员的资格，成为交易商。②交易商通过在交易所合作认可的银行开立账户，便可进行出入金的操作。在交易之前，交易商必须缴纳保证金。③即期现货交易中，拥有稻米的主体将稻米存放于交易所自建的仓库，或者交易所合作认可的第三方仓库中，检验合格后，形成存货凭证。④在交易时，卖方发出卖出指令，买方发出买入指令，当价格达成一致时，交易达成。⑤交易达成后，有两种选择：一是买卖双方可转让合同，其中一方获取利差。二是进行稻米的交割，由卖方提交注册仓单，买方进行全面货款支付，由交易所进行转移支付。卖方获得一定比例的货款，待买方验收货物没有问题后，再获得余款。⑥货物交割时，如买卖双方有物流运输的需求，可以由交易所合作的物流企业进行稻米的运输服务。

2. 挂牌交易流程

挂牌交易属于多对多的即时交易，是指交易商通过交易所，对其出售商品挂牌卖出或对其寻购商品挂牌买入，在对方认可挂牌方提出的条件时摘牌成交的现货商品买卖行为。挂牌交易允许交易双方进行定制化的产品交易而由于定制化成品的复杂性，在交易过程中允许买卖双方进行交易价格的协商。

①稻米购销企业、产销企业、投资者（包括经纪公司）向交易所申请开户，并提交相关的材料。交易所审核同意后，获得交易会员的资格，成为交易商。②交易商通过在交易所合作认可的银行开立账户，便可进行出入金的操作。在交易之前，交易商必须缴纳保证金。③即期现货交易中，拥有稻米的主体将稻米存放于交易所自建的仓库，或者交易所合作认可的第三方仓库中，检验合格后，形成了存货凭证。④卖方对自身的稻米产品进行管理，挂出待交易的产品并给出其初始价格。交易所对交易商品的产地、品种、品名、材质和质量标准等进行详细的规定，以确保交易商品符合交易者的要求。⑤买方根据当前行情中显示的商品信息是否符合自身标准，可进行摘牌操作，也可进行议价操作。⑥摘牌成功后，交易达成，也便生成正式订单。此时，卖方

需提供提货单、质检单等文件，买方进行付款，通过交易所进行结算。⑦买方提货，仓库交割。买方可同时申请物流运输对接服务，是由交易所的合作物流企业进行稻米的运输服务。

3. 竞价交易流程

竞价交易在本质上属于拍卖交易，其包括竞价买与竞价卖两种：前者的初始价格为最低价，并由低到高发展；后者的初始价格为最高价，并由高往低进行。竞价交易主要适用于一对多的交易，在上述 3 种交易中，竞价交易的商品的灵活性最大。

①稻米购销企业、产销企业、投资者（包括经纪公司）向交易所申请开户，并提交相关的材料。交易所审核同意后，获得交易会员的资格，成为交易商。②交易商通过在交易所合作认可的银行开立账户，便可进行出入金的操作。在交易之前，交易商必须缴纳保证金。③即期现货交易中，拥有稻米的主体将稻米存放于交易所自建的仓库，或者交易所合作认可的第三方仓库中，检验合格后，形成存货凭证。④在竞卖模式中，卖方挂出商品，并设置底价；在竞买模式中，买方挂出所需商品，并设置顶价。⑤多个买方或卖方进行出价，在竞卖中，出价最高者竞得商品；在竞买中，出价最低者获得合同。⑥在竞拍成功后，买卖双方签订购销合同。卖方提供提货单、质检单，买方支付货款，交易所进行结算。⑦买方提货，仓库进行交割操作，并根据客户的需求，可由第三方物流服务商提供物流运输服务。

（四）实施策略

1. 交易商选择策略

稻米交易所的交易商主要包括稻米产销企业、稻米购销企业、投资者及经纪公司等。

2. 产品组合策略

交易所在成立之初，以籼米产品为核心，构建涵盖籼稻、粳稻、糯稻的全产品体系；以优质地区供应商集聚供货为亮点，促进交易所平台做大总量规模。随着交易所平台运营的逐步成熟，其以交易商资源与仓储资源为根据，进一步扩大产品品类，发展稻米周边产品与相关产品，实现饲料、菜籽油等产品的市场拓展。

3. 运营策略的成立

①由于交易所的运营涉及面较广，建议成立独立的股份公司全面负责交易所的运营，可吸引金融、仓储物流等优势资源主体参与到公司组建中，发挥各自专业能力。②在团队与运营力量的组建和分配上，稻米交易所实现了即期现货与中远期现货并重发展的模式，强化发展交易所的套期保值、价格发现与金融服务功能。③稻米交易所应增加对交易商的招募力度。在运营初期，在服务、费用等方面给予支持，建立优质产销企业与购销企业名单，吸引优质交易商入场。④稻米交易所要充分发挥经纪公司的力量，尤其是在发展之初，要以经纪公司为核心，发展一批优质的稻米交易投资者，活跃市场交易氛围。⑤持续保障稻米产品质量，提供有价值的增值服务，吸引优质交易所入场交易，是稻米交易所良好运营的核心。⑥稻米交易所可结合项目的推进，以

国内主要产地、周边主要销地为主，借助港口与自贸区资源，逐步进行自有仓储与合作仓储的建设。在物流服务能力建设上，主要采用合作方式进行。⑦在运营成熟之后，稻米交易所注重发展价格发现、信息资讯等服务，建立和外部同类交易所的合作，加强数据共享与分析，根据交割型、投资型交易商的不同诉求，提供高水平的增值服务。

四、"数据服务平台"模式设计与运营策略

（一）概念设计

"智慧粮食"数据服务平台以粮食生产商、粮食经销商、政府、海外供应商和投资者5类为粮食供应商，以粮食经销商、用粮型生产企业、政府、粮食零售商、大c类客户和投资者6类为主要服务对象。该数据服务平台是指在积累一定交易数据的基础上，通过对数据的挖掘与分析，向金融、价格指数、物流仓储、信用等领域的产业延伸。通过对资讯、粮食价格指数、信用、仓储物流、运营、金融等增值服务的不断发展，以及与第三方服务商的接入，实现服务类型的完善与丰富，从而形成以粮食产品交易、数据、金融、运营、仓储物流等环节为核心的服务生态系统，将信用、运营、金融、仓储物流等业态打造成为中国"智慧粮食"交易平台最为核心与最具竞争力的业务，并不断带动中国粮食产品交易的整个行业转型升级与跨越式发展。"智慧粮食"数据服务平台是中国"智慧粮食"交易中心项目平台中后期发展的核心所在。

该数据服务平台通过融入大数据、云计算技术，打造粮食大数据中心，开展智慧挖掘分析，支撑粮食运营调控、市场管理与粮食产业创新，帮助粮食企业和政府部门精准判断、科学调度，为粮食安全服务，从而帮助更多的涉粮企业、粮食监管机构实现信息化；同时，通过远程监管平台和辅助决策系统，实现对全国粮食库存规模总量的分布分析、粮食质量状况的监管、粮情的监测预警、仓储的作业监控及粮库的运营分析，有力提升粮食保管及粮企管理水平。

1. 资讯服务

基于中国"智慧粮食"交易平台，"智慧粮食"数据服务平台汇集全国粮食近期交易信息，包括粮食价格走势、期货行情、市场资讯、分析报告、粮食生产加工与消费数据等，以第一视角的形式呈现全国各地各类粮食交易信息、供需情况及最新资讯；以行业快报的形式呈现各类粮食现货价格日报、价格走势及最新行业动态和政策法规；以市场直播的形式呈现全国粮食交易的地域、粮食价格指数、价格类型和交易价格等，这些将会为粮食供应商、经销商等在决策时提供良好的参考，来达到利益最大化的目的。

"智慧粮食"数据服务平台搜集了全国各地乃至国际市场上的粮食数据，包括粮食购销、粮油工业、粮企财务、行业人事、粮油市场质量安全监控、安全生产隐患点及整改情况、种粮大户及经纪人情况等数据。该平台通过数据分析，可以提高监管水平和效率；通过数据互通，使内部得以流畅协同；通过数据共享，能建立沟通渠道，促进和用户的互动。粮食企业还可以"数据最优"的方式运营，建立顾客分析、商品

分析、供应链分析，借此在竞争中取胜。一是为相关政府行政部门提供粮食实时动态信息、粮情监控等数据服务，综合利用粮食生产、消费、库存、加工和运输条件等信息资源，开发以数据挖掘技术为支撑的粮食流通形势、粮食供需、粮食价格预警模型，实现粮食信息资源的深度利用。二是根据对农户所在地的数据分析，结合农作物的品种类别及历史数据，为农户提供最佳的种植选择，并基于市场价格和需求的变化，精准预测未来收益，有力地保障农户收益。三是通过对国际粮食交易市场数据的分析，能够更好地为国内粮食企业提供实时的国际粮食交易价格、行情等数据咨询服务。

2. 价格指数

粮食价格指数通常分为粮食批发价格指数和粮食零售价格指数。建立了批发价格指数的目的，主要是便于分析研究全球粮食市场对国内粮油市场的影响，以及研究国内粮食批发价格和零售价格之间的关系；建立粮食零售价格指数的目的，主要是研究粮食零售价格对粮食消费市场的影响程度。批发价格指数包括小麦、玉米、面粉、大豆、豆油和色拉油等6个指数。零售综合指数包括面粉、大米、绿豆、大豆、花生油和色拉油等6个指数。

通过设立价格采集站，采集粮食价格，再经过科学计算得到的价格指数科学、直观和及时地反映了全国粮食市场的变化情况。选择价格采集点的原则要求是：选择品种齐全、交易额大的区县作为价格采集站，根据具体情况再选择具体多少为价格采集点，两级报送价格；选择有较大影响或有特殊意义的中心批发市场、农贸市场、超市和有代表性的企业，向它们直接报送价格；同一规格品种选择3个以上的价格采集点；等级复杂的规格品种适当增加辅助的价格采集点，逐级采集上报，最后进行数据汇总、整理、分析，为研究粮食市场价格变化规律提供科学依据，这些对于政府的宏观调控和企业的经营决策具有很高的参考价值，尤其是对中国"智慧粮食"交易中心平台上的粮食供应商、零售商的经营管理具有良好的经济参考价值，可以使他们实现经济利益最大化。

3. 信用服务

"智慧粮食"数据服务平台基于项目以B2B为主、B2C为辅的平台运营数据，形成较为全面的电商交易平台的5类粮食供应商、N类服务商、6类客户等企业主体的信用数据。信用数据主要包括平台用户企业的基本信息（企业身份信息、自然状况信息、组织信息）、企业的信用记录和状况信息（财务状况、企业付款和银行记录、法院及其他相关信息）和关于企业经营管理活动方面的信息。首先，对于主体的交易信用，通过交易平台中的交易记录、双方交易评价和交易数据资料，结合企业基本信息及生产、流通、销售中产生的所有信息进行分析得到，再据此其对客户进行信用等级的划分。信用等级高的买卖双方都可以在交易平台上获得优先推荐，从而使交易双方都可以获得优质的客户资源，促进交易的顺利完成。其次，通过对企业的信用记录和状态及政务平台上等的综合数据进行分析，进一步了解买卖双方的贸易诚信，以此作为后期向用户提供金融服务的风险评价依据。最终，平台中的诚信数据中心与地方政府进行数据资源共享，平台中信用等级高的企业，在今后的发展过程中，会享受到政府的优惠待遇和相关绿色通道。中国"智慧粮食"交易平台提出了一种新的多因素综合信用评价方法。

4. 运营服务

通过粮食大数据中心的构建，为中国"智慧粮食"交易平台可持续发展提供方向和服务支持：一是通过对各类数据接口的开发，加大对各类服务商、供应商资源的整合力度和客户需求的集成力度，通过集聚初步形成规模效应，提升数据运营能力；二是通过数据合作、业务合作、技术合作和地区合作的方式整合外部粮食交易平台，加强与国家、其他省市粮食平台，以及市场化粮食交易平台的合作，实现货源、客户、数据的共享协作，做强影响，做大市场；三是在中国"智慧粮食"交易平台项目进行产品分销与零售时，可通过与大型消费型电商平台合作，成为大型电商平台的粮食产品资源整合商。

中国"智慧粮食"交易平台既可以帮助客户代采、代拍储备、代销、代理套保、代理交割等各种运营服务，也可以帮助粮食经销商、用粮型生产企业、政府、粮食零售商、大 C 类客户、投资者等平台用户代运营，由专业运营企业负责平台的整体搭建与运营。根据项目发展需要，可以引入数据、金融等领域战略合作方，合作方应在风险模型、挖掘算法等方面具有成熟的经验和能力较强的技术人员，各平台用户也可独立进行运营。

5. 仓储物流服务

"智慧粮食"数据服务中心重点围绕项目 B2B、B2C 平台所涉及的大宗商品的仓储与物流配送问题，利用已合作的物流服务企业，发展仓储管理系统与物流管理系统；采用多式多级联运，实现各种资源间的优化调度；集聚粮食产品、粮食供应商、粮食经销商、消费者、仓储、物流和配送等全面数据，完成交易与数据闭环，并支持供应链金融、小额信贷等业务的开展。在此基础上，"智慧粮食"数据服务中心结合国家粮食交易中心原有的零售商资源，将零售商转化为仓储与物流配送服务商，积极引入第三方大宗商品专业仓储与物流服务商，构建"系统+实体"的仓储与物流服务资源网络。

（二）运营模式

"智慧粮食"数据服务平台的运营是以数据采集、清洗、挖掘和分析为基础的，以资讯、金融、信用、运营和仓储物流为五大重点领域，不断向其他相关领域拓展。该平台总体采用 H 有经营+第三方服务的运营思路、自建团队+参股专业主体的运营方式推进，结合所构建的交易平台中的产品与各参与主体的特点，设计、创新服务产品，逐步将金融、信用、运营等服务发展成最为核心的业务。

在粮食作为大宗商品交易业务顺利开展的基础上，需要组建强有力的技术团队，成立数据运营中心，可以实现对数据的高效采集、清洗、挖掘与分析。由于数据运营中心对整体项目平台,乃至国家粮食交易中心的未来发展都至关重要,则需要综合考虑技术人才的可获得性、与电商业务的对接便利性、与金融等业务的衔接、总体运营成本等因素;运营主体建议在已合作的数据公司基础上进行扩展,实现团队规模30人左右,形成在金融、运营、仓储物流等领域的IT系统的构建能力,从而开发较为成熟有效的风险评测、信贷额度测算模型以及仓储物流优化调度算法。在此基础上,通过参股等方式,投资若干数据处理互补公司,以弥补在实际业务开展时面临处理瓶颈的数据处理领域的不足。同时,引入第三方独立软件开发商(ISV),针对平台数据开发分析工具和模型进行分析。

在资讯服务的运营中,"智慧粮食"数据服务中心基于数据服务平台通过大数据、云计算等技术在粮食批发市场、电子交易中心、国内外期货交易系统、粮油门户网站、B2B/B2C/OTO等电子商务网站进行网络及外部数据爬取,包括粮食价格走势,期货行情,市场资讯,分析报告,粮食生产、加工与消费等数据,为各类粮食服务商提供最新的粮食产品的价格走势、市场分析报告、行业动态及政策法规信息,实现利益的最大化。

在金融服务的运营中,该项目坚持以"第三方金融服务为主,自有金融服务为辅"的推进原则。基于已合作的互联网金融服务公司,调整和优化发展方向,以供应链金融与小额信贷为主导,开发或购买成熟有效的在线信贷模型,积极创新服务产品。寻求具有相关金融业务牌照、对行业涉足较深的金融服务企业进行战略合作。做强小额信贷业务,基于平台交易数据及测算模型推行小额、短期无抵押贷款;做深供应链金融业务,探索发展收账款融资、订单融资、委托融资、代采购托盘、现货抵押、仓单质押、统购分销和保理等服务;做大理财业务,积极与第三方金融服务商合作,推进众筹等模式的发展;面向消费者、零售商等群体,逐步发展消费金融和理财投资的服务。

在信用服务的运营中,建议由数据运营中心团队负责具体服务工作,结合中国"智慧粮食"交易中心涉及平台的特点,加强粮食交易数据的可获得性,利用所获得的交易数据信息和与其他平台的共享数据信息。针对服务平台上的粮食生产商、粮食经销商、消费者、投资者开发相关的信用评估、信用评级、黑名单评测等模型,引入银行、政府主管部门、第三方征信系统的数据,健全信用服务的数据采集维度,提升信用服务的权威性、公正性与可靠性,以此建立平台电商入驻信用标准,并划分等级,依托等级高低设置相应的针对数据中心的访问权限。同时在粮食交易中挂钩平台电商交易成功率、退货率、付款拖延情况及平台电商评价等信息,构建面向经销商、供应商和消费者的优胜劣汰机制,保证粮食产品、经销商、供应商与消费者主体的高品质。

在运营服务的运营中,"智慧粮食"数据服务中心初期以自营运营服务为主要,成熟期则以第三方运营服务为主。运营主体建议挂靠某一电子商务运营公司,设立平台商家运营服务部,覆盖运营推广、软件系统开发等服务项目。其根据第三方商家的数量与需求,动态调整运营人员与服务类型,并要适时接入第三方运营服务商,丰富运营服务的种类。除此之外,该平台还能提供客户代采、代拍储备、代销、代理套保、代理交割等各种运营服务。同时还可以做到以下3点：一是有周边地区粮食交易中心的参与，充分利用各地的业务资源与供应商、采购商资源，为平台提供发展的空间；二是实体粮食经营商户、网上商户的加入，不断丰富交易品类，增加了交易的可选择性；三是仓储物流、软件系统等服务供应商，依托中国"智慧粮食"交易平台软、硬件系统参与到运营中。

在仓储物流服务的运营中，"智慧粮食"数据服务中心以提供系统与数据服务为主，由数据运营中心团队负责具体服务的开展，第三方则提供实体仓储、物流和配送服务。运营中心团队负责仓储与物流信息系统的开发，通过优化调度算法，对接仓储物流服务商已有系统，引导小微仓储物流提供商应用该平台物流信息系统，实现产品、仓库、车辆和人员等资源的优化配置与运营效率。

①利用大数据，建立消费者物流消费过程的各类数据库。在大数据时代，通过物联网和云计算等先进技术，能够有效记录粮食供应商、经销商、大C类客户在粮食交易及物流消费过程中的各种痕迹，为数据库的建立提供了技术保障和数据基础。由于大数据时代的数据保障，可以建立起各类粮食交易数据库，包括物流服务价格和结构数据库、物流投诉数据库等等。上述数据库的建立，为分析物流满意度、制定合理的物流价格和结构、预测物流需求等提供了基础和保障。②通过分析物流消费过程的相关因素，对增值服务的效果进行预测。通过分析粮食企业物流消费过程中的相关因素，比如客户需求、购买频次、购买方式、投诉内容和物流配送周期等，有效预测客户的消费意愿、客户对物流服务的需求内容，从而主动提供个性化的服务预测。此外，还可以分析仓库管理、物流管理，并结合天气、地理等外部数据，给优化物流服务价格与结构进行预测，同时为物流优化、供应链协同等进行预测。③利用大数据资源，降低逆向物流的发生概率。由于逆向物流的形成有很多原因，其会发生在终端消费者、零售商、批发商、运输商等任何一个节点上。降低逆向物流的发生概率，已成为降低成本、增加消费者满意度、强化竞争优势的重要手段。通过大数据的应用，针对不同平台的用户物流细分需求，再利用相关性分析的结果，可有效预测在不同物流节点中出现逆向物流的概率，从而针对概率高的情况提出有效措施，降低其产生的概率。当平台出现用户物流投诉时，平台可利用大数据的时效性，针对客户意见，及时有效地提出应对措施。这样不仅能够留住现有用户，还能够挖掘潜在用户。

（三）盈利点设计

①资讯服务收益。主要包括数据产品销售、定制化数据服务购买、市场分析报告及平台数据输出收益分成等。②金融服务收益。主要包括了信贷利差、信贷业务手续费、众筹产品服务佣金、沉淀资金金融收入、融资服务费等。③信用服务收益。主要包括信用数据输出收益分成、信贷业务利润抽成。④运营服务收益。主要包括运营推广、系统软件开发等服务产品销售收益，广告收益，搜索引擎排名收益等。⑤仓储物流服务收益。以软件系统技术服务费收益为主，仓储收益、物流配送收益等为辅。

（四）主要流程

1. 资讯服务

资讯服务主要包括7个流程，通过对平台交易数据、访问数据、支付数据等的分析，结合外部重要数据源，形成面向金融、信用、运营等业务场景的数据产品，为粮食零售商、粮食供应商等平台用户提供服务。

①资讯服务团队基于在线交易的开展，确定数据采集项，对平台的重要数据进行采集，并对所采集的数据按照一定的标准进行清洗，保留合格的有效数据。②一方面，将清洗后的有效数据统一存入自建的数据中心；另外一方面，根据数据产品的开发需求，寻求外部数据合作商，整合其数据至数据中心。③借助平台数据服务主体自身所开发的数据处理算法与模型，对数据中心数据进行多种形式与目的的挖掘分析。④设置相应的权限与数据开放流程，外部第三方数据服务商获取数据，并应用自身的独特模型对数据进行挖掘处理。⑤结合不同的挖掘算法与数据来源，形成适合不同场景的数据产品。⑥将数据产品整合再应用到金融服务、信用服务、运营服务、仓储物流服务等领域，实现数据产品的价值化。⑦响应粮食零售商、粮食供应商、大C类客户等平台用户提出的不同需求，提供定制化的数据处理与分析服务，返回个性化数据产品及解决方案。

2. 信用服务

信用服务主要包括6个流程，主要通过对平台自有数据和外部数据的整合，形成较为全面、完整的信用数据，再结合信用水平评价体系及风险评估算法模型，为粮食零售商、粮食供应商、大C类客户和投资者等平台用户，甚至是外部市场主体提供认证、评价、发行等多种服务。

①粮食零售商、粮食供应商、大C类客户等主体发起申请，申请入驻平台，成为供应商或平台用户。②平台结合原有的数据积累，并且与银行、通信等机构及第三方征信机构进行数据合作，针对各类申请主体的信用水平评估可获取的全面数据。③基于相关数据，对入驻用户、供应商等进行认证，建立与信用水平挂钩的入驻政策，并建立黑名单制度，将信用水平低于门槛值的主体剔除。④建立综合性信用评价模型，基于交易平台数据，对粮食供应商、粮食零售商和大C类客户等进行评级。⑤基于平台数据、外部合作机构数据，针对各种应用场景，开发多种信用产品。⑥一方面将信用产品用于支持平台内部金融、运营等业务，另一方面向外部主体销售信用产品。

3. 运营服务

运营服务主要包括4个流程，通过以自营运营部门为主、第三方运营服务商为辅的原则，面向平台自营业务、平台用户等主体提供运营推广、数据服务等专业增值服务。

①自营运营部门根据平台用户的需求，组织人员、技术、软件等进行支持，提供了基本的运营服务。②数据中心根据采集的店铺数据，经过抽取、聚类和分类等多种分析手段，为运营的智慧化提供支撑。③利用搜索引擎优化、电子邮件营销、社会化

营销、网络广告等途径，尤其是充分利用实时竞价等技术，再借助百度等主要的网络广告联盟，实现动态广告投放，推进精准化流量的导入。④为平台自营业务、平台用户等主体提供面向零售的运营服务，包括代运营、市场分析等。

4. 仓储物流服务

仓储物流服务主要包括 6 个流程，平台通过开发智慧型的仓储物流系统，实现对分散型区域仓库、中转站、分拨路线和运输车辆的集中优化配置与调度，在不断提升客户满意度的同时，提高仓储与物流服务运转效率。

①仓储物流服务运营部门负责开发智能化的仓储和物流管理系统，功能涵盖电子商务交易管理，仓库、配送站货物的入库、存储、出库自动化识别管理，以及物流运输环节实时监控等。②依据数据中心的历史交易数据、运营预测算法模型，针对仓库的地理位置、路线优化等进行服务支持。③供应商、生产商等主体将粮食运送到就近仓库，仓储服务商根据平台的数据指令对入库商品进行不断的优化调整。④基于仓储与物流管理系统，数据服务中心结合地域空间分布、仓储条件、交通便利性等条件，优选一批第三方仓储服务商作为合作伙伴。⑤基于仓储与物流管理系统，数据服务中心结合运输网络、运力配置和服务水平等条件，优选一批第三方快递物流服务商作为合作伙伴。⑥将产品配送至零售商、大 C 类客户等终端消费者。

（五）实施策略

1. 合作伙伴选择策略

"智慧粮食"数据服务平台的主要合作伙伴包括资讯服务商、金融服务商、信用服务商、运营服务商和仓储物流服务商。

2. 运营实施策略

①数据服务平台是该项目 B2B、B2C 平台在线交易业务发展到一定程度之后，开始正式规模化实施的平台。项目前期时，建议重点在数据上做好积累工作，组建与培养数据挖掘与分析团队，开发与掌握稳定可靠的算法模型。②在团队与运营力量的组建上，数据服务、金融服务、信用服务、运营服务以本项目自有力量为主，外部第三方力量为辅。在仓储物流服务商方面，除若干核心仓储，以外部力量为依托实体，"智慧粮食"项目团队提供信息系统支持服务。③提前进行金融服务的布局，通过已收购的金融企业，进行与相对成熟交易平台的深度合作，积累供应链金融、小额贷款、众筹、消费信贷等业务的相关经验，发展支付、结算等业务能力。④在数据服务平台运营时，同步启动信用服务，初期以开展信用认定、信用评级业务为主，支持平台交易业务的顺利开展。等积累到一定用户基础后，逐步向基于复杂算法模型的信用产品发展。⑤针对运营服务，在初期以满足自营平台自我运营为主，同时针对平台用户主体对运营服务的需求强度，适时发展面向第三方的运营服务，适当接入针对某个地区的电子商务公共服务中心项目，分担运营成本，实现运营服务团队的自给自足。⑥针对仓储物流服务，初期以原有条件好、意愿强的分销商为主，并且逐渐对其进行规范化改造；

再逐步引入更具网点与规模经营优势的服务商。在"智慧粮食"项目起步期,采用以第三方物流服务商为主的模式,建立了若干核心仓储中心,后期则以提供数据与系统服务为核心。

五、"粮食金融"模式设计与运营策略

(一)概念设计

"粮食金融"服务平台主要服务粮食生产商、粮食供应商、粮食经销商、粮食零售商和大C类客户等群体,平台通过有序推进第三方金融服务模式及自主金融服务模式,构建符合粮食行业特点的金融服务体系。平台依托自身沉淀的交易数据,携手第三方金融服务商,根据企业历史交易数据,为经营稳定、信用记录良好的优质企业,提供包括供应链金融、小额信贷为代表的融资服务及与支付结算类相关的结算类服务。平台研发风险管控系统及制订线下审核标准,基于这两类双保险加强风险管控,实现投资者、供应商、零售商等主体的多方共赢。

1. 第三方金融服务模式

基于交易平台沉淀的用户交易数据及用户资源,平台自主研发风险管控系统,通过大数据手段,构建资信评价模型,建立以信用为核心的粮贸金融服务体系,实现风险识别、风险评价及风险预警。与具有相关金融业务牌照、对行业涉足较深的金融服务机构或企业等第三方金融服务商进行战略合作,平台仅仅利用自己建立的资源信用评价模型,为第三方金融服务商提供信用数据,推荐合适的融资需求方,具体的金融服务产品由第三方金融服务商提供。同时,平台通过参与战略合作,给具有第三方支付牌照的企业开展支付等业务。

2. 自主金融服务模式

凭借交易平台沉淀的交易数据、用户资源和流动资金,平台以"农业普惠金融"与"互联网金融"理念,开展自主金融服务,开发和创新金融服务产品,解决了粮贸企业融资难的问题。自主金融服务专注于做供应链金融与小额信贷的短期金融服务,基于平台交易数据及信用测算模型推行小额、短期无抵押贷款,做强小额信贷业务;运用产业链金融"1+N"运营模式("1"为行业供应链的核心企业,"N"为上下游小微粮食供应商和采购商),做深供应链金融业务。

(二)运营模式

"粮食金融"服务平台专注于开展金融服务,以第三方金融服务模式为主、自主金融服务模式为辅的运营思路,用多元化的金融服务产品,为粮贸企业资本融通、风险把控,以及提高行业效益提供有力保障。

"粮食金融"服务平台组建初期,需要强有力的技术团队,建立信用评级体系,整合多方数据如多家征信机构数据、平台沉淀的交易数据、企业经营数据及个人资产

数据，加大投入自主研发风险管控系统的力度，开发资信评价模型，完善风控管理体系、技术安全体系，加强对密钥与加密技术的管理，防止网站系统遭到各种攻击，造成用户的信息泄露。前期出于平台经营金融经验不足，为平台的稳定发展，主要开展第三方金融服务模式，积极与具有相关金融业务牌照、对行业涉足较深的金融服务机构或企业进行战略合作，为其提供信用数据与推荐用户。从第三方金融服务商的安全角度出发，前期主要依托于上市公司开展业务，大型粮贸企业作为核心企业，辐射上下游小微优质粮贸企业的"1+N"运营模式，主要以仓单融资与订单融资两种方式，从源头确保第三方金融服务商的权益。对于这种模式，平台应选择与仓管水平和信息化水平较高且具有一定资质水平的大型物流公司合作，应与物流企业建立风险共担机制，要求物流企业定期提交监管报告，并不定期地进行质押监管情况的现场核实，明确违反监管合作的法律责任，从而加强仓单融资的风险管控。随着与第三方金融服务商合作的不断深入，资信评价模型的不断完善，平台可以开展小额信贷金融服务。

待平台发展稳定及客户量相对稳定后，基于自身流动资金及金融经验相对充足，可以尝试建立自己的贷款公司，从而以客户在交易中心的交易数据和基于平台的资信评价模型的评价指标为依据，在保证风险管控的前提下，开发与创新金融服务产品，用于满足客户小额和短期金融需求。上述贷款公司同样以小额信贷和供应链金融服务产品为主，并开展一些P2P和众筹服务模式。

（三）主要流程

"粮食金融"服务平台主要通过自营信贷公司与第三方金融服务商对金融产品的开发，为粮食零售商、供应商、经销商、采购商等主体提供两类金融服务，包括了以供应链金融、小额信贷为代表的融资服务及支付相关的结算类服务。

1. 融资服务

第三方金融服务商与自营信贷公司基于该平台的特点，结合各类数据的可获取性，设计平台的融资服务，并进行产品的发布，确定产品的申请条件；平台的融资服务主要是以供应链金融、小额信贷为代表的融资服务，其中供应链金融服务分成仓单融资和订单融资。

（1）仓单融资

①交易中心交易商提交仓单融资申请，在"粮食金融"服务平台选择存货仓库，选择质押的货物品种并填写质押的数量。②平台收到申请后通过整合内、外部数据，对申请主体进行全面的评估、初审。③初审通过后，平台通知交易商在限定时间内安排货物入库，根据申请的产品类型的不同，并向不同的金融服务机构（自营和第三方的）推送融资需求。④交易商安排质押货物入库后，将仓库出具的存货凭证交付给平台。⑤质检机构根据存货凭证，对质押货物的品种、数量、质量进行检验，检验合格后生成仓单。⑥平台根据货物质押价格计算出贷款金额（贷款金额＝质押原值×质押率，质押原值等于同品种、同档次产品的交易日结算价），将申请需求根据申请主体选择的服务产品，发给金融服务机构，质押率要根据不同产品及不同金融服务机构的要求

确定。⑦申请的交易商确认质押内容后，平台系统生成仓单质押申请单，在仓单质押申请单上进行电子签章确认并提交质押申请，平台系统将冻结申请质押的货物库存，初步达成意向。⑧监管方核定质押物清单，打印签发仓单／质押物清单，加盖公章和纸质单据一并传真给金融服务机构，并且在系统上进行电子签章确认仓单／质押物清单。⑨金融服务机构收到上述材料后，将电子材料与纸质材料进行对照，如果内容一致，则可以确认仓单真实、合法和有效，否则无效。⑩金融服务机构发起融资审批，审批后与交易商直接签署借款相关协议、文件。交易商申请货物过户，将货权转移至平台自营金融服务机构／第三方金融服务机构。⑪金融服务机构向交易商的账户划入借贷资金。

在仓单融资最后还涉及仓单赎货，他的具体流程如下：①交易商在交易中心的系统上提交赎货申请，选择仓单编号、品种、数量等信息，系统生成赎货单；交易商再通过交易中心的系统在赎货单上进行电子签章确认，系统计算应付赎货本金及利息并冻结交易商存款账户赎货款。②金融服务机构收到赎货申请并进行审核，市核无异议后确认并通知平台。平台将相应赎货本金与利息自动划入金融服务机构账户，金融服务机构同时通知监管方结束相应监管授权，货物可进入解除质押状态。③监管方收到金融服务机构的通知后，对提交的赎货信息进行电子签章确认，待交易商分别与仓储方、物流方、监管方结清相应的仓储费、物流费、监管费等各项费用之后，正式解除相应货物的质押状态，将货权转移给交易商，货物进入库存。④交易商可申请出库，赎货结束。

（2）订单融资

①平台买方在交易中心的交易平台上在线发起并确认订单，系统冻结一定比例的保证金。②卖方确认订单，并确认交货。③卖方须先行向监管方交货，并让货物入库。④监管方通知买方验货。（注：卖方不可以直接向买方交货，否则由此造成的损失全部由卖方承担。）⑤买方验收货物合格后，在交易中心的系统中提交"收货"指令，生成电子仓单。（注：在买方确认收货前，买卖双方任何一方均有权利取消订单，违约责任由双方自行协商。）⑥买方根据电子仓单申请订单融资。⑦货物货权过户给平台自营金融服务机构／第三方金融服务机构。⑧金融服务机构根据提交的申请进行审批。⑨如金融服务机构驳回此次融资申请，则货物由监管方进行过户，货权转移回卖方；同意此次融资申请，货款在买方确认收货后划归给卖方。（注：货物仓储费在买方确认收货前由卖方承担，买方确认收货当日开始由买方承担。）

（3）小额信贷

①平台交易商根据要求提出贷款申请。②平台收到申请之后通过整合内外部数据，对申请主体进行全面的评估与审核。③审核通过后，将需求推送给金融机构。④设置合理的信贷额度及规定还款日期。⑤交易商确认后，将其信用资料交于金融服务机构审核。⑥金融服务机构审核通过后通知监管方，应加大贷后跟踪检查力度，发现可能

影响贷款风险的问题时要及时采取措施，督促客户履行合同约定及按期还款。⑦金融服务机构将借贷资金划入申请的交易商的贷款专用账户，小额信贷融资完成。⑧还款期限到期后，金融服务机构计算应付本金及利息，交易商将钱交于平台，平台把其划入金融服务机构账户。

2. 支付结算

①通过与具有第三方支付牌照的企业进行战略合作，开展了第三方支付等业务。②平台获取资格自主开展支付业务。③平台买方在交易中心的交易平台上在线发起并且确认订单，系统冻结一定比例的保证金。卖方确认订单，并确认交货。④平台买方选择支付方式交付保证金以及平台服务手续费。⑤交易完成后，给予买方支付凭证。

第七章 "互联网 +"农业智能时代

第一节 农业市场"e"化经营

市场最初是被看作商品交换的场所，随着社会分工的日益深化，市场的含义发生了根本性的变化，市场成为由供给方、需求方、交易设施等硬件要素与交易的结算、评估、信息服务等软件要素构成的商务活动平台。农业市场是指采用特定的办法来组织农业的生产和经营。农业市场 1.0 时期主要特点是以地摊式集贸市场为主要交易场所；到了农业市场 2.0 时期，批发市场作为中间商成了农产品的主要交易平台；在农业市场 3.0 时期，农村电子商务异军突起，占据农业市场主流；农业市场进入 4.0 时期后，农资经营、农产品电商全面"e"化，农业生产资料、农产品的流通、销售等环节全面实现组织化和规模化及专业化；整个市场环节实现网络化、信息化、智能化伴随着农业市场 4.0 的全面实现，新型农民将会拥有一个庞大、全面且丰富的市场网络为其提供全方位的市场服务。

一、农业市场 1.0

（一）地摊式集贸市场成为农业市场主场所

集贸市场是指由市场经营管理者经营管理，在一定时间间隔内，一定地点，周边城乡居民聚集进行农副产品、日用消费品等现货商品交易的固定场所。集贸市场是社会主义大市场的重要组成部分，是我国商品流通的一种形式，它在社会经济生活中占有重要的地位。改革开放以来，作为社会主义市场经济摇篮的集市贸易，先后出现了两次发展高潮，成为我国商品流通中不可缺少的重要渠道。改革开放之后，我国农村集贸市场发展迅速，日益繁荣。农村集贸市场在衔接产需、引导消费、解决就业、增加税收、促进市场经济发展和推动社会文明进步等方面发挥着极大的作用。

中国的集贸市场有着悠久的历史渊源。"看那集上，人烟稠密，店面虽不多，两边摆地摊，售卖农家器具及乡下日用物件的，不一而足。"，这种场景自古以来就是我国农业市场的缩影，也是现代农业市场的雏形，早在母系氏族时期，出现了"刀耕火种"的原始农业和畜牧业，生产物品已有剩余，为物物交换的产生提供了物质条件。随着氏族公社的发展，农业与畜牧业出现分工，剩余物品增加，由偶然性的临时交换逐步向经常性的交换发展。但是作为物物交换和简单商品交换的场所，尚不是真正商业性质的集贸市场。后来经过规范之后，地摊一般有合法缴费的地摊和路边摊之分，并且长时间成为农资交易和农产交易的主要形式，是一种传统的货品交易方式。

（二）地摊式集贸市场逐渐走向农业市场配角

农村集贸市场具有"大""散""杂""小"的特点。在农村集贸市场中从事交易的既有个体工商户、企业，也有企业的分支机构，有自产自销农产品、不需办照的农民，也有应该办理证照而未办证照的经营者，市场主体呈现出多样性和复杂性。因为农民购买商品多集中在赶集天，人多拥挤，市场的表面规模较"大"；从经营场所看，有利用民房开设的店面，有在屋檐底下摆设的摊点，也有在路边铺起的地摊，市场的经营较"散"；从经营的商品来看，不少经营者销售的商品中既有日用百货，又有副食，甚至还兼营农资商品，销售的商品较"杂"；受经济实力影响，多数经营者的经营规模很"小"。

农村集贸市场商品质量良莠不齐。当前农村集贸市场销售的产品普遍存在质量低劣的问题。就农副产品来说，近些年由于很多农户为减少生产风险，都与农产品加工企业、农副产品外贸出口部门及其他农业合作组织签订了供销合同，够规格、质量好的产品被收走，剩下规格和质量较差的产品进入了农村集贸市场。就工业品来说，城市不好卖的、城市卖不掉的或卖剩下的商品大量流入农村集贸市场，"三无"产品在农村集贸市场占有很大比例。就农药、化肥、种子等农贸产品来说，假冒伪劣也很普遍。注水肉、变质食品、农药高残留果蔬等充斥农村集贸市场。至于农产品质量等级化、包装规格化，更是无从谈起。

农村集贸市场中无照经营和超范围经营现象比较突出。无照经营现象是市场经济的顽疾，部分合法经营者对此意见很大，部分消费者也很反对，一直是困扰工商部门的难题，农村集贸市场表现尤为突出：其原因一方面是由于经营者素质普遍较低、守法意识较差、主动办照意识不强，通常是先经营，直到工商部门巡查到，才不得已而办照；另一方面，一些特殊行业的前置许可手续办理程序比较复杂，如餐饮、药品行业，经营者主观上想办理营业执照，但由于不能提供完备的前置审批手续，工商部门便不能准予其进入市场，经营者受利益驱使，擅自无证无照经营；同时，无照经营的查处难度也较大，虽然国务院给予了工商部门《无照经营查处取缔办法》这把尚方宝剑，但在具体执行中却阻力重重，例如在面对一些经营规模小、效益差，特别是一些老弱贫困人员的无照经营以及超范围经营个体户，要实施查处取缔，确实让基层执法人员很为难。

农村集贸市场规划和交易秩序较乱。农村集贸市场是自发性市场，每逢赶集时，往往造成交通堵塞，拥挤不堪。由于缺乏必要的规划，也是既有五金建材，又有日杂副食，其专业化水平很低，不利于提升市场档次，阻碍了市场向专业化、规模化方向发展。

农村集贸市场卫生状况较差。集贸市场由于主体资格不明，清洁卫生的管理成了老大难问题，各乡（镇）政府通常是委托村（居）民委员会代管，由于卫生经费、管理体制等原因，很难管理到位，于是农贸市场成了"脏、乱、差"的集中地。

二、农业市场2.0

（一）批发市场作为中间商业组织成为交易平台

20世纪80年代开始，由计划经济体制下国家统购统销的流通体系经过政策的引导逐步演变形成我国现有农产品批发市场流通体系。我国农产品批发市场是随着农产品流通体制改革而出现和发展的。农产品批发市场作为农产品流通的主渠道，发挥着集散商品、形成价格、传递信息等功能。它的兴起和发展，对加快农产品流通市场化，提高农民收入，满足消费者多样化与周年化的需求，提高流通效率等都发挥重大作用：近年来，经济快速发展，农产品市场日益国际化，农产品流通的环境与基础条件发生了变化，把握农产品批发市场的功能、结构变化状况及其发展趋势，对于改革的进一步推进、新时期的新农村建设、农业产业结构提升和农民收入持续稳定增加消费者福利等都有重要意义。

农产品批发市场是一种专门从事批发贸易而插在生产者和生产者之间、生产者和零售商之间的中间商。自从出现了以货币为媒介的商品交换以后，随着商品生产的发展，商品购销量逐渐增大，流通范围不断扩展，生产者和生产者之间、生产者和零售商之间常常难以进行直接的商品交换，或者有中间商业来作为媒介对他们更为有利，由此而产生了专门向生产者直接购进商品，然后再转卖给其他生产者或零售商的批发商业。批发商业的产生，让商业部门内部有了批发、零售市场之间的分工，有一种生产者不与消费者直接发生关系的商业。

（二）批发市场为电子商务时代的到来奠定了基础

农产品批发市场成为我国农产品流通的主流渠道、主要业态，是以粮油、畜禽肉、禽蛋、水产、蔬菜、水果、茶叶、香辛料、花卉、棉花、天然橡胶等农产品及其加工品为交易对象，为买卖双方提供长期、固定、公开的批发交易设施设备，并具备商品集散、信息公示、结算、价格形成等服务功能的交易场所。

按交易商品的种类范围，农产品批发市场可以分为综合型批发市场和专业型批发市场两种。综合型批发市场日常交易的农产品在三大类以上，如北京新发地农副产品批发市场日常交易的品种有蔬菜、水果、肉类、水产品、调味品等。专业型批发市场日常交易的农产品在两类以下（含两类），如粮油批发市场、果菜批发市场、副食品批发市场等，还有只交易一个品类的如蔬菜批发市场、水产批发市场、水果批发市场、花卉批发市场、调味品批发市场、食用菌批发市场、山草药材批发市场、活禽批发市场、活畜批发市场、观赏鱼批发市场、禽蛋批发市场和种子批发市场等。

按农产品市场的城乡区位分布，农产品批发市场可分为产地农产品批发市场、销地农产品批发市场和集散地农产品批发市场三种类型。产地农产品批发市场是建在靠近农产品产地，以一种或多种农产品为交易对象的批发市场。销地农产品批发市场是建在城市近郊甚至市区，以多种农产品为交易对象的批发市场。集散地农产品批发市场是建在农产品产地和销地之间的便于农产品集散的地方，以一种或者多种农产品为交易对象的批发市场。

按农产品批发环节关系，农产品批发市场分为一级批发市场、二级批发市场和三级批发市场。一级批发市场是直接从产地收购农产品，向中间批发商或代理商销售的批发市场；二级批发市场，其批发商从一级批发市场采购农产品，再销给中间商或零售商；三级批发市场，其批发商从二级批发市场采购农产品，再销给零售商，这种批发市场多从事进口农产品批发。

自21世纪以来我国商贸批发市场进入规划、整合、升级与改造阶段，这一时期，多数的商贸批发市场开始重整规划，按照不同门类和功能重新规划市场，并伴随着硬件设施的升级与改造。一方面，一批交易规模大、辐射能力强的现代化大型商贸批发市场逐渐形成，促进了我国商贸批发市场的规范化、法制化发展。如山东寿光蔬菜批发市场，其辐射范围达全国20多个省市，是全国最大的蔬菜批发集散地、价格形成中心和信息枢纽。另一方面，许多中小型的传统批发市场陷入经营困境，并寻找转型机遇。伴随着消费者不断增强的品牌意识，许多品牌商开始自建渠道、自开网点或者直接与大型零售商合作。传统商贸批发市场失去了一批强有力的品牌支持，市场逐步萎缩、功能逐步弱化，它们或被现代化大型流通组织所取代，或者通过转型升级获得新的发展空间。

从农产品供给角度看，我国幅员辽阔，地区自然条件差异大，农产品生产具有分散化、小规模特征，批发市场能够有效将小生产与大市场对接；从农产品需求角度看，消费者对农产品的需求是多品种的、偏好是多样性的，对生鲜度要求也很高，批发市场已经被证明是解决此问题的重要途径；从宏观经济角度看，农产品批发市场已经在我国农业产业化和城市"菜篮子"工程中承担了重要角色；从农产品批发市场自身看，市场管理水平不断提高、交易方式不断创新、物流配送等配套设施平台不断完善。尽管在单品种上，不能排除大型综合超市通过第三方物流向生产基地直接采购农产品的可能，但是从总体来看，大型综合超市直接从产地进行多品种采购具有很大的局限性，而从中心批发市场采购生鲜农产品仍将是未来相当长一段时间内的主流趋势。

进入21世纪以来，以物流配送、连锁经营和电子商务为标志的现代流通组织形式与经营方式日渐兴起，且呈现快速发展的趋势，对传统农产品批发市场造成了冲击。与此同时，我国农产品市场的全面放开也对目前仍占据流通主导地位的传统农产品批发市场提出了更高的要求。目前，我国多数农产品批发市场基础设施差，装备水平低，经营秩序不规范，服务功能不健全，经营模式传统粗放的问题仍然十分突出。

三、农业市场3.0

（一）农村电子商务走向时代舞台

农村电子商务，通过网络平台嫁接各种服务于农村的资源，拓展农村信息服务业务、服务领域，使之兼而成为遍布县、镇、村的三农信息服务站。作为农村电子商务平台的实体终端直接扎根于农村，服务于三农，真正使农民成为平台的最大受益者。

在互联网广泛普及和迅猛发展的环境下，随着网购的日益成熟，电子商务对传统的市场行业产生了很大的冲击。农村电子商务平台配合密集的乡村连锁网点，以数字化、信息化的手段、通过集约化管理、市场化运作、成体系的跨区域跨行业联合，构筑紧凑而有序的商业联合体，降低农村商业成本、扩大农村商业领域、让农民成为平台的最大获利者，使商家获得新的利润增长。

（二）农村电子商务异军突起

电子商务的平台整体上在拉动农村网络的消费市场。第一，农村电子商务平台有它先天的优势，就是价格的优势。价格的优势是通过网络的方式，使得中间的环节挤出，信息的匹配更好，带来了更低的成本和价值。第二，商品的丰富性，就是数以亿计淘宝的商品使农村跟北京、上海、深圳、广州这些一线城市的消费环境趋同，一个村民跟一个市民是同等的，他同样都可以买到这样的产品，只是说他的物流时间会比别人多一两天甚至三四天。第三，网购一般是快递送货上门，省去了开车到超市买产品的路径。这些带来的便利性会使农民更依赖网购。淘宝也好，当当也好，都在推广这个市场，所以这些都是构成下一步促进整个农村网购消费市场的一个巨大的驱动力。

1. 田田圈：农资生产企业的转型代表

农资生产企业转型做电商的并不少，其中的具有代表性的是田田圈。不同于常规电商通过网上直销、低价抢购等方式，田田圈直接跳过传统渠道来抢占市场的做法，和县级经销商共同出资成立县域综合服务中心，加盟的零售商则变身为田田圈农业服务中心的员工。从过去的厂商到经销商，再到零售店，最终到农民的四级体系，变为现在的从厂商、经销商、零售店联盟直接到农民的扁平化结构。

2. 一亩田：舆论风口浪尖的 B2B 电商平台

是一个农产品大宗交易的 B2B 平台。之前，买卖双方发生交易主要是通过很多中间人和经纪人来完成，很多时候甚至连中间人也找不到货。一亩田的出现消除了所有人的信息不对称，让中间人和经纪人也成为受益方，由于中国大部分农业生产都是散户，需要经纪人去做工作，才能实现大宗交易。尤其在多对多的交易中，一亩田通过系统的算法，包括价格、品质、规格、距离、天气和信誉等级等，实现双方交易的精准匹配，从而让农业交易的所有环节变得更加高效。

3. 农商 1 号：高举高打的资源整合型选手

由中国农业产业发展基金和现代种业发展基金有限公司联合东方资产管理有限公司、北京京粮鑫牛润瀛股权投资基金、江苏谷丰农业投资基金及金正大集团筹建的农商 1 号正式上线，一期投资高达 20 亿元，是目前国内投资最多的农资电商平台。

农商 1 号平台并非完全开放，只有国内外冠军品牌方可入驻，现上线的有金正大、中化、中种、晋煤、瓮福、鲁西、冠丰种业和以色列瑞沃乐斯、美国硼砂等国内外知名农资企业，上线商品均由保险公司承保。通过互联网整合农技专家资源，专家可对农民进行面对面、点对点的指导。遇到种植难题，还会有地面人员直接上门服务。

农商 1 号线下体系由区域中心—县级运营中心—村级服务站组成。区域中心负责运营、仓储、管理等，县级运营中心负责配送和农技服务等，村级服务站是农民和电商之间的纽带，还提供代购及信息咨询等便民服务。

4. 京东农资：电商平台巨头的重仓入局

相比于淘宝农资的"千县万村"计划，京东近期上线了一个全新的农资频道，重点聚焦在"县级服务中心"的建设。京东的县级服务中心可为客户提供代下单、配送、展示等服务，并管理该区域所有乡镇的合作点。据京东农资电商部总监范天阳介绍，京东计划将从种子、化肥、农药开始，逐步将电商业务拓展至农机农具、农技服务、农村金融等领域。京东还将利用自身的供应链体系，为所有农资产品提供可追溯体系，以及配套物流解决方案和农技售后等打包服务。农民均可以在京东乡村推广员手把手帮助下，选购到正品低价的农资产品，享受京东送货上门、货到付款甚至分期付款的增值服务。京东还将与农资公司、经销商合作，推行了农资白条，打造"农户—农资龙头企业—京东"的产业链闭环。

我国电子商务的快速发展，使传统农产品物流行业不得不改变原有的经营模式，许多农产品企业也开始走电子商务的道路。农产品本身具有周期性，加上品种类别较多且复杂，标准不统一，如绿色农产品、无公害农产品、有机农产品、中国地理标志产品（"三品一标"）农产品难以确定，所以要做好农产品的供应链管理。流通环节过多、流通成本居高不下是我国农产品产销过程中的一大痼疾。事实上，农产品流通的问题，主要还是由我国的农业经营的特点导致的，即我国小规模的农业生产与消费市场对接存在难度。目前许多农产品电子商务平台模式尚未达到盈亏平衡，这也是农产品在网络平台销售的难处。目前我国农产品电子商务平台无论大小，一律建设网站，并称之为电子商务交易平台。一般认为，能够称为农产品电商平台的网站，最起码在农产品生产、供应、销售等各个环节都能覆盖，并且能够包括信息、交易、结算、物流等全程电商服务。另外，目前大多数农产品电商平台还存在注重信息的表达，缺少电子商务相关的配套服务。忽视农产品的区域化，完全行政化的划分方式不利于产品流通。轻视农产品网络渠道的拓展及相关服务的持续提供。

四、农业市场4.0

"互联网+"农业催生了农产品电子商务热潮，"互联网+"农村产生了淘宝村奇迹，"互联网+"农民则推动了农民网购热。在互联网赋能三农的过程中，催生了一个充满朝气和活力的新群体—新农人。新农人是指具有科学文化素质、掌握现代农业生产技能、具备一定经营管理能力，以农业生产、经营或服务作为主要职业，以农业收入作为主要生活来源，居住在农村或城市的农业从业人员。中国新农人的规模已达百万级，新农人是互联网赋能三农的必然产物，是农民群体中先进生产力的代表。相关报告分析了未来新农人发展的趋势，认为云计算+大数据成为新农人发展的根基，而互联网平台为新农人创新创业提供了最重要的信息基础设施。新农人在改变农业生产和流通模式、拉动农民创业就业、保障食品安全、推动生态环境保护和建立新型互联网品牌等方面将扮演更为重要的角色。

电子商务同时推动了农产品的物流问题，物联网技术已用于现代农产品物流作业中的各种感知与操作，目前在农产品物流业应用较多的感知手段主要是RFID和GPS技术，今后随着三网融合+物联网技术发展，手机养鸡、手机种菜、手机卖菜、手机管理、手机购物将成为一种时尚，智能农产品种养加、智能农产品交易、智能农产品市场、智能农产品支付、智能农产品通关、智能农产品物流、智能农产品仓配一体化、智能快递将成为时尚。随着三网融合+物联网，移动商务在新一代电商发挥越来越大的作用，微博、微信、微店"三微"营销，促进了农产品电商进入一个精准营销新阶段。

农产品物流电子商务项目的操作模式实质上是整合已有的资源优势，联合上游农产品生产企业打造自主农产品品牌，以优质低价的农药、化肥、饲料等农产品为主打产品，以产品及物流仓储的成本价为产品最终的零售指导价，跳过层层代理和批发商，以农产品服务网络体系人员为主进行产品的田间推广，用自有电商渠道以及合作电商渠道为线上资源，拉动农产品线上需求，让农业生产者得到价廉物美的农业生产资料。积极吸取以阿里巴巴为首的电子商务经营模式，为农产品电子商务的发展提供科学的有效的服务指导，并结合农产品自身的特殊性，开发有自身农产品特色的商务交易平台。

第二节　农业休闲旅游4.0

农业旅游也被称作观光农业、旅游农业或者乡村旅游。农业旅游是结合农业与旅游业，以农、林、牧、副、渔等广泛的农业资源为基础开发旅游产品，提供特色服务，同时利用农业景观和农村空间吸引游客前来参观的一种新型农业经营形态。农业旅游经营方式和经营主体的不断转变，极大改变了传统农村的面貌，农业用地、农家屋舍已经不再是简单承载农业生产和农民生活的载体，而是随着农业旅游产业的深化融合餐饮、住宿、生产、休闲等商业功能的复合型农业载体。以民俗风情旅游、现代农业园区为主的农业旅游助推了传统农业的转型升级，成为增加农民收入、增加农业文化内涵、美化农村生态环境、促进农村地区社会与经济的协调、推动城乡融合、实现农业可持续发展不可或缺的组成部分。农业旅游经历了由"1.0"到"3.0"的发展阶段，并逐渐向4.0时代过渡。农业旅游1.0是最早的农业旅游形态，以旅游者在传统乡村了解民俗和学习体验乡村生活的简单活动为主；农业旅游2.0进入农家乐时代，开始商业化经营，成为农民收入增加的重要来源；农业旅游3.0是农家乐与农村民宿与互联网时代的结合，农业旅游资源通过网络进行传播；农业旅游4.0是农业资源与虚拟现实、人工智能等技术的结合，可以实现更加全方位的旅游体验，用智能体验和养生养老、科普为主。

一、农业旅游1.0—农业旅游的早期形态

20世纪60年代初，有些西班牙农场把自家房屋改造装修为旅馆，接待来自城市的旅游者前往观光度假，被认为是农业旅游的起源。我国的农业旅游，起步晚。萌芽于20世纪50年代，我国农业旅游在20世纪80年代才有一定的发展。农业旅游1.0时期主要以旅游者在传统乡村了解民俗和学习体验乡村生活的简单活动为主，这是我国农业旅游的早期形态。

我国地域辽阔，不同地方有不同特色，各类具有特色的民俗文化及民族风情、异地风情，对游客了解社会具有很大的吸引力有特色的乡村民俗风情吸引游客参观，作为民俗风情旅游区所在的当地政府、旅游开发商与经营商和农民一起开始打造民宿，接待旅游的游客，便带动了这个区域的农业旅游。

一些典型的山区乡村，依托村内资源，本着挖掘历史文化、丰富乡村文化、融入旅游文化的思路，对资源进行了合理的整合，修建了仿古项目，发展农业旅游村、万亩果品基地。

居住在城市里的人想真正体验农村人民的生活，这时候便出现了一些旅行社，利

用假期组织城市游客到农村和农民共同生活、学习耕地种田和采摘瓜果，体验耕种和收获。游客能欣赏山水风景，品尝亲手采摘的瓜果，体验清新宁静的农村生活，享受农业旅游之乐。这种传统观光型农业旅游，主要以不为都市人所熟悉的农业生产过程为卖点，在城市近郊或风景区附近开辟特色果园、菜园、茶园、花圃等，让游客入内摘果、拔菜、赏花、采茶，享尽田园乐趣。

农业 1.0 时期多数农业旅游经营者只追求经济效益，进而忽略社会效益和生态效益。他们在修建旅游设施时大肆乱砍滥伐，普遍缺乏对自然环境、原生态文化和可持续发展方面的特殊考虑，造成当地自然环境、社会文化的破坏和资源的闲置与浪费。在很多生态农业旅游景区，由于游客的大量涌入，外来的一些文化对当地的地域民俗文化特色造成了一些破坏。这些都违背了生态农业旅游的可持续发展，有悖于建设"美丽中国"的思想方针。

早期农业旅游的旅游方式单一，景区人工化倾向严重。游客旅游的方式单一，主要是以参观游览为主，缺少特色和多样性。旅游商品不但品种单调、缺乏新意并且更新也慢，没有突出优势的拳头产品，而且大多都是一些未经加工或简单加工的初级农产品，缺乏地方文化特色和生态农业特色。在一些开发项目中生态果园、林地、垂钓较为普遍，而生态养殖场、租赁果园、开心农场、个性化菜地开发却相对较少，难以满足游客多种的旅游需要；其次是景区人工化倾向严重，生态农业旅游的基础是农业体系内部功能的良性循环和生态合理性，但目前多数经营开发者认识不清，片面追求短期效益，大搞建设，在一些风景优美的农业区，大兴土木，城市化、人工化痕迹明显，这与生态旅游以及可持续发展背道而驰。

很多生态农业旅游区是在原有的农业基础上自主开发形成的，经营管理者往往都是文化层次不高的农民，他们缺乏科学的管理理论基础，缺乏培训，缺乏先进的管理经验，这些常常会造成管理混乱等影响当地旅游形象的不文明现象的出现，很难将旅游项目做大做强。

二、农业旅游 2.0—以农家乐为主的乡村休闲

我国农业旅游经营由最初分散的一家一户农家乐，陆续出现"民俗游""村寨游""农庄游""渔家乐""洋家乐""乡村俱乐部""乡村度假社区"等多种业态，相继经历了以民俗村、古镇等为代表的乡村旅游和乡村度假等阶段。在传统农村休闲游和农业体验游的基础上的"农家乐"农业旅游，拓展开发了会务度假、休闲娱乐等项目的新兴旅游方式，可以说农业旅游 2.0 是以农家乐为主的乡村休闲。

农家乐是休闲农业中最广泛的方法，是以农家为卖点，即该区域农民的生活现状、生活方法和习俗为吸引物，满足城市居民返璞归真，回归天然的需求的一种农业休闲工业形状。以农家乐为基础的旅游地产开发可以称之为农家乐升级版，它联络村庄旅游与旅游地产，使旅游经济和地产经济相融合，完善村庄旅游仰仗旅游地产跋涉内涵，旅游地产依托村庄旅游跋涉品牌价值。农家乐开发的新潮流是以"富民农家乐、全产

业农家乐、创意农家乐、文化农家乐、智慧农家乐"为产业提升方向，打造农家乐休闲旅游升级版，如摄生山庄、休闲农庄、旅游赏识示范园、村庄酒店、采摘篱园、生态渔村或山水人家。

农家乐主要运营方式有农家园林型、花果观赏型、景区旅舍型及花园客栈型，其最吸引游客的地方是消费合理且价格实惠。以郫县友爱乡农科村、温江区万春镇等西部川西坝子农家民俗旅游为代表。这里位于"国家生态示范区"内，是享誉全国的花卉、盆景、苗木、桩头生产基地，"农家乐"发源于此，它荟萃有川西平原农家休闲旅游的主要特色，展现着"农家乐"的巨大魅力。

花果观赏型农家乐以龙泉驿的书房村、工农村、桃花沟、苹果村等东郊丘陵的农家果园游乐为代表。龙泉山果品远销全国乃至海外，果品收入是龙泉驿区的经济支柱。但是，近些年来兴起的以春观桃（梨）花、夏尝鲜果的花果观光旅游，使其旅游收入已经大大超过果品收入，其中最具有代表性的是成都市新农村建设"五朵金花"之一，国家4A风景区的幸福梅林。卖果不如卖花，使人先饱眼福、后饱口福，它反映了人们消费观念的转变。龙泉山水果在提高其科技含量之后又着力提高其文化含量，在传统农业基础上发展观光农业，开启了宜林山区发家致富的新思路。

景区旅舍型农家乐以远郊区都江堰的青城后山、蒲江县的朝阳湖、彭州市的银厂沟、大邑县的西岭雪山等自然风景区为代表。低档次农家旅舍价格低廉，游客感觉仿佛把自己的家搬到了风景区，花费居家度日的钱，享受景区的自然环境，景区"农家乐"因而受到中低收入游客的欢迎。

花园客栈型农家乐以新都区农场改建的泥巴沱风景区、邛崃市前进农场改建的东岳渔庄、南昌县海湾农庄等为代表。把农业生产组织转变成为农业旅游，把农业用地通过绿化美化，使之成为园林式建筑，以功能齐全的配套设施和客栈式的管理，使之成为在档次上高于"农家乐"低于度假村的一种休闲娱乐场所。

我国各地的乡村旅游开发均向融观光、考察、学习、参与、康体、休闲、度假、娱乐于一体的综合型方向发展，其中国内游客参加率和重游率最高的乡村旅游项目是：以"住农家屋、吃农家饭、干农家活、享农家乐"为内容的民俗风情旅游；来收获各种农产品为主要内容的务农采摘旅游；以民间传统节庆活动为内容的乡村节庆旅游。

如竹山村根据当地实际情况，使得特色农业与休闲旅游相得益彰，重点突出"瑶""柿"特色，形成了别具一格的旅游氛围。以柿为媒积极开展农业旅游，提出了"品瑶乡月柿、赏柿园风光、喝恭城油茶、住生态家园、做快活神仙"的宣传口号。同时，还开发与旅游相关的农业产品，如月柿系列加工产品、恭城油茶。在设施建设、旅游接待、风情表演上充分地体现瑶族特色，让游客领略田园风光的同时，体验到瑶家做客的民族风情。

壮观的万亩月柿园，金秋时节柿果飘香，瑶乡大地成了一个金色世界，让游客在感受秀丽乡土风光的同时，还可以品尝各种生态品的香甜美味，分享到丰收的喜悦，为培育和发展休闲农业与农业旅游奠定了良好的产业基础。特别是红岩新村，为吸引游客，设置了月柿、葡萄、杨梅采摘园，让游客体验、享受乡村休闲旅游的乐趣。竹山村以红岩新村为休闲农业与农业旅游发展轴心，紧密结合农业结构调整和生态旅游，依托万亩月柿园风光发展"农家乐"，提升了休闲乡村的档次，促进了农民就业增收。

"农家乐"产品特点比较明显。第一，是环境好，由于它们大多开在郊区，自然环境优美，空气质量好，植被覆盖率高。

第二，是依据农村传统习俗提供特色饮食、特色娱乐、特色住宿等产品，使游人能享受到与平时不一样风情，如在海边吃特色海产品，在山区吃野味，在牧区吃特色畜产品、学狩猎、做农活、住窑洞、睡火炕、听山歌等，内容丰富，花样众多，带有明显的民族特点和地域特点。

第三，投资小，消费大众化。由于此产品产生在郊区、山区、边远地区，交通状况欠佳，市场经济发育不完善，农民群众待客淳朴、实在，服务成本低，提供的产品收费普遍不高，适合大众消费需求。

第四，蓬勃发展备受欢迎。农村发展经济路子少，同质化严重，困扰农民的脱贫致富。旅游产业兴起之后，各地争相开发，"农家乐"以其投资小、见效快、服务简单深受百姓欢迎，近几年产业扩张迅速，增长速度超过星级饭店，堪称产业发展史上的奇迹。

而农家乐的蓬勃发展既丰富了旅游业内涵也加快了农村经济发展。旅游产品不但使游人增加了许多消费内容和方式，而且也学到很多东西，在山区吃土鸡、吃山野菜，在海边吃渔民烧制地道的海产品，在牧区吃牧民加工的肉制品，喝不同风格的酒水，听风情各异的民歌，感受当地不同民俗，使游人流连忘返，也丰富了旅游业内涵。

"农家乐"也让有旅游资源地区的农民走上了发展经济的路子，打破了单纯以农业为谋生手段的局面。这些农民可以不出家门挣大钱，也不用为挣到了钱却讨不出账发愁，加快了农村地区经济发展，使他们脱贫致富奔小康。

三、农业旅游 3.0—"互联网+"农业旅游

"互联网+"农业旅游发展出一种推广农业旅游的新模式。在"互联网+"的旅游时代，当互联网邂逅了农业旅游，便塑造了最美好时代下的最美丽乡村，农业旅游便进入了 3.0 时期。计算机、手机移动互联网、微信、淘宝等各种平台以及创意互联网思维等与农业旅游的完美融合，将实现农业旅游的创新、增效，创造出了乡村旅游的新价值形态。

互联网进军农业旅游以来，不仅在营销方面实现互联网化，其生产服务过程及其信息还开放给了互联网平台，实现了旅游线上线下的无缝连接。互联网、物联网的盛行，线上线下联动发展，移动 App 的出现与发展，都将促进农业旅游产业融合、旅游体验智慧化、旅游方式转变、旅游消费升级。"互联网+"农业旅游的模式是通过线上的信息展示、营销、互动、决策、预订及支付等完善农业旅游前的线上服务，通过线上线下紧密结合的高效管理用完善的旅游产品和服务满足游客个性化、多元化的农

业旅游体验，从而形成线上线下服务体验的闭环过程。游客动一动手指就可以轻松实现私人定制般的农业旅游。

就目前发展形势而言，互联网对我国农业旅游发展起到了巨大的推动作用。"互联网＋"农业旅游的运营方式主要是充分利用互联网技术，提供给旅客农业旅游信息，实现线上预订下单，线下农业旅游体验，形成互联网订单农业旅游模式，下面以中国乡村旅游网和魅力城乡网的运营方式进行说明。

（一）中国乡村旅游网（http：//www.crttrip.com/）

中国乡村旅游网是以回归自然、体验乡村为主导，集乡村休闲旅游、农业旅游、森林旅游和民俗旅游等为一体，致力于提供乡村旅游资讯和全国乡村旅游信息，促进乡村旅游资源进行优化组合的综合性门户网站。

依托于互联网和新媒体强大的信息传播功能，中国乡村旅游网介绍了国内乡村旅游动态，分析了乡村旅游热点问题及发展趋势，主要服务于休闲农业主体，引领了休闲消费新业态，并且全面推进了休闲农业信息化水平。作为乡村旅游互联网行业的早期实践者，中国乡村旅游网给全国政府、企业、读者提供了最专业、最丰富的旅游咨询和户外资讯，和各界人士合作打造了全国最权威最有价值的休闲农业与乡村旅游品牌推广和公共信息服务平台。

中国乡村旅游网的内容设置有行业新闻、地方动态、媒体视点、美丽乡村、特色小镇、民俗旅游、节庆活动、乡村旅游规划、景点导览、乡村旅游瞭望、理论研究、休闲智库、高端访谈、政策导读、旅游扶贫、休闲农业、乡村游记、县域推介等板块，涵盖各方面针对乡村旅游的相关信息。不同的板块有不同的内容，通过对网站内容进行整合分类，方便人们上网查找其感兴趣的乡村旅游信息，让更多的人了解乡村旅游，了解这个新型的产业形态以及乡村旅游的文化底蕴与特色。

同时，在网站上展示一些地方特色或者地方特产，如马铃薯、蘑菇、西瓜、辣椒、乌鸡、食用菌、黄花菜、南瓜、黄瓜、杏子、李子、桃子、苹果和草莓等蔬菜瓜果，用来吸引游客。人们只要通过浏览网站就可以找到感兴趣的农家乐、乡村旅游热门景区，通过网站提供的电话，可以向对应的商家询问住宿、吃喝、游玩的价格。

可以说，中国乡村旅游网推动了农业旅游发展，极大展现了互联网在农业旅游方面的应用。

（二）魅力城乡网（http：//365960.com/）

魅力城乡网由农业部乡镇企业局支持指导，国内领先的农业信息综合服务运营商—北京农信通科技有限责任公司开发运营。魅力城乡网通过政府引导，带动社会人员参与到农业旅游中来，为农产品提供市场，让农民大大受益。

该网站利用互联网技术为农业旅游用户提供了六大功能，即强劲搜索、全景漫游、电子商务、电子地图、社区互动、手机应用及跨平台使用功能，这些功能为农业旅游吸引了大量游览者。多种搜索检索功能，方便用户找到所需信息；360° 实景漫游，移动鼠标就可提前体验农业旅游的乐趣；高效的电子商务，方便用户购买农产品；触摸屏幕，直观查询附近休闲农业相关信息；个性化社区，让驴友演绎不一般的休闲感受；随时随地享受短彩信、移动互联网贴心服务；电脑、手机、语音电话等信息平台均可使用。

农业旅游使用"互联网+"的方式，为农业旅游的经营者、消费者和管理者提供了许多方便，实现了实时信息交流、在线交易，推动农业旅游的发展。

面向农业旅游的经营者，魅力城乡允许经营者通过互联网和手机，获取休闲农业新闻资讯和管理知识，提升经营管理水平，在经营中谋求商机；通过网站、网店、全景漫游、电子地图定位标注、手机互联网，全面展示风采；还可做预订促销活动。

面向消费者，使用网站搜索、电子地图，手机短信、电子地图查询，迅速找到休闲信息，可购买到安全、正宗、物美价廉的各地特色农产品；可预订各地的休闲农业"吃、住、玩"产品；根据用户需求策划独具特色的线路、向导服务，替用户着想，引导高品质农业休闲消费；建立私人空间、发布游记、发起活动、寻找志同道合的驴友，尽情抒发情怀，大"秀"精彩旅程。

面向管理者，随时随地可了解本地区休闲农业发展情况，科学管理指导休闲农业经营，整体推广宣传本地区休闲农业。

"互联网+"农业旅游主要采用"互联网+"模式，全面地帮助合作地区搭建特色地方平台，发展地方特色经济，聚焦对当地旅游景点的宣传管理和对农副产品的特色经营与推广。

这种农业新形态不仅响应了国家发展"互联网+"农业的号召，可以为一个地区相关农业及旅游业的发展注入新活力，还可以解决当地产品的宣传、销售问题，减少中间商环节，提升自身收益。消费者则可以通过互联网平台了解当地的景点、农业特色，得到非同寻常的休闲与购物体验，让人们足不出户就可获得农业旅游新动态，了解不同地区民俗，便于旅游者做出自己的选择。

大多的农家乐升级，只是在原有的游玩项目中，加深了绿色食品这一概念，但对于消费者来说，已经无法满足在农庄之内的实际体验需求。而特色的"互联网+"农业旅游，不仅重视农业的生态理念，更把乡村体验深度优化，充实服务细节，让消费者可以享受到全面的乡村旅游乐趣。

四、农业旅游4.0—多功能休闲智慧的乡村生活

农业进入4.0后，农业进入智能化时代，各种智能机器人开始大量应用农业生产、经营、管理，各种农业智能设施和装备也进入农业生产、流通和市场，智慧农业得以实现，无人机、虚拟现实、4D打印、农业机器人等成为农业新经济的主要技术支撑农业旅游4.0时期，通过把农业资源与虚拟现实、人工智能等技术的结合，可以实现更加全方位的农业旅游，进入真正的全民休闲时代人们不再只是以"走马观花、到此一游"的旅游形态去参加乡村观光旅游和休闲度假，而是真正享受乡村生活。

在农业旅游 4.0 时期人们利用智能化技术真正实现了"回归乡村"，回归青葱的茶园、碧绿的稻田、烂漫的桃花、如雪的梨花、绚烂的梯田、广袤的草原、金黄的油菜花、紫色的薰衣草，还有蓝天白云、碧水清波、清新空气、特色美食，这一切变成现实，乡村生活具有多功能休闲智慧特点，可以实现更加全方位的旅游体现，如智能体验、养生养老和科普。

随着科学技术的发展，智能化农业包含了育种育苗、植物栽种管理、土壤及环境管理、农业科技设施等多个方面，农业机器人也越来越广泛地应用于工农业生产当中，机器人代替人类劳作，进行机械的体力劳动，这使得人们拥有更多的时间去享受生活。

其中以虚拟现实为代表的新一代信息技术通过关于视觉、听觉、触觉等感官的模拟，让用户如同身历其境一般，可以及时、没有限制地观察三维空间内的事物。用户进行位置移动时，计算机可以立即进行复杂的运算，将精确的三维世界视频传回产生临场感。该技术集成了计算机图形、计算机仿真、人工智能、传感、显示以及网络并行处理等技术的最新发展成果，是一种由计算机技术辅助生成的高技术模拟系统。

预计进入农业旅游 4.0 时期，针对农业旅游市场的虚拟现实技术应用，即虚拟现实旅游或将成为农业旅游业发展的真正突破口。这个技术将让人们足不出户，便能身临各类农业场景及农业旅游景区，进行旅游观光。

第三节　农民生活 4.0

一、农民成为令人向往的职业

（一）农民生活 1.0—农民是一种身份的象征

农业 1.0 时期，一切的生产活动都是体力与畜力完成，面朝黄土背朝天是基本的生产方式，农业的生产技能主要依靠农民的生产经验，生产效率低下，农民收入少、社会地位低下，农民是一种职业，也是一种身份，它是贫穷、低微、文化水平低的代名词，这在全世界都是一样的。中国在 20 世纪 50 年代前是世界上最大的农业国家，农业人口占全部人口的百分之九十多。在这些农业人口中只有约 3% ~ 7% 的人口拥有土地，其余的农业人口靠依附这些土地为生，也就是靠依附极少数的土地所有者，租种这些人的土地为生。20 世纪 50 年代后，随农村土地改革计划的完成，农村居民均获得土地，这时农民演变为"自耕农"，但维持的时间极短；随着合作化运动和人民公社化，"自耕农"的身份很快由"农业合作社社员"变为"人民公社社员"，"社员"的身份一直存在至家庭联产承包责任制全面实施的 20 世纪 80 年代中期。农村居民壮年劳动力在农忙时节经营或帮助经营家庭农业生产，农闲时节进城务工，加入产业大军的行业。由于这段时期，农业生产方式基本是以人畜力为主，生产效率低，收入水平有限，农民身份没有发生大的改变。

（二）农民生活 2.0～3.0——完成身份向职业的转变

随着农业 2.0～3.0 的转变，即农业机械化到农业自动化的转变，农业的生产效率不断提高，农业的经营规模不断加大，农民的收入快速攀升，农民逐步完成一种身份向一种职业的转变。

中国农民生活水平的提高是伴随着农民权利的增加及对农民束缚的减少而实现的，农村家庭经营制度的确立，使农民获得了种地的自由，这种自由成为了解决中国人吃饭问题的制度基础；农民进城务工的合法化，农民可流动就业，为中国的工业化和城镇化的快速发展提供了动力。

（三）农民生活 4.0——农民成为令人羡慕的职业

农业进入 4.0 时期后，农业全面进入智能化时代，各种智能机器人开始大量应用农业生产、经营、管理作业，各种农业智能设施和装备也进入农业生产、流通和市场，农业劳动生产率、土地产出率、资源利用率得到极大提高，职业农民的科技、文化素质也大幅度提升，职业农民的收入得到大幅度提升，远远超过其他产业的收入。更重要的是职业农民生活在田园风光的农村社区，农业不再只是提供农产品和食品，休闲观光、文化传承、娱乐运动等功能越发显得重要。休闲养老智能农业将发展成为一个重要的农业业态。中上层社会人士退休后，都会把休闲养老智能农业作为安度晚年的业余爱好，因此，农民这个职业将成为未来令人羡慕的职业，人们会争相进入这个行业。当然，随着生产率的提高，农业 4.0 时期容纳的职业农民会越来越少，也就是讲，农民将成为新的精英群体。

二、农村将变为美丽幸福的智能家园

（一）农村状态 1.0——城乡鸿沟巨大

农业 1.0 时期，无论中国还是世界，城乡二元经济结构都是永恒话题，农村经济以典型的小农经济为主，农村在基础设施、教育、医疗等方面非常落后，农村的人均收入和消费水平远低于城市。农村以分散经营为主，农业生产的集约化程度不高，生产工具落后，劳动生产率低下；农村住房条件简陋，用砖瓦房和土坯房为主，卫生条件与城市有巨大差距；农村的道路普遍没有实现硬化，机动车辆难以进入，对外交通困难；对于城市生活中必需的水、电、气等公用设施，在农村的普及化程度不高；农村的环境卫生状况整体上落后，农村垃圾处理、环境整治基本处于无专人负责的状态；农村教育水平低，师资力量薄弱，农民平均受教育年限不高；农村的文化生活单调，农民难以在家门口享受到高水平的文化演出；农村医疗资源缺乏、专业医务人员不足、总体医疗水平偏低。由于受落后的生产方式和农民自身文化科学素质的限制，农民的收入水平低下，农民的时代观念落后，精神文化生活不够丰富，农业 1.0 时期的农村与同时期的城市相比，在各个方面都存在较大差距。

（二）农村状态 2.0——城乡差距逐步缩小

农业进入 2.0 时期后，农业的生产率和土地产出率都有大幅度地提高，农民收入上升提速，城乡差距开始逐步减少，这是世界普遍的规律。在中国，伴随着"全面建成小康社会"目标的提出，我国的农村逐渐由原来的"脏、乱、差"向"干净、安全、美丽"的新型农村发展。在农村 2.0 时期，国家加大财政支撑和补贴，注重农村经济发展和基础设施建设。通过农村税费改革，农民种地不仅免税，而且还有补贴，使得农民的收入大幅增加，生活宽裕了并有节余可以支配到娱乐文化中；通过九年义务教育制度的大力实施，全面改变了"上不起学"的现象，农村的义务教育和职业教育达到普及，农村劳动力整体素质大幅提高；通过建立健全农村合作医疗制度和农村医疗援助制度，切实解决农民有病看不起的问题，提高农民医疗保障水平。在"工业反哺农业、以城市支持农村"的指导思想下，建立了城乡互动协调机制，城乡差距减少，基本实现了"幼有所教、老有所养、病有所医"。

在农村 2.0 时期的农村建设过程中，由于农业机械化的深入和城镇化的发展，使得农村富裕的劳动力逐渐往城乡转移，留在农村的年轻人越来越少，老年人越来越多，至此在我国农村出现了一种"留守儿童""留守老人"新生群体。这也是当前农村面临的新问题，也促使我国农村 3.0 的建设将加强关注人文建设，让城乡一体化，全民统筹发展。

（三）农村状态 3.0——城乡实现一体化

农业 3.0 是以信息化为主导的现代农业、高效农业、环保农业；以技术密集、资本密集为其主要特点，具有高投入高回报、节能环保、可持续发展的优势，基于这些优势以及农业 2.0 时代打下的适度规模化基础，农业 3.0 时代在真正意义上实现了城乡一体化。目前城乡的差异主要体现在基础设施水平、自由支配收入及时间、城乡居民的话语权上。在农业 3.0 时代下，现代化的装备、高效的生产技术将极大解放农村居民的生产力，不仅极大提高了农民的自由支配收入，同时给予农民更多的自由支配时间用于接受教育、培训及享受生活；在先进的管理体系、发展理念下，农村的资源利用率、农民的劳动生产力进一步提高，农业的整体竞争力将在各行各业中脱颖而出，农民在社会中的地位也随之提升，获得了更多话语权。

（四）农村状态 4.0——农村是美丽幸福的智能家园

农业 4.0 时期，农业进入智能化生产管理时代，基本是无人值守牧场/渔场、无人农机、无人果园，农业成为超高产、高效、优质、生态、安全的产业，这样的生产模式下，农村也发生惊天巨变，农村成为人们向往的美丽富饶的智能家园，未来的农村将会让所有人向往。

进入农业 4.0 时期后，纯粹意义上的农民已经不复存在，那时的农民已经不再靠种地、养猪获得收入，而是经营着发达的智能农业产业。农村开始向智能庄园发展，传统的农民们已经开始离开农村，向城市或城镇聚居。而宅基地的流通、耕地及集体土地的承包转让，会让农村的大部分土地资源流向新时期专业的农业劳动者。新时期专业的农业劳动者经营着高效的农场，获得较高的收入，享受着美丽的田园风光，体验着智能农业的乐趣。

农业进入4.0时期后，一切农业生产依托于智能化的装备，农业的生产功能十分高效，不到1%的农业劳动力即可养活整个国家，农业的生态、旅游、观光、教育、休闲、娱乐功能成为主导的产业，领养农业、兴趣农业、体验农业成为农村一大亮点产业，特别是老人退休后可以把种养自己喜爱的农业动植物作为老年生活的一部分，届时的农村将成为老人最佳乐园，也是儿童亲近自然的乐园。

三、农业4.0时期的农民智慧生活

（一）智慧家居

农业进入4.0时期后，农村基础设施、社会服务、文化传承等方面正式进入智慧生活智能家居深入农民家庭，各种家用电器通过物联网和互联网连接到一起，各种传感设备收集海量传感数据和用户数据，不需要用户人为干预，通过大数据和人工智能技术进行分析，同时结合语音识别、智能场景、融入式服务等便可为用户提供精细化的服务，更加贴合用户需求。与普通家居相比，智能家居不仅具有传统的居住功能，兼备建筑、网络通信、信息家电、设备自动化，提供了全方位的信息交互功能，甚至能节约各种能源。

物联网技术在智能家居安防、远程控制、智慧服务等方面大规模应用，通过监控摄像头、窗户传感器、智能门铃（内置摄像头）、红外监测器等有效连接在一起，用户可"刷脸"进门、指纹确认，保障住宅安全；通过远程控制开关电器设备，并追踪电源消耗，帮助用户更好地节约能源；通过手机应用实现开关灯、调节颜色和亮度等操作，随心所欲地变换你想要的场景氛围；依靠物联网技术，实现远程温控操作，控制每个房间的温度、定制个性化模式，甚至还能根据用户的使用习惯，通过GPS、北斗定位用户位置实现全自动温控操作；可以远程控制洗衣机、冰箱、空调、烤箱、烹饪机等家具或炊具用户通过设定家庭成员的基本身体数据，便可自动给出健康合理的菜谱建议；在传统烤箱上加入WIFI功能，通过手机应用控制烤箱温度，包括预热和加温，甚至可以下载菜谱，实现更具针对性的烹饪方式。不仅是烤箱，一些高端咖啡机、调酒机也可配备WIFI功能，并且厂商会不定期更新咖啡或鸡尾酒菜单，这样你在家也能品尝到咖啡厅、酒吧的味道；牙刷通过蓝牙与智能手机或穿戴设备连接，实现刷牙时间、位置提醒，根据用户刷牙的数据生成分析图表，估算出口腔健康情况；通过体重秤上内置传感器，实现血压、脂肪量甚至空气质量的检测，并且传输至应用程序为用户提供健康建议，更可以与运动手环、智能手表等互联，实现更精准、无缝化的个人健康监测；智能马桶除了通过内置接近传感器实现自动开关盖操作，通过内置智能分析仪还能对排泄物进行分析，并且将分析结果传送至手机和显示屏应用，让用户随时了解自身健康状况：

（二）智慧医疗

农业进入 4.0 时期后，农村社区服务功能发展到极致，智慧医疗是农民智慧生活的保障。继"移动医疗""数字医疗"和"区域卫生信息化"之后，智慧医疗呼之欲出，未来的医疗体系将发生翻天覆地的变化。智慧医疗将会拥有如下特点：智能生物式身份识别和验证；智能化人体健康指标实时采集并云端交互；智能化大型检查设备处处联网并实时分发检查结果到云端；智能化医疗无线网络无处不在，社区、医院、政府、科研院所医疗数据高效共享和云端互通；智能化居民健康数据和医院诊疗数据按不同角色实施加密归档，经过云计算和大数据挖掘进行主动分级管理和诊疗决策；智能化全国专家和医生临床会诊大平台，打破传统医疗资源分层；智能化高效安全的药品采买、仓储、分发和配伍；智能化居民疾病医疗保险跟踪保障；智能化居民健康状况实时监测和预测预警推送；智能化就医环境和医事、医嘱服务；智能化临床科研和医药研发联动等。

未来的智慧医疗将始终以居民的健康和关怀为中心，用生物式传感、云架构物联网和海量数据智能处理技术作为支撑，社区、医院、政府、企业和科研部门资源将充分整合共享，高效协作；智慧医疗云无处不在，时空的壁垒都将打破，完善的分级、分项诊疗制度更加自主；居民健康状态将在大数据分析支持下得到实时的监控和干预，未来新生儿更加精准地接受优生优育的筛查和干预，未来慢性疾病的预防预警将会及时准确地推送给潜在致病居民，被动医治将被主动预防代替，未来急性病症将更加高效地受到及时干预并快速治疗；医院和社区定位更加准确，互相补充和联动，远程和定制化保健、会诊、咨询成为医生的工作内容，疑难病症的医学研究和药品研发将自主地由海量居民健康数据和临床症状数据挖掘驱动。届时，智慧医疗将造福整个人类。智慧医疗在大数据自主驱动的平台上，为每位居民与医疗机构提供定制化的健康监测和医事服务，引导居民主动防治各项健康威胁和疾病，主动消灭大规模疫情的爆发，居民寿命显著延长，生活质量显著提高，医疗资源高效应用，医疗产业链上下游互动，医事服务协同合作，居民生活空前幸福。

（三）电子商务

农村电子商务是指利用互联网、计算机和多媒体等现代信息技术，为从事涉农领域的生产经营主体提供在网上完成产品或服务的销售、购买和电子支付等业务交易的过程。农业 4.0 时期，农产品电子商务和订单农业、拍卖市场成为农产品的主流交易方式。农村电子商务通过网络和多媒体技术满足各地不同的农业生产技术的需求，用户可以利用虚拟市场发布供求信息，会员交易，对平台积累的大量原始数据进行市场行情分析，同时也可以在网上开展农贸市场，数字农家乐，特色旅游，特色经济和招商引资等各项内容，充分利用电子商务的跨时空、交互性、整合性、超前性、高效性和经济性等特性实现农村对资金流、物流和信息流在农村的应用。

电子信息的出现，让一个陈旧的社会变成一个高速发展的社会，使电子商务在全球占据很大的地位，受到了社会的重视和认可。与此同时，电子商务还在逐步加强信息的多源化、知识的扩大化、市场的使用化、法制的建设化和网络的合理化。电子商务的迅猛发展，加快了农村利润的增长，也让农村成为一个信息网络化的智慧社区。

（四）智慧养老

智慧养老是面向居家老人、社区及养老机构的传感网系统与信息平台，并在此基础上提供实时、快捷、高效、低成本、物联化、互联化、智能化的养老服务，主要通过农村智慧养老云中心将农村老年人休闲体验中心、农村养老服务中心、农村医疗服务中心、农村商铺等与移动终端设备连接组成，进而实现全智能机器人服务老人的生活模式。农业进入4.0时期后，人均寿命将达到100岁，社会老龄化更为严重，养老产业成为一个庞大的产业，而农村则会成为养老的天堂。老年人通过领养智能果园、智能渔场、智能猪场、鸡场、智能温室等，锻炼身体、陶冶情操，体验智慧农场将成为老年人的一大爱好，其中农村养老服务中心、农村医疗服务中心、农村商铺、移动终端设备是服务提供方，老人是服务需求方，农村智慧养老云中心是将服务需求方与提供方连接起来的网络中介当老年人有服务需求时，只要按动手中移动终端设备，信息就会马上通过网络云平台与服务方联系，给老人提供服务。农村养老服务中心的主要职责是汇总上报老年人信息，并在其下设立家政服务中心，为老年人提供养老服务：家政服务中心主要负责老人的生活照料、清理卫生、送餐服务等。可根据需要照顾的老人数量设置家政服务机器人的数量，农村医疗服务中心主要职责是老年人的健康数据上报、老年人的医疗健康照料等。当智能终端检测到老人身体健康指数有问题或者老人按动医疗救助按钮后，医疗服务中心值班机器人会马上赶往老人所在位置查看情况，并及时进行治疗。农村社区商铺主要职责是为老人提供商品服务和维修服务，老人有需要只需按键，信号将传送到养老服务中心和社区商铺，社区商铺直接送货上门，从老人呼叫时间算起，在规定的时间内商品必须送到，养老服务中心还会给老人回拨电话咨询服务情况，根据服务情况来修改完善机器人的设定。智能机器人在娱乐方面也同样可以满足老人的各种需求。如老人可以通过移动终端设备来控制智能养鱼种菜系统等，便能吃到自己种的菜，既带来了乐趣又保证了食物的绿色健康；当老人不想自己动手做饭时，也可以命令机器人为自己做一顿丰盛而美味的大餐来满足自己的味蕾；当老人觉得孤单时，可以命令机器人陪自己聊天，也可让几个机器人陪自己打牌等。

（五）智慧娱乐

在农业4.0的时代，农民有了更多的时间和精力来充实自己的生活，丰富自己的眼界，娱乐生活成了衣食住行之外的重要组成部分。在经济和科技快速发展的时代，农村娱乐产业将成为最大的产业之一，智慧娱乐相较于传统狭义的娱乐方式而言，更加多样化、便捷化，创新性和文化传承意味更强智慧娱乐是融合互联网、人工智能等现代化技术以及高科技设备，构建娱乐、生活一体化的智慧生活方式。

农业进入 4.0 时期后，传统的电影的播放形式会逐渐改变，替代它的是一种新型的娱乐模式"电影 + 旅行"，在旅行中亲历电影，在电影中旅行。VR 头盔的出现和普及使得虚拟的图像变成了一个三维立体的空间，敞开在你的周围，使观众具有了参与感，不再是一个旁观者，而是操纵者。体育赛事的直播，还可以让观众在电视机前就看到全方位的现场全景，体验身临其境的感觉，宅在家中，也能神游天下。农业进入 4.0 时期后，线下的娱乐方式例如主题公园、音乐剧、现场音乐会等也会有所改善，将线上线下相结合并提高用户参与感，拥有更好的用户体验。任何娱乐方式都将不再孤立存在，而是全面跨界连接，融通共生，创作者与消费者界限逐渐打破，每个人都可以是创作达人，每个用户的意见都可以实时地与创作者交流，并按照用户的意愿更改设置。趣味互动体验将广泛应用，人们通过娱乐寓教于乐，娱乐思维或者将重塑人们的生活方式。

农业进入 4.0 时期后，农民家里安装多功能数字家庭集中控制器，实现网络一体化，包含电话、传真、电脑、电视机、影碟机、卫星电视等用于娱乐的家电，实现墙面直接控制开关机，音频切换、音量调节等效果，各个房间均有自己的音源输入，可以听喜欢的音乐和看精彩的视频而不用担心影响到别人。此外，农民拥有家庭机器人，其拥有行进、感知、接收、控制等装置，能够代替人完成家庭服务工作，在人们休息的时候，无任何噪声地打扫房间；完成做饭、洗碗等各种家务活的同时，还能够帮助看管与教育儿童。

参考文献

[1] 唐珂 . 互联网 + 现代农业的中国实践 [M]. 北京：中国农业大学出版社，2017.04.

[2] 姚金芝 . 农业网络化与互联网发展 [M]. 北京：中国建材工业出版社，2017.01.

[3] 曹宏鑫 . 互联网 + 现代农业给农业插上梦想的翅膀 [M]. 南京：江苏科学技术出版社，2017.10.

[4] 王丰 . 互联网 + 农业创业指南 [M]. 北京：中国农业出版社，2017.03.

[5] 于莹 . 互联网 + 农业农业供给侧改革实践 [M]. 北京：电子工业出版社，2017.06.

[6] 李道亮 . 互联网 + 农业农业供给侧改革必由之路 [M]. 北京：电子工业出版社，2017.05.

[7] 梅瑞 . 互联网 + 现代农业 [M]. 北京：中国农业科学技术出版社，2017.10.

[8] 张杰瑜 . 互联网 + 现代农业创业实务 [M]. 北京：经济管理出版社，2017.01.

[9] 查红，黎青，皮楚舒 . 现代农业与互联网电子商务 [M]. 北京：中国农业科学技术出版社，2017.06.

[10] 阮怀军，封文杰，郑纪业 . "互联网 +"现代农业应用研究 [M]. 北京：中国农业出版社，2017.08.

[11] 赵燕妮 . 互联网 + 战略背景下的传统农业转型发展研究 [M]. 北京: 阳光出版社，2017.12.

[12] 李青阳，白云 . 农业经济管理 [M]. 长沙：湖南师范大学出版社，2017.07.

[13] 龙伟 . 互联网 + 农业 [M]. 北京：经济日报出版社，2018.01.

[14] 王黎明 . 互联网 + 农业智慧粮食的电商流通营销管理生态圈研究 [M]. 杭州：浙江工商大学出版社，2018.11.

[15] 梁金浩 . "互联网 +"时代下农业经济发展的探索 [M]. 北京：北京日报出版社，2018.06.

[16] 景通桥 . 互联网 + 精准农业 [M]. 北京：中国纺织出版社，2018.07.

[17] 董晓娟 . "互联网 +"时代现代农业管理问题研究 [M]. 武汉：中国地质大学出版社，2018.02.

[18] 望钧 . 互联网 + 现代农业如何助力新时代乡村振兴战略 [M]. 北京：中华工商联合出版社，2018.05.

[19]陶忠良，王黎明.农业电子商务新探索[M].杭州：浙江工商大学出版社，2018.03.

[20]李道亮.农业4.0即将来临的智能农业时代[M].北京：机械工业出版社，2018.01.

[21]叶亚丽."互联网+"农业改革实践创新[M].北京：现代出版社，2019.10.

[22]李文峰.互联网+现代农业的探索与云南实践[M].昆明：云南人民出版社，2019.

[23]阮怀军，封文杰，赵佳."互联网+"现代农业推动乡村振兴路径研究[M].北京：中国农业科学技术出版社，2019.01.

[24]刘桓."互联网+"时代的电子商务研究[M].长春：吉林人民出版社，2019.08.

[25]戴炳业，刘慧，李敬锁.中国农业农村现代化探索与实践研究[M].北京：科学技术文献出版社，2019.03.

[26]程丛喜.休闲农业与乡村旅游专题研究[M].武汉：武汉大学出版社，2019.09.

[27]宋洪远.转型的动力中国农业供给侧结构性改革[M].广州：广东经济出版社，2019.02.

[28]侯秀芳，王栋.乡村振兴战略下"智慧农业"的发展路径[M].青岛：中国海洋大学出版社，2019.12.

[29]张赵晋.供给侧改革下有机农产品电子商务创新研究[M].成都：电子科技大学出版社，2019.01.

[30]张玉玮，刘绍伟.乡村互联网实用技术[M].天津：天津科技翻译出版有限公司，2020.03.

[31]梁海红.乡村振兴战略下农产品供应链管理创新研究[M].中国原子能出版社，2020.05.